Zeitschrift für Erziehungswissenschaft

9. Jahrgang
Beiheft 7/2006

# Bildungsbeteiligung: Wachstumsmuster und Chancenstrukturen 1800–2000

Herausgegeben von
Peter Lundgreen

VS Verlag für Sozialwissenschaften, Wiesbaden 2006

# Zeitschrift für Erziehungswissenschaft

*herausgegeben von:*
Jürgen Baumert (Schriftleitung), Hans-Peter Blossfeld, Ingrid Gogolin (Schriftleitung), Stephanie Hellekamps, Frieda Heyting (1998–2003), Olaf Köller, Heinz-Hermann Krüger (Schriftleitung), Dieter Lenzen (Schriftleitung, Geschäftsführung), Meinert A. Meyer, Manfred Prenzel, Thomas Rauschenbach, Hans-Günther Roßbach, Uwe Sander, Annette Scheunpflug, Christoph Wulf

*Herausgeber des Beiheftes Bildungsbeteiligung: Wachstumsmuster und Chancenstrukturen 1800 – 2000:*
Peter Lundgreen

*Redaktion:*
Friedrich Rost, Eva Wunderlich

*Rezensionen:*
Yvonne Ehrenspeck

*Anschrift der Redaktion:*
Zeitschrift für Erziehungswissenschaft
c/o Freie Universität Berlin, Arbeitsbereich Philosophie der Erziehung,
Arnimallee 10, D-14195 Berlin
Tel.: (++49) 030 838-55888; Fax: -55889
E-Mail: zfe@zedat.fu-berlin.de   URL: http://userpage.fu-berlin.de/~zfe

*Beirat:*
Neville Alexander (Kapstadt), Jean-Marie Barbier (Paris), Jacky Beillerot (Paris), Wilfried Bos (Dortmund), Elliot W. Eisner (Stanford/USA), Frieda Heyting (Amsterdam), Axel Honneth (Frankfurt a. M.), Marianne Horstkemper (Potsdam), Ludwig Huber (Bielefeld), Yasuo Imai (Tokyo), Jochen Kade (Frankfurt a. M.), Anastassios Kodakos (Rhodos), Gunther Kress (London), Sverker Lindblad (Uppsala), Christian Lüders (München), Niklas Luhmann † (Bielefeld), Joan-Carles Mèlich (Barcelona), Hans Merkens (Berlin), Klaus Mollenhauer † (Göttingen), Christiane Schiersmann (Heidelberg), Wolfgang Seitter (Marburg), Rudolf Tippelt (München), Gisela Trommsdorff (Konstanz), Philip Wexler (Jerusalem), John White (London), Christopher Winch (Northampton)

VS Verlag für Sozialwissenschaften I GWV Fachverlage GmbH I Abraham-Lincoln-Str. 46 I 65189 Wiesbaden

*Geschäftsführer:* Andreas Kösters,
Albrecht F. Schirmacher

*Gesamtleitung Anzeigen:* Thomas Werner
*Gesamtleitung Produktion:* Ingo Eichel
*Gesamtleitung Vertrieb:* Gabriel Göttlinger

**Leserservice:** Tatjana Greller, Telefon (0611) 7878-151, Telefax (0611) 7878-423
   E-Mail: Tatjana.Greller@gwv-fachverlage.de
**Abonnentenbetreuung:** Ursula Müller, Telefon (05241) 801965, Telefax (05241) 809620
   E-Mail: Ursula.Mueller@gwv-fachverlage.de
**Marketing:** Ronald Schmidt-Serrière M.A., Telefon (0611) 7878-280, Telefax (0611) 7878-440
   E-Mail: Ronald.Schmidt-Serriere@vs-verlag.de
**Anzeigenleitung:** Christian Kannenberg, Telefon (0611) 7878-369, Telefax (0611) 7878-430
   E-Mail: Christian.Kannenberg@gwv-fachverlage.de
**Anzeigendisposition:** Monika Dannenberger, Telefon (0611) 7878-148, Telefax (0611) 7878-443
   E-Mail: Monika.Dannenberger@gwv-fachverlage.de
**Produktion/Layout:** Frieder Kumm, Telefon (0611) 7878-175, Telefax (0611) 7878-468
   E-Mail: Frieder.Kumm@gwv-fachverlage.de

*Bezugsmöglichkeiten:* Jährlich vier Hefte. Jahresabonnement 2006: 59,- € (für Privatpersonen), 75,- € (für Institutionen), für Studenten bei Vorlage einer Studienbescheinigung 40,- €. Ein Einzelheft kostet 21,- €. (Alle Preise zuzüglich Versandkosten). Alle Preise und Versandkosten unterliegen der Preisbindung. Die Bezugspreise beinhalten die gültige Mehrwertsteuer. Kündigungen des Abonnements müssen spätestens 6 Wochen vor Ablauf des Bezugszeitraumes schriftlich mit Nennung der Kundennummer erfolgen. Zuschriften, die den Vertrieb oder Anzeigen betreffen, bitte nur an den Verlag.

© VS Verlag für Sozialwissenschaften I GWV Fachverlage GmbH, Wiesbaden 2006
Der VS Verlag für Sozialwissenschaften ist ein Unternehmen von Springer Science+Business Media.

Alle Rechte vorbehalten. Kein Teil dieser Zeitschrift darf ohne schriftliche Genehmigung des Verlages vervielfältigt oder verbreitet werden. Unter dieses Verbot fällt insbesondere die gewerbliche Vervielfältigung per Kopie, die Aufnahme in elektronische Datenbanken und die Vervielfältigung auf CD-ROM und allen anderen elektronischen Datenträgern.

*Druck und buchbinderische Verarbeitung:* MercedesDruck, Berlin
Gedruckt auf säurefreiem und chlorfrei gebleichtem Papier.
Printed in Germany

ISBN-10  3-531-15225-4
ISBN-13  978-3-531-15225-7

#  Zeitschrift für Erziehungswissenschaft

9. Jahrgang, Beiheft 7/2006

# Inhaltsverzeichnis

BILDUNGSBETEILIGUNG: WACHSTUMSMUSTER UND CHANCENSTRUKTUREN 1800-2000

| | | |
|---|---|---|
| Peter Lundgreen | Editorial: Historische Bildungsforschung auf statistischer Grundlage. Datenhandbücher zur deutschen Bildungsgeschichte .............................................................. | 5 |
| Rainer Metz | „Lange Wellen" im deutschen Bildungswachstum? Möglichkeiten und Grenzen moderner Zeitreihenanalyse . | 15 |
| Corinna Maria Dartenne | Lange Wellen des Bildungswachstums, Generationen und Zeitpräferenz 1800-2000 ............................................. | 53 |
| Volker Müller-Benedict | Wachstum und Austausch akademischer Karrieren 1850-1940 .................................................................. | 73 |
| Ulrich G. Herrmann | Schulische Berufsbildung für die weibliche Jugend 1900-1938 ........................................................................... | 105 |
| Peter Lundgreen/ Jana Scheunemann | Geschlechtsspezifische Berufsbildung und Arbeitsmarktchancen 1950-2000 ......................................... | 127 |

Peter Lundgreen

# Historische Bildungsforschung auf statistischer Grundlage

Datenhandbücher zur deutschen Bildungsgeschichte

Statistically-based historical research on education
Data Handbooks on the history of education in Germany

Die 1970er Jahre markieren für die Geschichtswissenschaft ebenso wie für die Historische Pädagogik eine bedeutsame disziplingeschichtliche Innovation, die sozialgeschichtliche Wende (oder doch zumindest eine solche Erweiterung). „Geschichte und Gesellschaft" erscheint seit 1975 als „Zeitschrift für Historische Sozialwissenschaft", und bereits im ersten Heft findet sich ein bis heute zitierter Aufsatz zur Sozialgeschichte der Bildung (KAELBLE 1975). Ein Jahr später, auf dem 5. Kongress der Deutschen Gesellschaft für Erziehungswissenschaft (DGfE) in Duisburg, erfuhr die Fachöffentlichkeit erstmals von Arbeitsgruppen (in Bochum und Göttingen), deren Forschungen – z.T. bis zum heutigen Tage – unter dem Kürzel QUAKRI für „Qualifikationskrisen" laufen. Die Förderung dieser Forschungen durch die Deutsche Forschungsgemeinschaft setzte 1977 ein und hat sich inzwischen weit verzweigt. Ein zentrales Produkt sind die „Datenhandbücher zur deutschen Bildungsgeschichte" (seit 1987 im Erscheinen begriffen); sie stellen seitdem der deutschen historischen Bildungsforschung eine statistische Grundlage zur Verfügung, die einzigartig sein dürfte.

Was war der Ausgangspunkt, was ist mit „Qualifikationskrisen" gemeint? Detlef K. MÜLLER darf als Erfinder des Begriffs sowie des dazugehörigen Theorems bezeichnet werden, seine umfängliche Dissertation erschien bereits 1977. Ausgehend von der bekannten Tatsache, dass in den 1880er Jahren eine besorgte Diskussion (von Politikern und Verbänden) geführt wurde zur Überfüllung von akademischen Berufen sowie – vorgelagert – von Universitäten und höheren Schulen, behauptet das Qualifikationskrisentheorem einen funktionalen Zusammenhang mehrerer Entwicklungslinien, die je für sich nachgezeichnet werden können:

– Überfüllungs*situationen*, also auch der Wechsel von Überfüllung und Mangel (an akademischem Nachwuchs);
– Überfüllungs*diskussionen* zur interessegeleiteten Deutung, auch zur bildungstheoretischen Legitimierung;
– *Reformen* (Veränderungen) im Schulsystem und im Berechtigungswesen als Mittel zur Problembearbeitung, als Versuche der *Steuerung* mit dem Ziel, die Qualifikationskrise im engeren Sinn, die Inflationierung der im Bildungssystem zu erwerbenden Berechtigungen, einzudämmen.

Dieses Qualifikationskrisentheorem hat forschungsgeschichtlich auf zweierlei Weise seine Wirkung entfaltet: Als Interpretationsrahmen hat es die Historiographie zum deutschen Kaiserreich (1870-1914) maßgeblich, wenn auch nicht unbestritten, beeinflusst. Als (mehrdimensionales) Analysemodell hat es Fragen generiert und die Ausweitung der Forschung auf den langen Zeitraum von 1800 bis 2000 sowie auf alle Segmente des Bildungssystems stimuliert.

Mit der „Krise des Qualifikations- und Berechtigungswesens im deutschen Kaiserreich 1870-1914" fing 1976 alles an (HERRMANN 1977, S. 11-128). Die einzelnen Fäden der Interpretation lassen sich in der sozialen Reproduktionsthese zusammenfassen:

– Die Überfüllungssituation wird wahrgenommen und als Qualifikationskrise diskutiert, als drohende Entwertung von Berechtigungen durch deren Inflationierung.
– Der Struktur- und Funktionswandel des Schulsystems, ein längerfristiger Prozess der Systembildung mit Eigendynamik, wird kurzfristig zum Schauplatz bildungspolitischer Strategien (mit begleitender bildungstheoretischer Legitimierung): Differenzierung des Schultypensystems und Kanalisierung von Schülerströmen in nicht-gymnasiale (minder berechtigte) Schultypen.
– Diese „Verdrängung der Frühabgänger" vom Gymnasium wirkt sozialprotektionistisch, sichert die traditionellen Bildungseliten gegen den „Aufstieg über Bildung" aus unteren Sozialschichten. Das polyfunktionale (und sozial heterogene) Gymnasium des frühen 19. Jahrhunderts wird zur grundständigen, d.h. am Abiturienten orientierten, sozial eher homogenen Eliteanstalt in einem sozialen Klassenschulsystem.

Unschwer erkennbar, führen die Wege von solcherart starken Thesen in verschiedene Forschungsrichtungen: die genaue und adäquate Rekonstruktion des Struktur- und Funktionswandels des Schulsystems; die Abwägung zwischen „Eigendynamik" im Beziehungsgefüge des Schulsystems und intentionalen bildungspolitischen Eingriffen; die genaue statistische Erfassung von Schüler- und Studentenströmen; die Abfolge von Überfüllungs- und Mangelsituationen; die sozialstatistische Kennzeichnung von Schülern und Studenten; die standespolitischen Diskurse und Aktivitäten der organisierten Professionen, allemal auch der Lehrer; usw. Einschlägige Forschungen laufen jetzt seit 30 Jahren, ein Ende ist nicht abzusehen. Im Folgenden soll dazu ein systematischer Überblick geboten werden, ohne Vollständigkeit anzustreben, aber doch mit der Absicht, den Forschungskontext für die stattliche Reihe der „Datenhandbücher zur deutschen Bildungsgeschichte" zu verdeutlichen.

Die beiden wichtigsten Zentren der QUAKRI-Forschung seit den 1970er Jahren waren zweifellos Bochum (D. K. MÜLLER) und Göttingen (H. G. HERRLITZ und vor allem aber H. TITZE), mit deutlich voneinander abgegrenzten empirischen Bereichen (im Sinne einer nur arbeitsteilig zu bewältigenden Großforschung): höhere (und mittlere) Schulen in Bochum, Hochschulen in Göttingen. Mit dem Ausgangspunkt im Kaiserreich, richtete sich der Blick zurück, so dass zunächst das „lange 19. Jahrhundert" im Mittelpunkt stand, dann die Zeit bis 1945, schließlich die Verlängerung bis in die Gegenwart. Quer dazu steht die Ausweitung auf die übrigen Segmente des Bildungssystems, die Mädchenschulen, die niederen Schulen und die beruflichen Schulen.

Im Kernbereich der Bochumer Arbeiten standen, angeregt durch MÜLLERs Dissertation (1977), die höheren und mittleren Schulen des 19. Jahrhunderts, wie sie in den wenigen großen, den vielen mittleren und kleinen Städten dieser Zeit zu finden sind: ein Konglomerat, auch noch nach Provinzen verschieden, in das die zeitgenössische Verwaltung und die akademischen Berufsangehörigen direkt, als Professionen, als Bestandsgrößen der einzelnen Karrieren, um deren Wachstumsdynamik je spezifisch zu analysieren. Aus diesem Forschungsprojekt geht ein Datenhandbuch hervor, das vor dem Abschluss steht (DHB VI). Eine Zusammenfassung der Ergebnisse präsentiert MÜLLER-BENEDICT in diesem Band.

Das ältere Interesse der Göttinger QUAKRI-Forschungsgruppe an den Lehrern hat A. NATH mit seiner Dissertation zur „Studienratskarriere im Dritten Reich" (1988) fortgeführt, vor allem aber mit dem Lüneburger Projekt „Legitimation der Selektion" (LESE). Hier geht es um eine groß angelegte Diskursanalyse der Lehrerverbandspresse, und dies zum einen je spezifisch nach Lehrern an höheren Schulen oder Volksschullehrern, zum anderen über einen langen Zeitraum (1884-1993). LESE knüpft insofern an QUAKRI an, als im Qualifikationskrisentheorem, wie geschildert, der Zusammenhang zwischen Überfüllungs*situation* und *-diskussion* begründet wird. Die quantitative Inhaltsanalyse von mehr als 2000 Artikeln bestätigt die theoriegeleitete Hypothese, dass die Diskurse generationsspezifisch und berufsständisch differenziert geführt werden (NATH 2004; NATH/ DARTENNE/OELERICH 2004). Die langjährige Beschäftigung mit den Lehrern wird sich im Übrigen auch in einem weiteren Datenhandbuch niederschlagen (DHB V).

Die jüngste Forschungslinie der Lüneburger QUAKRI-Forschungsgruppe lässt sich mit dem Titel des einleitenden Aufsatzes von TITZE (1999) kennzeichnen: „Wie wächst das Bildungssystem?" Charakteristisch für den integrativen Aufsatz ist, dass nicht „nur" von Lehrern und Studierenden die Rede ist, sondern nun auch die höheren Schüler und Volksschüler in die Analysen einbezogen werden; ferner, dass die zeitliche Linie bis in die Gegenwart fortgesetzt wird. Die „Perioden des Modernen Bildungswachstums", seine Form – nämlich über Niveaustufen – , diese Fragen verfolgt NATH (2001; 2003). TITZE geht es stärker um die Theorie des Bildungswachstums (1999), vor allem aber um eine evolutionstheoretisch inspirierte Verknüpfung von Bildungswachstum und Gesellschaftsgeschichte unter dem Gesichtspunkt des Lernens von Generation zu Generation, im eigendynamischen Wechsel von Überfüllungs- und Mangelsituationen (2003, 2004, 2005). Diese neueren Aufsätze akzentuieren einen Perspektivwechsel, der sich schon früher abzuzeichnen begann und der das alte Qualifikationskrisentheorem erheblich modifiziert: Qualifikationskrisen, aus der Sicht der Bildungseliten eine bedrohliche Entwertung von Privilegien, werden jetzt begriffen als Katalysatoren der historischen Entwicklung. Die Entkoppelung von Bildung und Privileg sowie die kurzfristig damit einhergehende geistige Überproduktion wirken kulturell innovativ, weil sie die bisherigen Grenzen der Verwertung von Bildung sprengen. Bildungswachstum ist ein Aufbauphänomen, gespeist von dem historischen Siegeszug der Selektion über Bildung gegenüber alternativen Modi der Statuszuweisung. Die Sogwirkung dieser Dynamik hat sich erst in der zweiten Hälfte des 20. Jahrhunderts mit voller Wucht entfaltet, und so ist es kein Wunder, dass auch die „soziale Reproduktionsthese" (als Teil des Qualifikationskrisentheorems) revidiert worden ist: Das hierarchisch gegliederte deutsche Schulsystem hat sich langfristig nicht, wie unterstellt, als mobilitätshemmend erwiesen, sondern als „Aspirationen aufheizende Schulstruktur" (ZYMEK 1992, S. 957; vgl. ZYMEK 2004, S. 221f.).

Von „Bildungswachstum" sprechen, verlangt kategorisch, neben der „Elitenbildung" (an Hochschulen und höheren Schulen) auch die „Massenbildung" einzubeziehen. Für die Zeit vor 1945 werden dazu die empirischen Grundlagen gelegt mit dem in Arbeit befindlichen Datenhandbuch zu den niederen Schulen (DHB III). Für die Zeit seit 1945 sind entsprechende Datenhandbuchprojekte erst spät in Angriff genommen worden. Zwar ist im Zusammenhang mit den hier referierten QUAKRI-Arbeiten auch immer wieder einmal über diese Zeitschranke hinausgeschaut worden, schon in den 1980er Jahren (vgl. LUNDGREEN 1981; DREWEK/HARNEY 1982), dann, wie gezeigt, seit den 1990er Jahren von MÜLLER-BENEDICT, TITZE und NATH, übrigens auch von ZYMEK (1992, 1997). Es bedurfte jedoch eines neuen, außerhalb von QUAKRI angesiedelten, durch die politische Wende von 1989 motivierten Großprojekts der DFG, in dessen Folge auch die Arbeit an Datenhandbüchern, jetzt für die jüngste Zeit, aufgenommen wurde. Die Rede ist von dem „Transformationsprojekt": „Bildung und Schule im Transformationsprozess von SBZ, DDR und neuen Ländern", in den Jahren 1994-2000 von einer Berliner Forschergruppe (FU und HUB) mit zahlreichen Teilprojekten untersucht (vgl. BENNER/MERKENS/ SCHMITT 1996; BENNER/MERKENS 2001). Es versteht sich, dass dabei ein Teilprojekt dem „Schulsystem der Deutschen Demokratischen Republik von 1945 bis 1989" gewidmet sein musste, übernommen von H. KÖHLER und inzwischen ausgebaut zu einem vor dem Abschluss stehenden Datenhandbuch (DHB IX). Das zweite hier einschlägige Teilprojekt zielte auf den Ost-West-Vergleich, spezifiziert für die regionale Schulentwicklung in Berlin und Brandenburg von 1920-1945 (DREWEK/HUSCHNER/EJURY 2001). Die umfänglichen Datengrundlagen werden gleichfalls in Form eines Datenhandbuchs präsentiert werden (DHB X). Angesichts dieser Forschungslage war es schließlich – und spätestens jetzt – das Gebot der Stunde, auch die Zeitperiode der Bundesrepublik Deutschland einzubeziehen und damit das Ensemble der Datenhandbücher zur deutschen Bildungsgeschichte zu komplettieren (DHB VII und VIII).

Dreißig Jahre QUAKRI-Forschung, hier im Überblick skizziert, weisen über die Datenhandbücher hinaus und sind zugleich ohne diese undenkbar. Dass die letzten 200 Jahre deutscher Bildungsgeschichte in Kürze lückenlos und benutzerfreundlich statistisch dokumentiert sein werden, hat nirgendwo eine vergleichbare Parallele und eröffnet Analysemöglichkeiten, die ihrerseits über die Theorieansätze der QUAKRI-Forschung hinausgehen. Diese selbst hat es nicht versäumt, immer wieder die eigenen Zwischenergebnisse zu bilanzieren, Texte, die geeignet sind, die Forschungsgeschichte im Spiegel der Kommunikation einer Forschungsgruppe zu verfolgen. Auf den Duisburger Kongress der DGfE im Jahre 1976 wurde einleitend schon hingewiesen (vgl. HERRMANN/FRIEDERICH 1977; HERRMANN 1977, S. 11-128). Fünf Jahre später widmete die Zeitschrift für Pädagogik den „Überfüllungskrisen in akademischen Karrieren" ein Themenheft (ZfPäd 27, 1981, S. 187-306). Auf dem Kieler Kongress der DGfE (1984) stellte sich das Projekt „Historische Qualifikationskrisen" erneut kollektiv vor (HEID/KLAFKI 1985, S. 65-98). Danach hat es fast 20 Jahre gedauert, wichtige Datenhandbücher waren seit längerem erschienen, bevor – erneut auf einem Kongress der DGfE (2002) – die alte QUAKRI-Thematik in einer Arbeitsgruppe diskutiert wurde, jetzt unter dem Titel „Bildungssystem im Wandel – Zwischen Eigendynamik, Politik und Pädagogik" (ZfPäd 49, 2003, S. 1-91). In diese Reihe gehört nun auch der vorerst letzte Auftritt – auf dem 20. Kongress der DGfE in Frankfurt a.M. (2006) –, bei dem angesichts des Fortschritts bei der Erarbeitung der Datenhandbücher die Möglichkeiten der Zeitreihenanalyse ebenso im Mittelpunkt standen wie die Präsentation ausgewählter Ergebnisse zu den langfristigen Entwicklungen der Bildungsbeteiligung. Die in Frankfurt gehaltenen Vorträge sind im Lichte der Diskussionen, vor allem aber auf Grund der eingewobenen und vorbereiteten Kommentare (Claude DIEBOLT, Strasbourg; Ulrich TEICHLER, Kassel; Bernd WEISBROD, Göttingen) überarbeitet und erweitert worden. Sie werden in diesem Beiheft der Zeitschrift für Erziehungswissenschaft veröffentlicht.

## Literatur

BENNER, D./MERKENS, H. (2001): Die Tranformation der Schule. Einleitung in den Thementeil. In: Zeitschrift für Pädagogik, Jg. 47, S.801-810.
BENNER, D./MERKENS, H./SCHMIDT, F. (Hrsg.) (1996): Bildung und Schule im Transformationsprozess von SBZ, DDR und neuen Ländern – Untersuchungen zu Kontinuität und Wandel. – Berlin.
DREWEK, P./HARNEY, K. (1982): „Relative Autonomie", Selektivität und Expansion im modernen Schulsystem. In: Zeitschrift für Pädagogik, Jg. 27, S. 591-608.
DREWEK, P./HUSCHNER, A. /EJURY, R. (Hrsg.) (2001): Politische Transformation und Eigendynamik des Schulsystems im 20. Jahrhundert. Regionale Schulentwicklung in Berlin und Brandenburg 1890-1990. – Weinheim.
HEID, H./KLAFKI, W. (Hrsg.) (1985): Arbeit – Bildung – Arbeitslosigkeit. Beiträge zum 9. Kongress der Deutschen Gesellschaft für Erziehungswissenschaft. Zeitschrift für Pädagogik: 19. Beiheft. – Weinheim und Basel.
HERRLITZ, H.-G. (1973): Studium als Standesprivileg. Die Entstehung des Maturitätsproblems im 18. Jahrhundert. Lehrplan- und gesellschaftsgeschichtliche Untersuchungen. – Frankfurt a.M.
HERRLITZ, H.-G./TITZE, H. (1976): Überfüllung als bildungspolitische Strategie. Zur administrativen Steuerung der Lehrerarbeitslosigkeit in Preußen 1870-1914. In: Die Deutsche Schule, Jg. 68, S. 348-370.
HERRLITZ, H.-G./TITZE, H. (1987): Die Studiersucht der armen Leute. Göttinger Denkschriften zur Überfüllung der Universität im 18. und 19. Jahrhundert. In: HERRLITZ, H.-G./KERN, H. (Hrsg.): Anfänge Göttinger Sozialwissenschaft. Methoden, Inhalte und soziale Prozesse im 18. und 19. Jahrhundert. – Göttingen, S. 96-126.
HERRMANN, U. (Hrsg.) (1977): Historische Pädagogik. Zeitschrift für Pädagogik: 14. Beiheft. – Weinheim und Basel.
HERRMANN, U./FRIEDERICH, G. (1977): Qualifikationskrise und Schulreform – Berechtigungswesen, Überfüllungsdiskussionen und Lehrerschwemme. Aktuelle bildungspolitische Probleme in historischer Perspektive. In: Zeitschrift für Pädagogik: 13. Beiheft. – Weinheim und Basel, S. 309-325.
HERRMANN, U. G. (1991): Sozialgeschichte des Bildungswesens als Regionalanalyse. Die höheren Schulen Westfalens im 19. Jahrhundert. – Köln.
KAELBLE, H. (1975): Chancenungleichheit und akademische Ausbildung in Deutschland. In: Geschichte und Gesellschaft, Jg. 1, S. 121-149.
LUNDGREEN, P. (1978): Die Bildungschancen beim Übergang von der „Gesamtschule" zum Schulsystem der Klassengesellschaft im 19. Jahrhundert (Zu dem Buch von D.K. Müller: Sozialstruktur und Schulsystem). In: Zeitschrift für Pädagogik, Jg. 24, S. 101-115.
LUNDGREEN, P. (1981): Bildungsnachfrage und differentielles Bildungsverhalten in Deutschland 1875–1975. In: KELLENBENZ, H. (Hrsg.): Wachstumsschwankungen. Wirtschaftliche und soziale Auswirkungen (Spätmittelalter bis 20. Jahrhundert). – Stuttgart, S. 61-119.
LUNDGREEN, P. (1992): Akademiker und „Professionen" in Deutschland. In: Historische Zeitschrift, Bd. 254, S. 657-670.
LUNDGREEN, P./KRAUL, M./DITT, K. (1988): Bildungschancen und soziale Mobilität in der städtischen Gesellschaft des 19. Jahrhunderts. – Göttingen.
MÜLLER, D. K. (1977): Sozialstruktur und Schulsystem. Aspekte zum Strukturwandel des Schulwesens im 19. Jahrhundert. – Göttingen.
MÜLLER, D. K. (1981): Der Prozeß der Systembildung im Schulwesen Preußens während der zweiten Hälfte des 19. Jahrhunderts. In: Zeitschrift für Pädagogik, Jg. 27, S. 245-269.
MÜLLER-BENEDICT, V. (1991): Akademikerprognosen und die Dynamik des Hochschulsystems. Eine statistisch-historische Untersuchung. – Frankfurt/New York.
MÜLLER-BENEDICT, V. (2000): Confirming Long Waves in Time Series of German Student Populations 1830-1990 Using Filter Techniques and Spectral Analysis. In: Historical Social Research, Vol. 25, pp. 36-56.
MÜLLER-BENEDICT, V. (2002): Ist Akademikermangel unvermeidbar? Eine Analyse einer Tiefenstruktur des Bildungssystems. In: Zeitschrift für Erziehungswissenschaft, Jg. 5, S. 672-691.
NATH, A. (1988): Die Studienratskarriere im Dritten Reich. Systematische Entwicklung und politische Steuerung einer zyklischen „Überfüllungskrise" – 1930 bis 1944. – Frankfurt a.M.

NATH, A. (2001): Die Perioden des Modernen Bildungswachstums. In: APEL, H.J./KEMNITZ, H./ SANDFUCHS, W. (Hrsg.): Das öffentliche Bildungswesen. Historische Entwicklung, gesellschaftliche Funktionen, pädagogischer Streit. – Bad Heilbrunn/Obb., S. 14-48.

NATH, A. (2003): Bildungswachstum und äußere Schulreform im 19. und 20. Jahrhundert. Individualisierung der Bildungsentscheidung und Interpretation der Schulstruktur. In: Zeitschrift für Pädagogik, Jg. 49, S. 8-25.

NATH, A. (2004): Bildungsselektion und Generationen. Erfolg und Misserfolg an den höheren Schulen und Auswahl und Ausschluss im Lehrerdiskurs von der Mitte des 19. Jahrhunderts bis zur Gegenwart. In: LIEDTKE, M./MATTHES, E./ MILLER-KIPP, G. (Hrsg.): Erfolg oder Misserfolg? Urteile und Bilanzen in der Historiographie der Erziehung. – Bad Heilbrunn/Obb., S. 169-194.

NATH, A./DARTENNE, C. M./OELERICH, C. (2004): Der historische Pygmalioneffekt der Lehrergenerationen im Bildungswachstum von 1884 bis 1993. In: Zeitschrift für Pädagogik, Jg. 50, S. 539-564.

TITZE, H. (1981a): Lehramtsüberfüllung und Lehrerauslese im Obrigkeitsstaat. Die Steuerung des Lehrernachwuchses im Königreich Hannover 1830–1865. In: Die Deutsche Schule, Jg. 73, S. 19-30.

TITZE, H. (1981b): Überfüllungskrisen in akademischen Karrieren: eine Zyklustheorie. In: Zeitschrift für Pädagogik, Jg. 27, S. 187-224.

TITZE, H. (1984): Die zyklische Überproduktion von Akademikern im 19. und 20. Jahrhundert. In: Geschichte und Gesellschaft, Jg. 10, S. 92-121.

TITZE, H. (1990): Der Akademikerzyklus. Historische Untersuchungen über die Wiederkehr von Überfüllung und Mangel in akademischen Karrieren. – Göttingen.

TITZE, H. (1999): Wie wächst das Bildungssystem? In: Zeitschrift für Pädagogik, Jg. 45, S. 103-120.

TITZE, H. (2003): Zur Tiefenstruktur des Bildungswachstums von 1800 bis 2000. Lern- und Bildungsprozesse in neuer Sicht. In: Die Deutsche Schule, Jg. 95, S. 180-196.

TITZE, H. (2004): Bildungskrisen und sozialer Wandel 1780-2000. In: Geschichte und Gesellschaft, Jg. 30, S. 339-372.

TITZE, H. (2005): Bildungskrisen und Selbstorganisation der Kultur. Zur Eigendynamik von Bildungsprozessen in der Moderne. In: Heidelberger Jahrbücher, Bd. 49, S. 163-208.

TITZE, H./NATH, A./MÜLLER-BENEDICT, V. (1985): Der Lehrerzyklus. Zur Wiederkehr von Überfüllung und Mangel im höherem Lehramt in Preußen. In: Zeitschrift für Pädagogik, Jg. 31, S. 97-126.

ZEITSCHRIFT FÜR PÄDAGOGIK (1981): Überfüllungskrisen in akademischen Karrieren. Jg. 27, S. 187-306.

ZEITSCHRIFT FÜR PÄDAGOGIK (2003): Bildungssystem im Wandel – Zwischen Eigendynamik, Politik und Pädagogik. Jg. 49, S. 1-91.

ZYMEK, B. (1981a): Expansion und Differenzierung, Perspektive und Enttäuschung. Strukturwandel und Qualifikationskrisen im höheren Schulsystem Preußens während der ersten Hälfte des 20. Jahrhunderts. – Bochum (Habilitationsschrift, masch.-schr.).

ZYMEK, B. (1981b): Der verdeckte Strukturwandel im höheren Knabenschulwesen Preußens zwischen 1920 und 1940. In: Zeitschrift für Pädagogik, Jg. 27, S. 271-280.

ZYMEK, B. (1985): Expansion und Differenzierung des höheren Schulsystems im Staat Preußen und in seinen Provinzen Rheinland und Westfalen während der ersten Hälfte des 20. Jahrhunderts. Zur Wechselwirkung von gesamtstaatlicher Schulsystementwicklung und dem Wandel regionaler Schulangebotsstrukturen im historischen Prozeß. In: DÜWELL, K./KÖLLMANN, W. (Hrsg.): Rheinland-Westfalen im Industriezeitalter. Bd. 4. Wuppertal, S. 149-180.

ZYMEK, B. (1988): Der Strukturwandel des Mädchenschulwesens in Preußen, 1908–1941. In: Zeitschrift für Pädagogik, Jg. 33, S. 191-203.

ZYMEK, B. (1989): Ursachen und Konsequenzen der Verkopplung des Mädchenschulwesens mit dem höheren Schulsystem in Preußen zu Beginn des 20. Jahrhunderts. In: JEISMANN, K.E. (Hrsg.): Bildung, Staat, Gesellschaft im 19. Jahrhundert. Mobilisierung und Disziplinierung. – Stuttgart, S. 232-244.

ZYMEK, B. (1992): Historische Voraussetzungen und strukturelle Gemeinsamkeiten der Schulentwicklung in Ost- und Westdeutschland nach dem Zweiten Weltkrieg. In: Zeitschrift für Pädagogik, Jg. 38, S. 941-962.

ZYMEK, B. (1997): Die Schulentwicklung in der DDR im Kontext einer Sozialgeschichte des deutschen Schulsystems. Historisch-vergleichende Analyse lokaler Schulangebotsstrukturen in Mecklenburg und Westfalen, 1900-1990. In: HÄDER, S./ TENORTH, H.-E. (Hrsg.): Bildungsgeschichte einer Diktatur. – Weinheim, S. 25-53.

ZYMEK, B. (2004): Geschichte des Schulwesens und des Lehrerberufs. In: HELSPER, W./BÖHME, J. (Hrsg.): Handbuch der Schulforschung. – Wiesbaden, S. 205-240.

# Anhang
# Datenhandbücher zur deutschen Bildungsgeschichte

## 1800-1945

I. Hochschulen
I/1: H. TITZE unter Mitarbeit von H.-G. HERRLITZ, V. MÜLLER-BENEDICT und A. NATH: Das Hochschulstudium in Preußen und Deutschland 1820-1944, Göttingen 1987.
I/2: H. TITZE unter Mitarbeit von H.-G. HERRLITZ, V. MÜLLER-BENEDICT und A. NATH: Wachstum und Differenzierung der deutschen Universitäten 1830-1945, Göttingen 1995.

II. Höhere und mittlere Schulen
II/1: D. K. MÜLLER und B. ZYMEK unter Mitarbeit von U. HERRMANN: Sozialgeschichte und Statistik des Schulsystems in den Staaten des Deutschen Reiches, 1800-1945, Göttingen 1987.
II/2: U. G. HERRMANN und D. K. MÜLLER: Regionale Differenzierung und gesamtstaatliche Systembildung. Preußen und seine Provinzen – Deutsches Reich und seine Staaten, 1800-1945, Göttingen 2003.
II/3: B. ZYMEK und G. NEGHABIAN unter Mitarbeit von L. ZIOB: Sozialgeschichte und Statistik des Mädchenschulwesens in den deutschen Staaten 1800-1945, Göttingen 2005.

III: H. TITZE und A. NATH: Differenzierung und Integration der niederen Schulen in Deutschland, 1800-1945, in Arbeit.
IV: K. HARNEY, U. G. HERRMANN und J. GROSSEWINKELMANN: Das berufsbildende Schulsystem in Deutschland, 1815-1945, in Arbeit.
V: H. TITZE und A. NATH: Lehrer an niederen und höheren Schulen in den Staaten des Deutschen Reiches, 1800-1945, in Arbeit.
VI: V. MÜLLER-BENEDICT: Karrierestufen akademischer Berufe in Preußen und Deutschland, 1860-1945, in Arbeit.

## 1945-2000

VII: H. KÖHLER: Allgemein bildende Schulen in der Bundesrepublik Deutschland, 1949-2000, in Arbeit.
VIII: P. LUNDGREEN unter Mitarbeit von J. SCHEUNEMANN und G. SCHWIBBE: Berufliche Schulen und Hochschulen in der Bundesrepublik Deutschland, 1949-2000, in Arbeit.
IX: H. KÖHLER: Schulen und Hochschulen in der Deutschen Demokratischen Republik, 1949-1989, in Arbeit.
X: P. DREWEK, A. HUSCHNER und R. EJURY: Regionale Schulentwicklung in Berlin und Brandenburg, 1920/45-1995, in Arbeit.

Rainer Metz

# „Lange Wellen" im deutschen Bildungswachstum?

Möglichkeiten und Grenzen moderner Zeitreihenanalyse

**Zusammenfassung**

Die Frage, ob sich in den vergangenen 200 Jahren im Bildungswachstum in Deutschland langfristige Wachstumszyklen, ähnlich den Langen Wellen der Konjunktur, nachweisen lassen, steht im Mittelpunkt dieses Aufsatzes. Zunächst wird gezeigt, dass die bisher durch Hartmut TITZE und seine Mitarbeiter vorgebrachte empirische Evidenz zur Unterstützung der Theorie zyklischen Bildungswachstums widersprüchlich ist. Es wird argumentiert, dass für die Untersuchung zyklischen Wachstums zu allererst die Bestimmung der Wachstumskomponente erforderlich ist. Dazu eignen sich traditionelle Methoden der Zeitreihenanalyse allerdings nicht. Bei ihrer Verwendung besteht die Gefahr, die Wachstumskomponente zu unterschätzen und gleichzeitig Langfristzyklen auch dann nachzuweisen, wenn sie in der untersuchten Reihe gar nicht vorhanden sind. Für die Analyse von Trend und langfristigen Zyklen sind nur stochastische Zeitreihenmodelle geeignet, wofür wir hier ein strukturelles Zeitreihenmodell verwenden. Die Schätzungen ergeben für alle untersuchten Indikatoren einen glatten Trend. Für die Schüler- und Studierendenquote ergibt sich zusätzlich ein Zyklus mit einer Periodendauer von etwa 25 Jahren. Für die Abiturientenquote ist die Zyklusdauer mit 15 Jahren kürzer. Die Wachstumsdynamik zeigt sich in der Wachstumsrate des Trends, dem Drift. Die Drifts der Schüler- und Studierendenquote zeigen langfristige Phasen der Wachstumsbeschleunigung und Wachstumsverlangsamung, die die Vorstellung langwelliger Wachstumsphasen und damit

**Summary**

*"Long waves" in the growth of German education? Facilities and limits of modern time series analysis*

The question, whether the growth of education in Germany over the last 200 years follows long term up- and downswings similar to the KONDRATIEFF waves, is in the focus of this article. First it is shown that the empirical evidence hitherto put forward by Hartmut TITZE and his collaborators to support this hypothesis is inconsistent. It is argued that for an empirical investigation of cyclical growth first of all the growth component has to be estimated. For such an estimation traditional time series methods are not suitable as they tend to produce artificial long term cycles by simultaneously underestimating the trend component. Only stochastic time series models are adequate for analysing the long term components of a time series. For the estimation of the components we use a structural time series model. The estimations yield a smooth stochastic trend for all indicators. For the pupils- and student rates a cycle of about 25 years of duration can be observed. For the A-level rates („Abiturientenquote") a shorter cycle of 15 years can be identified. The growth dynamics becomes evident in the growth rate of the trend, the so called drift. The drifts of the pupils- and student rates show long term phases of accelerating and decelerating growth which correspond to the idea of long waves in the growth of education and therefore confirm the theory of TITZE and his collaborators. But these phases cannot be inter-

die Theorie von TITZE und Mitarbeitern bestätigen. Allerdings lassen sich diese Phasen nicht als Zyklen interpretieren, sondern nur als historische Trendperioden. Sowohl die Regelmäßigkeit als auch das hohe Ausmaß an Parallelität der Phasen zwischen den Indikatoren deuten auf einen gemeinsamen stochastischen Trend des Bildungswachstums in Deutschland in den vergangenen 200 Jahren hin.

preted as cycles but as historical trend periods. The high degree of regularity of the trend phases as well as the high degree of synchronism between the pupils- and student rates may be the result of an underlying common stochastic trend in the growth of education in Germany over the last 200 years.

*Schlüsselwörter* Bildungswachstum, Lange Wellen, stochastische Zeitreihenanalyse

*Keywords*: growth of education, long waves, stochastic time series analysis

## 1 Einleitung

Bis heute ist die Existenz „Langer Wellen" der wirtschaftlichen Entwicklung umstritten, jedenfalls dann, wenn man sich darunter Konjunkturzyklen mit einer regelmäßigen Dauer von 40 bis 60 Jahren vorstellt, die um einen Wachstumstrend schwanken. Die Hypothese geht auf den russischen Forscher Nicolai KONDRATIEFF (1926) zurück und wurde von dem österreichischen Nationalökonomen Joseph SCHUMPETER (1911) mit den sog. Basisinnovationen in Verbindung gebracht. Grob vereinfacht besagt die Hypothese, dass wirtschaftliches Wachstum kein stetiger und gleichgewichtiger Prozess ist, sondern langen Phasen der Prosperität und Depression unterliegt, die regelmäßig aufeinander folgen und seit Beginn der Industrialisierung eine gleich bleibende Länge von 20 bis 30 Jahren aufweisen (KRIEDEL 2005).

Über viele Jahre hinweg haben sich vor allem Ökonomen und Wirtschaftshistoriker auf der Grundlage langer historischer Reihen und zeitreihenanalytischer Verfahren um den empirischen Nachweis solcher Langfristzyklen bemüht. Noch bis Anfang der 1990er Jahre gingen viele Forscher davon aus, dass sich solche langen Zyklen in wichtigen ökonomischen Reihen für fast alle industrialisierten Länder nachweisen lassen würden, sofern man nur die „richtigen" zeitreihenanalytischen Verfahren verwendet (KLEINKNECHT/ MANDEL/WALLERSTEIN 1992). Neuere Forschungen haben jedoch gezeigt, dass traditionelle Verfahren der Zeitreihenanalyse auch dann zum Nachweis „Langer Wellen" führen, wenn sie in der untersuchten Reihe überhaupt nicht vorhanden sind (METZ 1998a und 1998b). Ist damit die Existenz langfristiger Konjunkturzyklen eher unwahrscheinlich, so bedeutet das nicht, dass langfristiges Wirtschaftswachstum stetig verläuft. Im Gegenteil, langfristiges Wirtschaftswachstum unterliegt ausgeprägten Wachstums- und Stagnationsphasen, mit freilich recht unregelmäßiger Dauer, so dass sich diese Phasen keinesfalls als regelmäßige Zyklen begreifen lassen (METZ 2006). Sofern man längerfristige Konjunkturzyklen nachgewiesen hat, haben diese eher eine Dauer zwischen etwa 15 und maximal 25 Jahren (METZ/SPREE 1981, SOLOMOU 1998).

Umso mehr mag es überraschen, dass Hartmut TITZE und seine Mitarbeiter (im Folgenden Autoren genannt) für Deutschland die Existenz langer Zyklen des Bildungswachstums als gesicherte Tatsache ansehen und sie zum Ausgangspunkt weitreichender Theoriebildung nehmen (z.B. TITZE 1999, 2003, 2004, 2005; MÜLLER-BENEDICT 2002; NATH 2001, 2003; TIZE/NATH/MÜLLER-BENEDICT 1985; vgl. auch den Beitrag von C. M.

DARTENNE in diesem Band). Eine Auseinandersetzung mit der Existenz dieser Zyklen auf der Basis moderner Verfahren der Zeitreihenanalyse hat bislang allerdings so gut wie nicht stattgefunden[1]. Angesichts der theoretischen Reichweite der behaupteten Existenz dieser Zyklen, auch angesichts der Bedenken gegenüber solchen Zyklen in der ökonomischen Forschung, erscheint eine kritische Auseinandersetzung mit dem Thema überfällig. Ein erster Versuch dazu soll in diesem Beitrag unternommen werden.

Dazu wird in einem ersten Abschnitt kurz auf die von den Autoren entwickelte Theorie zyklischen Bildungswachstums und auf die bislang vorgebrachte empirische Evidenz eingegangen. Danach werden mögliche Konzepte zur Messung von Wachstum und Konjunktur vorgestellt. Das Konzept des Wachstumszyklus führt zum Problem der Trendbestimmung, wobei der Trend als statistisches Äquivalent der Wachstumskomponente interpretiert wird. Es wird gezeigt, dass traditionelle Verfahren der Zeitreihenanalyse dann zu Artefakten führen, wenn die langfristige Entwicklung nicht deterministisch, sondern stochastisch ist. Ein Verständnis der damit verbundenen Probleme erfordert die Auseinandersetzung mit den Eigenschaften stochastischer Trendmodelle. Legt man diese der statistischen Analyse zu Grunde, ergibt sich das Problem der Schätzung stochastischer Trends, wofür es gegenwärtig mehrere Möglichkeiten gibt. Mit dem hier favorisierten strukturellen Zeitreihenmodell werden für die drei wichtigsten Indikatoren des Bildungswachstums stochastische Trends und Zyklen geschätzt und die Ergebnisse vor dem Hintergrund der bisherigen Forschungen interpretiert. Fazit und Ausblick schließen den Beitrag ab.

## 2 Der Befund

Dass das Bildungswachstum in Deutschland in den letzten 200 Jahren einer spezifischen und systemeigenen Dynamik gefolgt sei, ist die Grundannahme der Theorie Hartmut TITZES[2]. In vier verblüffend regelmäßigen „Langen Wellen" mit einer Dauer von etwa 60 Jahren hätte sich die Bildungsbeteiligung in Deutschland stufenartig in vier Wachstumsphasen und vier jeweils darauf folgenden Stagnationsphasen um einen progressiven Trend von 1% im Jahr 1800 bis auf 25% am Ende des 20. Jahrhunderts erhöht. Dabei würden Wachstums- und Stagnationsphasen zwangsläufig aufeinander folgen und mit einer konstanten Dauer von 20 bis 30 Jahren die für einen zyklischen Prozess typische Periodizität aufweisen. Diese Eigendynamik des Bildungswachstums wird mit der periodischen Wiederkehr von Überfüllung und Mangel an Qualifikation erklärt. Als Auslöser der Wachstumsphasen „[...] fungierten regelmäßig Phasen des Mangels an Gebildeten in der Gesellschaft, die ihren Ausgangspunkt in einem allgemeinen Mangel in den akademischen Karrieren und in einem Abiturientendefizit hatten." (NATH 2003, S. 14ff). Auslöser der Stagnationsphasen sind „[...] dagegen regelmäßig allgemeine Überfüllungsphasen in den akademischen Karrieren, die [...] den sozialen und kulturellen Wert von vermehrter Bildung wieder minimierten." (NATH 2003, S. 15) Nun konstituiert sich in der Abfolge von Prosperität und Stagnation nicht automatisch ein Zyklus, also Regelmäßigkeit. Diese ist nur gegeben, wenn auch die Dauer dieser Phasen über die Zeit konstant bleibt. Für die Erklärung der behaupteten Konstanz der Dauer der Phasen wird der Begriff der Generation verwendet, der auch in neueren ökonomischen Theorien zur Erklärung „Langer Wellen" eine wichtige Rolle spielt (NEUMANN 1990). Als Fazit lässt sich festhalten: Die Autoren behaupten die Existenz von Bildungsperioden mit regelmäßigen Wachstums- und

Stagnationsphasen, die um einen progressiven Trend schwanken, eine Dauer von etwa 60 Jahren haben und seit 1800 zu einer säkularen Ausdehnung der Bildungsbeteiligung in insgesamt 4 Wachstumsschüben geführt haben.

Eine wichtige Grundlage dieser Theorie sind lange Zeitreihen zur Bildungsbeteiligung in Deutschland von 1800 bis zur Gegenwart, die nach Ansicht der Autoren eine eigentümliche Rhythmik des Wachstums zeigen. Erst sie würden es ermöglichen, übergreifende Trendaussagen zur Dynamik des modernen Bildungssystems abzuleiten. Bei der Beschreibung und Datierung der Bildungsperioden stützen sich die Autoren primär auf Quoten der Bildungsbeteiligung, wobei die Reihe der höheren Schülerquote bislang den wichtigsten und wohl auch populärsten Indikator darstellt. Diese Quote misst den Anteil der männlichen Schüler höherer Schulen in Prozent der 11-19jährigen Bevölkerung von 1800 bis 2002 in Preußen und der BRD (alt). Weitere von uns verwendete Indikatoren der Bildungsbeteiligung sind die Studierenden- und die Abiturientenquote. Die erstere misst den Anteil männlicher Studierenden an wiss. Hochschulen in Prozent der 20- bis 25jährigen Bevölkerung in Preußen und in der BRD (alt) von 1800 bis 2002[3]. Die Abiturientenquote misst von 1870 bis 1939 den Anteil der männlichen Abiturienten an der männlichen Bevölkerung im Abiturjahrgang (TITZE 1987, S. 172f) und von 1950 bis 2000 den Anteil der männlichen und weiblichen AbiturientInnen an der Bevölkerung im Abiturjahrgang (KÖHLER 2005). Kritisch ist anzumerken, dass alle Reihen Lücken aufweisen, die für die weiteren Berechnungen durch lineare Interpolation geschlossen wurden.

Um die Datierung der Bildungsperioden hat sich vor allem Axel NATH (2001 und 2003) bemüht. Er orientiert sich dabei an der absoluten Zu- und Abnahme der Quote, wobei er jede Bildungsperiode in eine Wachstums- und Stagnationsphase unterteilt. Der Beginn einer Stagnationsphase setzt mit dem Abschwung der Beteiligung ein. In dieser Phase fällt allerdings das Niveau nicht auf das Ausgangsniveau zurück, „sondern nach einiger Zeit wird der Verlust wieder aufgeholt bis zu dem Zeitpunkt, an dem ein neuerliches Bildungswachstum am Höhepunkt des letzten Wachstumsschubs wieder anknüpft" (NATH 2003, S. 12, Anm. 1, auch zum Folgenden). Damit beginnen Wachstumsphasen zu dem Zeitpunkt, „an dem der Höhepunkt des letzten Wachstumsschubs überschritten wird." Dementsprechend dauern Stagnationsphasen vom Höhepunkt der vorhergegangenen Wachstumsphase bis zu dessen Überschreitung. Übersicht 1 zeigt die von NATH erarbeitete Periodisierung des Bildungswachstums. Wir wollen zunächst versuchen, mit den von NATH vorgegebenen Definitionen die Bildungsperioden anhand der Schülerquote zu datieren, wobei die Phaseneinteilung ausschließlich anhand des Niveaus der Reihe erfolgt.

*Übersicht 1:* Perioden des Bildungswachstums

| Der relative Besuch der Jungen an höheren Schulen in Prozent der 11- bis 19jährigen männl. Bevölkerung in Preußen und in der BRD (alt)    1800-1999 ||||| 
|---|---|---|---|---|
| Phasen etwa von | Phasenart | Werte | Spanne der Dauer | Vervielfachung auf das ... |
| 1) Übergang von der ständischen Selektion zur elitären Bildungsselektion (Polarisierte Organisation der Bildungslaufbahnen) |||||
| 1800-1825 1825-1852 | | (1,6) - 3,6 3,6 - 3,6 | (25 Jahre) 27 Jahre | (2,3fache) |
| 2) Wachstum auf ein Niveau der offeneren, aber noch elitären Bildungsselektion (weiterhin polarisierte Organisation des Bildungssystems) |||||
| 1852-1882 1882-1902 | Wachstum Stagnation | 3,6 - 5,2 5,2 - 5,2 | 30 Jahre 20 Jahre | 1,4fache |
| 3) Wachstum auf ein Niveau der offeneren, aber hierarchischen Bildungsselektion (hierarchische Organisation des Bildungssystems) |||||
| 1902-1930 1930-1952 | Wachstum Stagnation | 5,2 - 10,8 10,8 - 10,9 | 28 Jahre 22 Jahre | 2,1fache |
| 4) Wachstum auf ein horizontalisierteres, aber gleichzeitig noch hierarchsiertes Niveau der Bildungsselektion |||||
| 1952-1990 1990-(1999) | Wachstum Stagnation | 10,9 - 25,1 25,1 - 25,2 | 38 Jahre bisher 10 Jahre | 2,3fache |
| **Abiturquote der 19jährigen Bevölkerung in Preußen und in der BRD (alt) 1937-1996** |||||
| 3) Wachstum auf ein Niveau der offeneren, aber hierarchischen Bildungsselektion (hierarchische Organisation des Bildungssystems) |||||
| 1896 1935 1937-1960 | Wachstum Stagnation | 1,7 - 6,8 5,2 - 5,7 | 39 Jahre 23 Jahre | 4,0fache (nur männlich) (männl. und weibl.) |
| 4) Wachstum auf ein horizontalisierteres, aber gleichzeitig noch hierarchsiertes Niveau der Bildungsselektion |||||
| 1960-1991 1991-(1999) | Wachstum Stagnation | 5,7 - 25,4 25,4 - 26,7 | 31 Jahre bisher 9 Jahre | 4,5fache (männl. und weibl.) (männl. und weibl.) |

Quelle: NATH, A. (2003): Bildungswachstum und äußere Schulreform im 19. und 20. Jahrhundert. In: Zeitschrift für Pädagogik, Bd. 49, H. 1, S. 13.

*Abb. 1:* Niveau und geglättete Wachstumsraten der Schülerquote

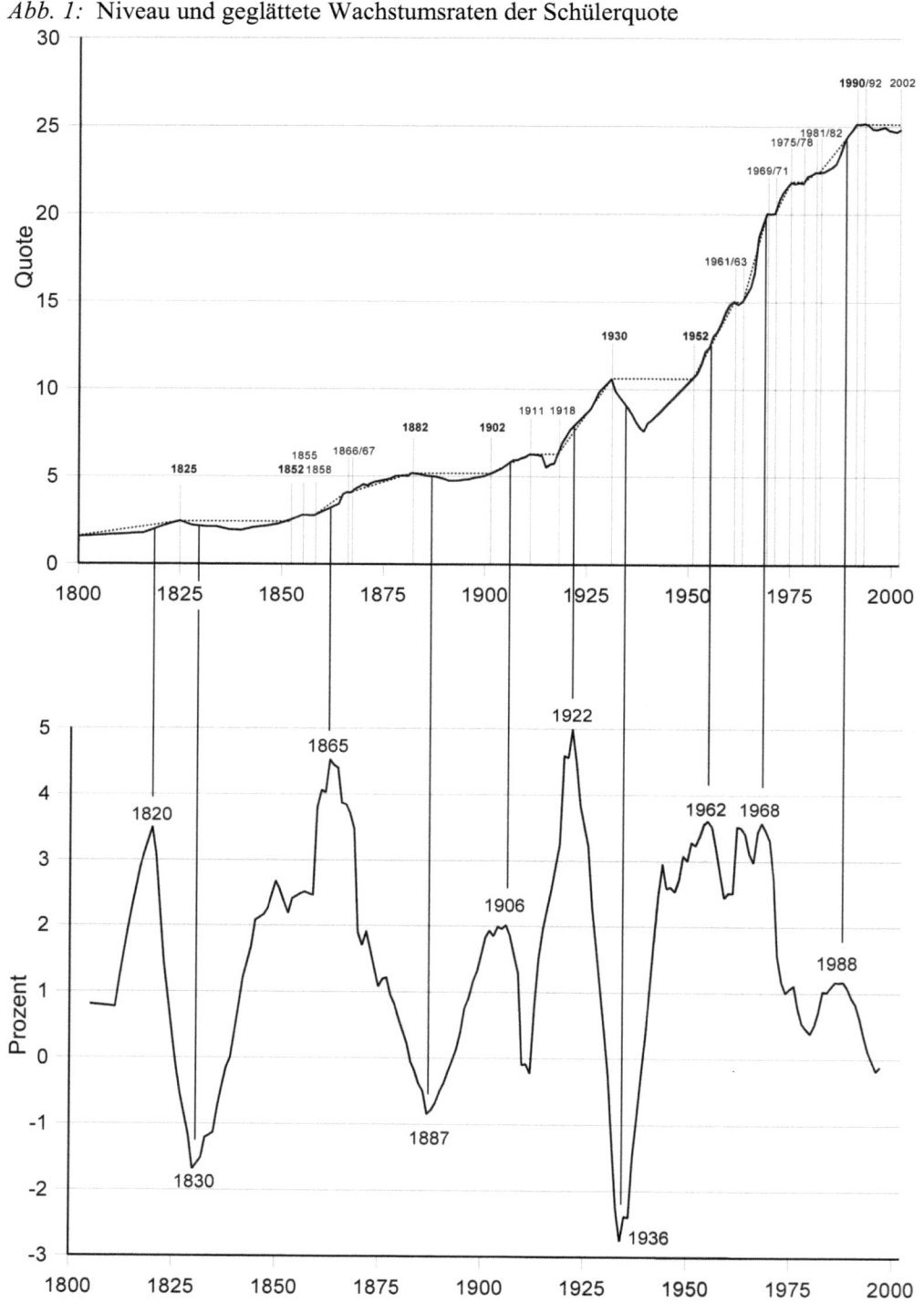

In Abbildung 1 ist in der oberen Hälfte die Schülerquote eingezeichnet. Die fett gesetzten Jahreszahlen markieren Beginn und Ende der von NATH definierten Wachstums- und Stagnationsphasen. Die senkrechten dünnen Linien unter den in Normalschrift gesetzten Jahreszahlen markieren Beginn und Ende einer Phase, die sich dann ergibt, wenn man die genannte Definition exakt umsetzt. Wie die zahlreichen senkrechten Linien verdeutlichen, resultieren aus den Niveauwerten der Quote sehr viel mehr und sehr viel kürzere Phasen als in Übersicht 1 dargestellt. NATH hat offensichtlich kurzfristige Wachstums- und Stagnationsphasen bei seiner Datierung ignoriert. Dies mag bei der Darstellung langfristiger Phasen durchaus sinnvoll sein, erfordert dann aber eine Definition dessen, was ignoriert werden soll.

Neben den Niveaureihen werden von den Autoren häufig die Wachstumsraten der Quoten dargestellt, ohne dass diese zur Datierung der Bildungsperioden herangezogen würden. In Abbildung 1 ist in der unteren Hälfte die mit einem zehngliedrig gleitenden Mittelwert geglättete Wachstumsrate der Schülerquote eingezeichnet. Betrachtet man die durch Jahreszahlen markierten oberen und unteren Wendepunkte der geglätteten Wachstumsrate, dann sieht man, dass diese zu einer anderen Datierung der Bildungsperioden und damit der Wachstums- und Stagnationsphasen führen. Ein systematischer Zusammenhang zwischen Wachstumsraten und den Wachstumsphasen der Niveaureihe lässt sich dabei nur schwer erkennen. Wie man aber sieht, wird die behauptete langwellige Wachstumsdynamik in den geglätteten Wachstumsraten viel deutlicher sichtbar als im Niveau der Reihe. Dies ist wohl auch der Grund dafür, weshalb die geglätteten Wachstumsraten der Schülerquote in den Publikationen der Autoren immer wieder als Indiz für zyklisches Bildungswachstum herangezogen werden, ohne dass sie gleichzeitig Grundlage für deren Datierung wären.

Zusammenfassend kann man feststellen, dass zwar die geglätteten Wachstumsraten der Schülerquote auf eine langwellige Wachstumsdynamik hindeuten, nicht aber die Niveaureihe selbst, für die eine solche Dynamik weder offensichtlich noch eindeutig nachweisbar ist. Damit ergeben sich für das weitere Vorgehen zunächst vor allem zwei Fragen: Wie lassen sich langfristige Konjunkturzyklen und Wachstumsphasen datieren und wie lässt sich eine eventuell vorhandene Regelmäßigkeit von Schwingungen nachweisen?

## 3 Konjunkturzyklen und Wachstumsphasen

### 3.1 Messkonzepte

Für die Datierung von Wachstums- und Konjunkturphasen sowie für die Unterscheidung von Wachstum und Konjunktur hat die empirische Wirtschaftsforschung im Laufe ihrer Geschichte mehrere Konzepte entwickelt, die jeweils den vorherrschenden theoretischen Vorstellungen des Betrachtungsgegenstandes entsprechen (AMSTAD 2000). Drei davon seien im Folgenden kurz vorgestellt und anhand eines Beispiels in Abbildung 2 illustriert.

*Abb. 2:* Konzepte zur Datierung von Wachstum und Konjunkturphasen

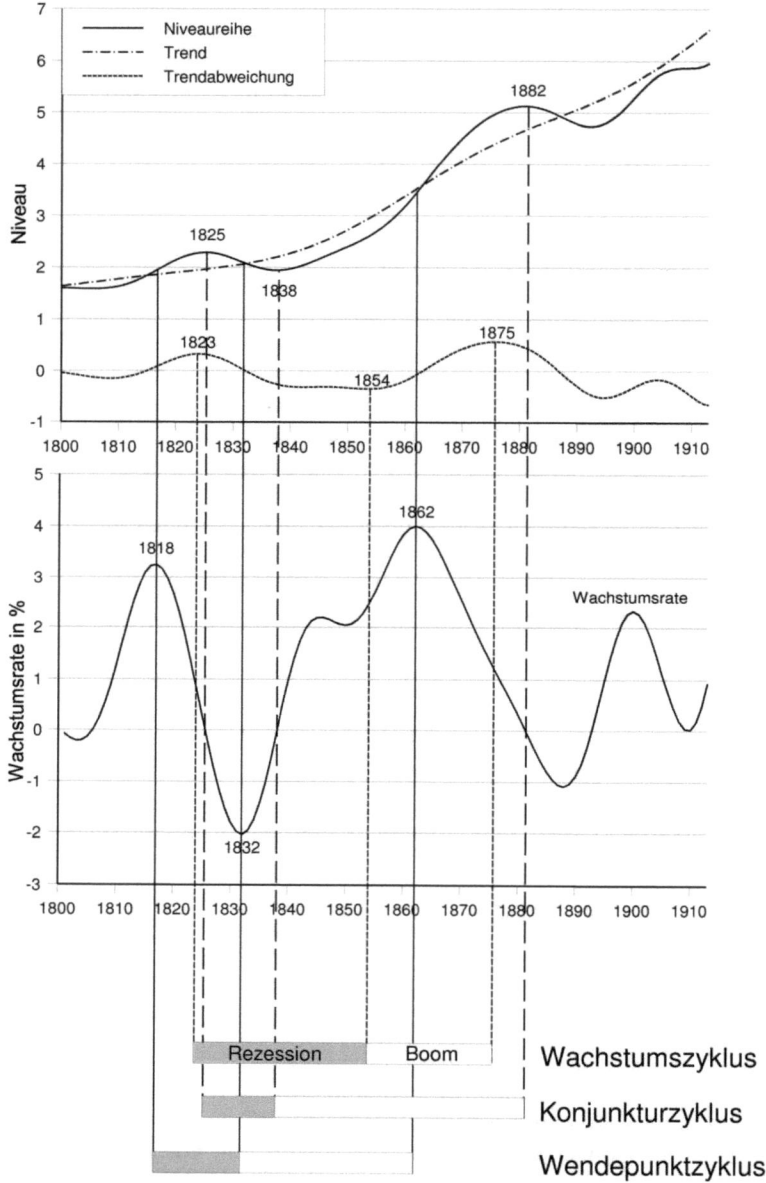

*1) Klassischer Konjunkturzyklus:* Die von NATH vorgenommene Bestimmung von Wachstums- und Stagnationsphasen anhand des Niveaus der Reihe erinnert an die klassische Konjunkturforschung der 1920er Jahre, die die Phasen von Prosperität und Depression ebenfalls anhand der Wendepunkte der Niveauwerte festgelegt hat. Allerdings hat sich die damalige Phaseneinteilung an den oberen *und* unteren Wendepunkten orientiert. Während die oberen Wendepunkte auch bei NATH zur Kennzeichnung des Endes der Wachstumsphase verwendet werden, spielt der untere Wendepunkt keine Rolle. Nach dieser „klassischen" Vorstellung markieren in der oberen Hälfte der Abbildung 2 die Jahre 1825 und 1882 den oberen und das Jahr 1838 den unteren Wendepunkt des Konjunkturzyklus in der Niveaureihe. Damit wäre die Zeit von 1825 bis 1838 eine Rezession und die Zeit von 1838 bis 1882 ein Boom. Ein Nachteil dieses Messkonzepts ist, dass es nicht zwischen Wachstum und Konjunktur unterscheidet. Außerdem beeinflussen kurzfristige Zufallseinflüsse, die in dem Beispiel in Abbildung 2 nicht berücksichtigt wurden, die Datierung. Auch versagt das Verfahren dann, wenn die Reihe einem exponentiellen Trend folgt.

*2) Wachstumszyklus:* Die klassische Definition des Zyklus wurde nach dem Zweiten Weltkrieg genau aus diesem Grund aufgegeben. Die (Produktions-)Reihen zeigten jetzt einen exponentiellen Trend, der es, wie gesagt, unmöglich machte, Prosperität und Depression in der bisherigen Weise zu bestimmen, weshalb man den Zyklus nun anhand der Trendabweichungen datierte. Dieses Verfahren erfordert die Festlegung eines Trends, dessen Dynamik dann allerdings bei der weiteren Analyse meist ausgeblendet wird. Das ist nur dann zu rechtfertigen, wenn man von einer konstanten Wachstumsrate ausgehen kann, was aber bei langen historischen Reihen nicht der Fall ist. In Abbildung 2 (wieder obere Hälfte) ergeben sich aus dem berechneten Trend und den daraus resultierenden Trendabweichungen die Jahre 1823 und 1875 als obere und das Jahr 1854 als unterer Wendepunkt des Zyklus. Damit würden jetzt die Jahre von 1823 bis 1854 eine Rezession und die Jahre von 1854 bis 1875 einen Boom darstellen.

*3) Zyklus der mathematischen Wendepunkte (Wachstumsratenzyklus):* Eine dritte Möglichkeit der Datierung besteht darin, ausschließlich die Wachstumsraten der Originalreihe zu verwenden. Diese sind in der unteren Hälfte der Abbildung 2 eingetragen. Hinter diesem Vorgehen steht die Vorstellung, dass es keine Zyklen im klassischen Sinne mehr gibt, nur noch Variationen der positiven Wachstumsrate. Allerdings ist die Wachstumsrate meist stark von kurzfristigen Ausschlägen beeinflusst, was die Datierung erschwert. Ein weiterer Nachteil ist, dass bei diesem Konzept die Trendkomponente komplett ausgeblendet wird. Und schließlich ist zu bedenken, dass die Wachstumsraten bereits fallen/ steigen, wenn die Niveauwerte der Reihe noch steigen/fallen. Nach diesem Verfahren ergeben sich die Jahre 1818 und 1862 als obere und das Jahr 1832 als unterer Wendepunkt. Jetzt würden die Jahre von 1818 bis 1832 eine Rezession und die Jahre von 1832 bis 1862 einen Boom darstellen.

Neben der Datierung einzelner Phasen hatten wir nach den Möglichkeiten gefragt, für die datierten Zyklen eine Regelmäßigkeit nachzuweisen. Da der statistische Nachweis von Regelmäßigkeit nur für Zeitreihen möglich ist, die keinen Trend aufweisen, also stationär sind, eignet sich das Konzept des klassischen Konjunkturzyklus nicht zur Untersuchung dieser Frage. Anhand von trendbehafteten Zeitreihen lassen sich bestenfalls einzelne Phasen der Entwicklung bestimmen, keinesfalls aber die Frage beantworten, ob es sich dabei um regelmäßig wiederkehrende Zyklen handelt, selbst dann nicht, wenn Dauer und Ausmaß der Phasen Ähnlichkeiten aufweisen. Da die Anwendung der beiden anderen Konzepte in der Regel zu trendfreien Reihen führt, kann für diese, und nur für diese, die Periodizität untersucht werden. Ein geeignetes Verfahren dazu ist die Spektralanalyse. Sie teilt die Varianz einer Reihe auf verschiedene Frequenzen auf und misst deren jeweilige Bedeutung für die Gesamtvarianz der Reihe (WOITEK 1997).

Fassen wir zusammen: Methode 1 differenziert nicht zwischen Wachstum (Trend) und Konjunktur (Zyklus), weshalb für die diagnostizierten Phasen der statistische Nachweis einer Zyklizität nicht möglich ist. Methode 2 erfordert immer die Bestimmung eines Trends, und Methode 3 eliminiert diesen, ohne ihn sichtbar zu machen. Sie blendet ihn also aus der Analyse vollständig aus. Nur Methode 2 und 3 erlauben damit den statistischen Nachweis von Zyklizität.

Da offensichtlich unterschiedliche Messkonzepte zu unterschiedlichen Zyklen sowohl in ihrem Ausmaß wie in ihrer Datierung führen, ist es nahe liegend, sich bei der Entscheidung für ein bestimmtes Messkonzept an den theoretischen Vorstellungen über Wachstum und Konjunktur zu orientieren. Da die hier zur Diskussion stehende Theorie die Existenz von langfristigen Schwankungen um einen progressiven Trend behauptet, ist offensichtlich allein das Konzept des Wachstumszyklus (Methode 2) theorieadäquat. Erstaunlicherweise wird aber gerade dieses Konzept von den Autoren nicht zur Periodisierung verwendet. Vielmehr folgen sie entweder, wie NATH, bei der Datierung der Phasen dem Konzept des klassischen Konjunkturzyklus (Methode 1), oder sie beziehen sich auf den Wachstumsratenzyklus (Methode 3), blenden dabei den Trend aus und gelangen zu einer anderen Datierung der Bildungsperioden.

Das zentrale Problem der Bestimmung von Wachstumszyklen ist die Festlegung des Trends. Dieser steht für die langfristige Bewegungsrichtung einer Reihe und repräsentiert deren dauerhafte Veränderung, weshalb er auch mit der Wachstumskomponente gleichgesetzt wird. Die Trendwerte messen also das jeweils erreichte dauerhafte Niveau. Die Wachstumsrate des Trends, die Trendrate, gibt die relative Veränderung der Niveauwerte und damit die Geschwindigkeit des Wachstums an. Man spricht hier auch von persistenten Veränderungen, da sich diese auf die langfristige Entwicklung der Reihe auswirken. Die Differenz zwischen Reihen- und Trendwert ergibt die Konjunkturkomponente. Ihre Reihenwerte repräsentieren die kurzfristigen oder transitorischen Veränderungen, die nur einen vorübergehenden Einfluss auf den Reihenverlauf haben. Zeigt die transitorische Komponente Regelmäßigkeiten, spricht man von Zyklen. Meist wird die transitorische Komponente dann in eine zyklische Komponente und eine Restkomponente aufgeteilt. Die Restkomponente ist dadurch definiert, dass ihre Reihenwerte keinerlei identifizierbare Struktur aufweisen. Im Folgenden wollen wir aber zunächst von der Restkomponente abstrahieren. Dem Konzept des Wachstumszyklus entspricht dann folgendes Komponentenmodell:

Originalreihe = Trend + Zyklus

Häufig verwendet man an Stelle der Originalwerte deren Logarithmen

$$Y_t = T_t + C_t$$

wobei dem additiven Modell der Logarithmen das mulitiplikative Modell der natürlichen Werte entspricht.

Die Wachstumsrate der Originalreihe $w_t^*$, in der sowohl Konjunktur- als auch Wachstumsschwankungen zum Ausdruck kommen, lässt sich damit folgendermaßen approximieren:

$$Y_t - Y_{t-1} = T_t - T_{t-1} + C_t - C_{t-1}$$

$$w_t = b_t + c_t$$

Dabei bezeichnen wir die Veränderung der Wachstumskomponente als Trendrate $b_t$ und die Veränderung der Konjunkturkomponente als Konjunkturrate $c_t$, während $w_t$ eine Approximation der Wachstumsrate $w_t^*$ darstellt. Diese Formalisierung macht klar, dass sich die 1. Differenzen einer Reihe $Y_t - Y_{t-1}$ sowohl aus Veränderungen der Wachstums- als auch der Konjunkturkomponente ergeben. Definiert man, wie bereits erwähnt, die Veränderung der Wachstumskomponente als persistent und jene der Konjunkturkomponente als transitorisch, dann kann man auch sagen, dass sich die jährlichen Veränderungen der Reihe aus persistenten und transitorischen Veränderungen zusammensetzen. Durch die Bestimmung der Trendkomponente, und damit der Trendrate, wird gleichzeitig der Anteil der persistenten Veränderungen der Wachstumsrate festgelegt.

Vergegenwärtigen wir uns nach diesen Überlegungen noch einmal das Vorgehen der Autoren. Offensichtlich wird bei der Datierung der Bildungsperioden anhand des Niveaus der Reihe nicht zwischen Wachstum und Konjunktur unterschieden, oder m.a.W., die Reihe der Schülerquote ist mit dem Trend identisch. Im Gegensatz dazu werden bei den Wachstumsraten kurzfristige Veränderungen durch die gleitenden Mittelwerte eliminiert, so dass hier ganz offensichtlich von zwei Komponenten, nämlich Trend und Zyklus ausgegangen wird.

Will man also primär das Wachstum von Bildung untersuchen und geht man gleichzeitig davon aus, dass die Reihen der Bildungsbeteiligung auch durch kurzfristige Veränderungen beeinflusst sind, dann kommt man nicht umhin, diese kurzfristigen Einflüsse zu eliminieren, was die Autoren zwar bei den Wachstumsraten, nicht aber bei den Niveauwerten tun. Alternativ zur Ausschaltung kurzfristiger Einflüsse kann man auch die dauerhafte Bewegungsrichtung der Reihe bestimmen, was durch die Festlegung bzw. Schätzung des Trends geschieht. Mit den damit verbundenen Problemen wollen wir uns im Folgenden beschäftigen.

## 3.2 Trendbestimmung in der traditionellen Zeitreihenanalyse

In unseren bisherigen Überlegungen sind wir davon ausgegangen, dass sich eine Zeitreihe in eine Trendkomponente $T_t$ und eine Konjunkturkomponente $C_t$ zerlegen lässt. Da sich lediglich eine Reihe, nämlich $Y_t$, beobachten lässt, spricht man hier von nichtbeobachtbaren Komponenten („unobserved components"), für die uns immer nur Schätzungen zur Verfügung stehen (MARAVALL 1993, S. 7). Rechnerisch ist eine solche Aufteilung nur möglich, wenn man bestimmte Annahmen über die Eigenschaften der Komponenten macht, also diese definiert (THOME 2005). In der Zeitreihenanalyse ist daher die Bestimmung des Trends eines der schwierigsten und neben der Saisonanalyse auch eines der meist diskutierten Probleme (KLEIN 2005). Trotz eines immensen Forschungsaufwandes gibt es weder eine exakte Definition des Trends noch ein allgemein akzeptiertes Verfahren, um diesen darzustellen (MARAVALL 1993). Die Probleme werden auch dann nicht einfacher, wenn man versucht, statistisches Konzept und substanzwissenschaftliche Theorie zu verbinden[4]. Hinzu kommt, dass die meisten ökonomischen Begriffe nicht so exakt definiert sind, dass sie sich ohne weiteres in einer für die statistische Darstellung notwendigen Form operationalisieren lassen würden.

Das Nebeneinander konkurrierender Theorien und die empirische Unschärfe theoretischer Begriffe haben in Statistik und Ökonometrie zu ganz unterschiedlichen Verfahren der Trendbestimmung geführt. So wird der Trend in der traditionellen Zeitreihenanalyse als stetige bzw. glatte Entwicklung einer Reihe aufgefasst, die frei von zufälligen und regelmäßig wiederkehrenden, also zyklischen Schwankungen ist. Nach dieser Vorstellung repräsentiert der Trend die langfristige Veränderung im Niveau einer Reihe. Die Darstellung eines glatten Trends macht es erforderlich, die Reihe sowohl von kurzfristigen, zufälligen als auch von regelmäßig wiederkehrenden Schwankungen – den Konjunkturzyklen – zu befreien, um so den „störungsfreien" und langfristigen Reihenverlauf sichtbar zu machen.

In der Statistik ist eine Vielzahl von Verfahren entwickelt worden, mit denen man die Reihe entweder glätten kann und damit den Trend erhält, oder die den Trend eliminieren, so dass eine trendfreie Reihe resultiert, die dann gegebenenfalls Gegenstand der Konjunkturanalyse ist. Dabei kommen der Anpassung deterministischer Funktionen der Zeit, gleitenden Mittelwerten und anderen Glättungsverfahren, wie z.B. dem „exponential smoothing" die wohl größte Bedeutung zu. In der historischen Konjunktur- und Wachstumsforschung, im Bereich der amtlichen Statistik und in der Praxis der Wirtschaftsforschungsinstitute dominiert diese Art der Trenddarstellung. Alle diese Verfahren kann man als Filter auffassen, da sie bestimmte Schwingungen (Frequenzen) in die Outputreihe übertragen, andere dagegen nicht: sie verändern also den Frequenzgehalt einer Reihe (METZ 2002).

Das Problem dabei ist, dass es viele in ihrer Wirkung sehr unterschiedliche Verfahren gibt, die alle zu einem unterschiedlichen Ausmaß von Glättung führen, und die Theorie z.B. nicht sagt, welche Art von Funktion gewählt werden soll oder wie lang der Stützbereich des Mittelwertes sein soll. Es fehlt ein Kriterium zur Operationalisierung des Trends. Aus diesem Grund hat sich die Forschung bemüht, Glättungsverfahren zu konstruieren, die genau vorgegebene Eigenschaften erfüllen. Dafür ist der Filter-Design Ansatz ein wichtiges Instrumentarium (STIER 2001).

Dabei wird eine Zeitreihe als Summe vieler sich überlagernder Schwingungen unterschiedlicher Form und Dauer (Amplitude und Periode) aufgefasst. Der Trend repräsentiert dabei die niederfrequenten Schwingungen der Reihe, während es sich bei zufälligen und konjunkturellen Veränderungen um hochfrequente Schwingungen handelt. Da diese Trendvorstellung langfristige Schwingungsvorgänge und damit einen relativ glatten und stetigen Verlauf des Trends impliziert, kommen für seine Darstellung nur Filter in Frage, die niederfrequente Schwingungen in die Outputreihe übertragen.

Wenn man z.B. festlegt, dass der Trend nur jene Veränderungen beinhalten soll, die länger sind als 60 Jahre, dann müsste der Filter so konstruiert werden, dass er diese Schwingungen der Trendkomponente zuweist und alle kürzeren Schwingungen ausfiltert. Bei der Verwendung von Filtern bestimmt also die statistische Definition von Trend die

Eigenschaften des Filters und damit den Verlauf des Trends. Filter spielen auch in der heutigen empirischen Forschung eine wichtige Rolle. Bekannt sind z.B. der HODRICK/ PRESCOTT Filter (1997) und der BAXTER/KING Filter (1999). Natürlich sind auch gleitende Mittelwerte Filter, allerdings mit schlechten Filtereigenschaften. Der bei der Analyse von Zyklen im Bildungsbereich häufig verwendete Kerbenfilter (MÜLLER-BENEDICT 2000 und 2002) bewirkt eine beträchtliche Phasenverschiebung, weshalb er für die Datierung von Wachstumsperioden und Konjunkturzyklen ungeeignet ist (SCHMIDT 1984). Zur Illustration des Filteransatzes wird im Folgenden die Reihe der Schülerquote mit einem HODRICK/ PRESCOTT Filter gefiltert, der alle Schwingungen mit einer Periodendauer kürzer als 100 Jahre der trendfreien Komponente zuweist (vgl. METZ 2002, S. 227ff). Das Ergebnis des Filters sowie die resultierende Trendkomponente sind in Abbildung 3 dargestellt.

*Abb. 3:* Schülerquote mit Trend, trendfreier Komponente und Sinusschwingung

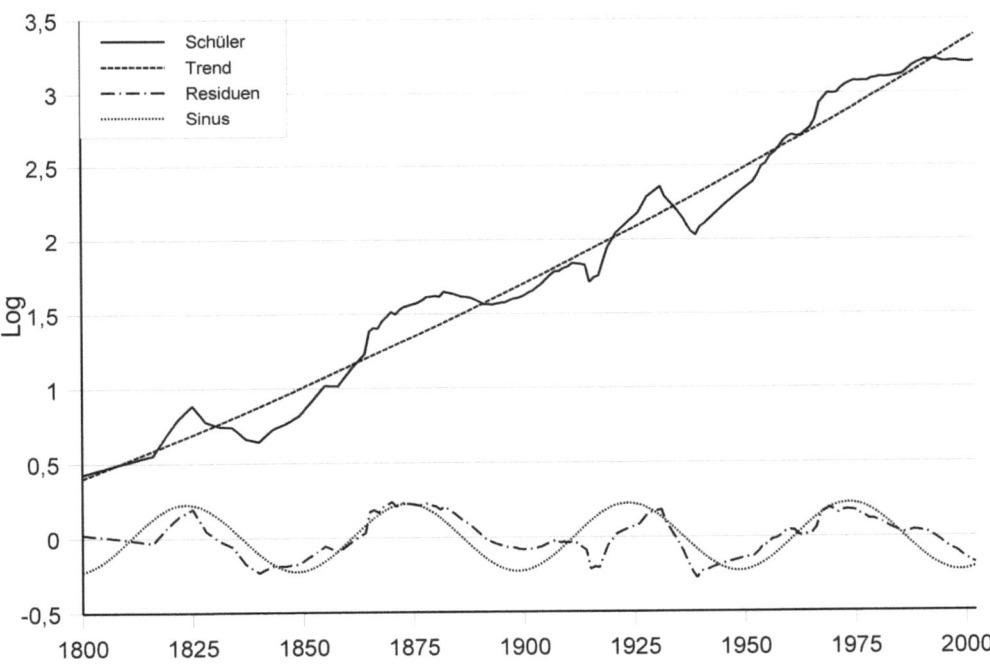

Wie man sieht, ist der Trend nahezu linear. Dagegen zeigt die trendfreie Komponente eine deutlich ausgeprägte langfristige Schwingung, für die eine Spektralanalyse eine Dauer von ziemlich genau 50 Jahren ergibt. Der gefilterte Zyklus verläuft so regelmäßig, dass er recht gut durch eine Sinusschwingung, für die ebenfalls eine Periodendauer von 50 Jahren angenommen wurde, approximiert werden kann (vgl. Abbildung 3). Bei diesem Ergebnis wird man sich fragen, ob denn damit nicht die Existenz langfristiger Zyklen um einen progressiv ansteigenden Trend zweifelsfrei nachgewiesen ist. Leider lässt sich ein solches Fazit aus diesen Ergebnissen nicht ableiten. Ja, sogar das Gegenteil ist der Fall. Man muss annehmen, dass es sich bei den gefilterten Komponenten um Artefakte handelt. Weshalb? Weil man davon ausgehen muss, dass die langfristige Entwicklung nicht deterministisch ist, sondern von Zufallseinflüssen beeinflusst wird, und die Zeitreihe damit einem stochastischen Trend folgt.

## 3.3 Stochastische Trendmodelle und die Auswirkungen einer „falschen" Trendbereinigung

Lange Zeit bestand in der Zeitreihenanalyse Konsens darüber, dass sich die Wachstumskomponente als log-linearer Trend darstellen lässt. Dieser Konsens wurde durch die Arbeit von NELSON/PLOSSER (1982) radikal in Frage gestellt. Die Autoren gelangten in ihrer Studie zu dem Ergebnis, dass ökonomische Zeitreihen stochastischen Trends folgen. Seither wurden in einer kaum noch überschaubaren Anzahl empirischer Untersuchungen stochastische Trends zum „stilisierten Faktum" („stylized fact") der langfristigen Wirtschaftsentwicklung erklärt (METZ 1998, S. 119ff).

Zum besseren Verständnis stochastischer Trendmodelle seien zunächst einige formale Ausführungen erlaubt (vgl. auch STOCK/WATSON 1988). In seiner einfachsten Form lässt sich ein stochastischer Trend leicht formalisieren. Der Wert eines Jahres sei $Y_t$, der des vorangegangenen $Y_{t-1}$, die durchschnittliche Wachstumsrate $\mu$ und der Zufallseinfluss $\varepsilon_t$. $Y_t$ lässt sich damit schreiben als:

$$Y_t = \mu + Y_{t-1} + \varepsilon_t \, , \qquad [1]$$

wobei $\varepsilon_t$ eine Folge seriell unabhängiger Zufallsgrößen („random shocks") darstellt. In der Statistik werden solche Entwicklungen als „Random Walk"-Prozesse bezeichnet. Die Wurzel der charakteristischen Gleichung von [1] ist +1. Sie liegt also auf dem aus der Darstellung komplexer Zahlen bekannten Einheitskreis, weshalb man auch von Einheitswurzel oder „Unit Root" spricht. Prozesse, die in ihrem autoregressiven Term eine Einheitswurzel aufweisen, werden als differenzstationäre Prozesse 1. Ordnung bezeichnet. Der einfachste Fall ist der Random Walk. Die Bezeichnungen „Random Walk"-Proz., „Unit Root"-Prozeß, differenzstationärer Prozeß (DS-Prozeß) und stochastischer Trend werden daher häufig äquivalent verwendet.

Formt man Gleichung [1] in

$$Y_t - Y_{t-1} = \mu + \varepsilon_t \qquad [2]$$

um, so sieht man an der rechten Seite, dass die 1. Differenzen nur noch aus einer Folge von unkorrelierten Zufallsvariablen bestehen, die man auch als „weißes Rauschen" oder „white noise" bezeichnet. Würden Zeitreihen ausschließlich aus einem stochastischen Trend bestehen, müssten ihre 1. Differenzen „weißes Rauschen" ergeben. Meist tun sie das nicht, sondern weisen noch serielle Abhängigkeiten auf. Diese werden als stationäre stochastische Prozesse interpretiert und lassen sich meist relativ einfach so modellieren, dass als nicht erklärter Rest wiederum „weißes Rauschen" übrig bleibt. Allgemein werden differenzstationäre Prozesse 1. Ordnung daher in der Form

$$Y_t = \mu + Y_{t-1} + e_t \qquad [3]$$
$$\varphi(B)e_t = \Theta(B)\varepsilon_t \qquad \varepsilon_t \in N(0, \sigma_\varepsilon^{\,2})$$

geschrieben, wobei $\varphi(B)$ und $\Theta(B)$ Lag-Polynome in B, B den Backshift-Operator und $\varepsilon_t$ einen normalverteilten „White Noise"-Prozess darstellen (THOME 2005). Prozesse der Form [3] bezeichnet man auch als AutoRegressive Integrierte Moving-Average oder kurz als ARIMA-Prozesse. Bereits ein einfacher autoregressiver Prozess 2. Ordnung kann ein zyklisches Verhalten aufweisen, wenn die AR-Parameter in einem bestimmten Wertebereich liegen[5].

Der fundamentale Unterschied zu einem deterministischen Trend lässt sich anhand folgender Beziehung, die die Lösung der Differenzengleichung in [1] darstellt, veranschaulichen:

$$Y_t = Y_0 + \mu_t + \Sigma_{i=1,t}\varepsilon_i \ .$$ [4]

Neben dem Anfangswert $Y_0$ und dem Durchschnittswert $\mu$ sind es *alle* Zufallseinflüsse der Vergangenheit, die den Wert von $Y_t$ determinieren. Für die Reihe der Schülerquote würde das bedeuten, dass das zu einem bestimmten Zeitpunkt erreichte Niveau von allen Zufallseinflüssen, die jemals auf den Reihenverlauf eingewirkt haben, abhängig ist. Jeder Zufallseinfluss ist demnach persistent und verändert den Verlauf der Reihe bis in die unendliche Zukunft. Nach diesen Überlegungen lässt sich ein stochastischer Trend als die dauerhafte Bewegungsrichtung einer Zeitreihe verstehen, die durch Zufallseinflüsse verändert wird.

Eine ganz andere Wirkung haben die Zufallseinflüsse ja im klassischen, linearen Trendmodell

$$Y_t = \mu + bt + u_t \ .$$ [5]

Hier hängt der langfristige Reihenverlauf nur von $\mu$ und der Steigung $b$, nicht aber von den Zufallseinflüssen $u_t$ ab. Im Gegensatz zu differenzstationären Prozessen werden solche als trendstationäre oder kurz TS-Prozesse bezeichnet.

Bereits 1977 haben CHAN et al. (CHAN/HAYYA/ORD 1977) nachgewiesen, dass die lineare Trendbereinigung von „Random Walk"-Prozessen zu Artefakten führt, bei denen die Trendkomponente unter- und die Konjunkturkomponente überschätzt wird. NELSON (1985, S. 55) beschreibt dies folgendermaßen: „Suppose it is true that the growth process is a random walk with positive drift. What would be the consequences of assuming, mistakenly, that growth is deterministic? Standard detrending by regression on time would attribute much of the stochastic variation in the growth process to the business cycle, exaggerating the amplitude and duration of the latter." Dabei macht es keinen prinzipiellen Unterschied, ob die Trendbereinigung mit Hilfe eines linearen Trends oder mit Hilfe eines Trendfilters vorgenommen wird. Die Auswirkungen der linearen Trendbereinigung eines „Random Walk"-Prozesses beschreiben CHAN/HAYYA/ORD (1977, S. 742) wie folgt: „[...] linear detrending of a random walk will artificially create large positive autocorrelations in the residuals for the first few lags. [...] the low frequency portion of the spectrum of the residual will be exaggerated and the high frequency portion will be attenuated. The residual will tend to be dominated by low frequency cycles"[6]. Betrachten wir hierzu die in Abbildung 4 dargestellte empirische Autokorrelationsfunktion der mit dem Filter trendbereinigten Schülerquote, dann scheint sich das von CHAN et al. theoretisch abgeleitete Ergebnis zu bestätigen, zumal der Wert zum Lag 1 mit 0.97 nahezu perfekt dem theoretisch zu erwartenden Wert von 1- 10/200 = 0.95 entspricht.

*Abb. 4:* Empirische Autokorrelationsfunktion der Trendresiduen der Schülerquote

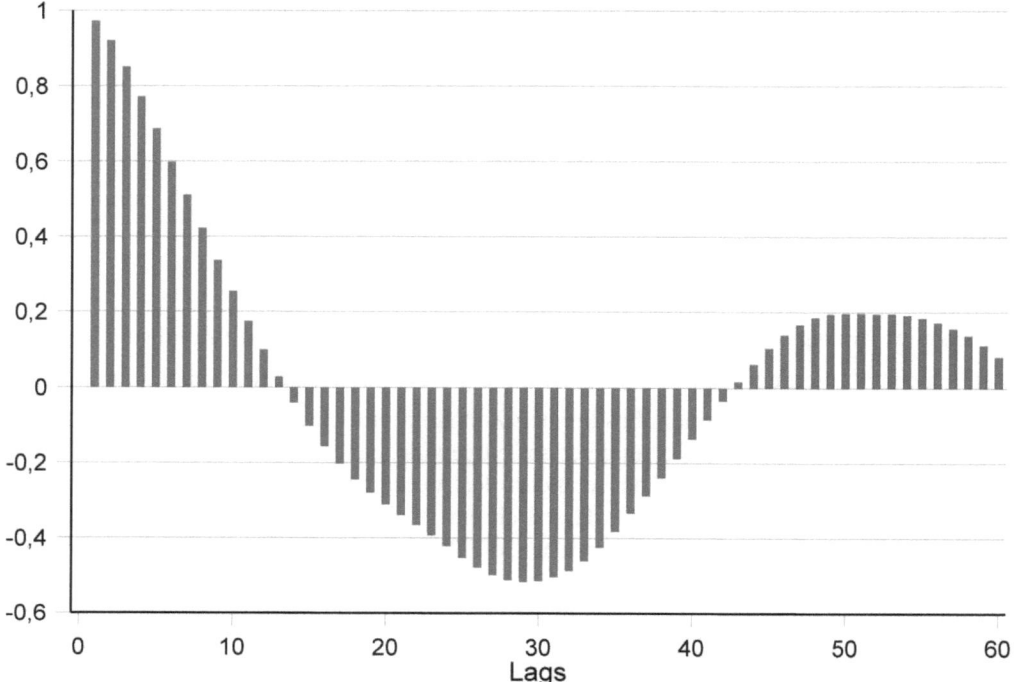

Die Tatsache, dass die Residuen der auf diese Art trendbereinigten Reihen prinzipiell künstliche Langfristzyklen aufweisen, ist besonders für die Diskussion der „Lange Wellen"-Hypothese von zentraler Bedeutung. Es lässt sich nämlich der Verdacht nicht von der Hand weisen, dass die in vielen Untersuchungen empirisch festgestellten und in zahlreichen Theorien thematisierten „Langen Wellen" ein statistisches Artefakt der falschen Trendbereinigung von „Random Walk"-Prozessen darstellen. Damit wäre auch der für die Schülerquote gefilterte Langfristzyklus ein Artefakt.

Nach diesen relativ ausführlichen Erörterungen der Auswirkungen einer „falschen" Trendbereinigung stellt sich die Frage, wie denn eine „richtige" Trendbereinigung aussehen müsste. Diese Frage lässt sich vordergründig leicht beantworten. Bei Gültigkeit des in Gleichung [3] dargestellten Modells ist die Differenzenbildung das richtige und einzige Verfahren der Trendbereinigung. Nur die Differenzenbildung eliminiert bei Prozessen dieser Art die Nichtstationarität und damit den Trend.[7] Warum, so wird man fragen, wird dann zur Trendbereinigung nicht grundsätzlich die Differenzenbildung verwendet? Die Antwort darauf ist einfach. Differenziert man einen trendstationären Prozess, so werden vorhandene Langfristzyklen vollständig eliminiert. Diese wären zwar für den Verlauf der Niveaureihe relevant, würden aber bei der Differenzenbildung ausgefiltert und wären damit in der trendfreien Reihe nicht mehr vorhanden[8]. Offensichtlich ist das bei der Reihe der Schülerquote nicht der Fall. In Abbildung 1 (untere Hälfte) sehen wir, dass die Wachstumsraten dieser Reihe ein langfristiges Schwingungsmuster aufweisen. Wenn die Differenzenbildung einerseits bei trendstationären Prozessen langfristige Zyklen eliminiert, andererseits die 1. Differenzen der Schülerquote aber ein langfristiges Schwingungsmuster aufweisen, dann kann man davon ausgehen, dass die Schülerquote einem stochastischen Trend folgt.

Geht man also für die weiteren Überlegungen davon aus, dass die Schülerquote einem nichtstationären stochastischen Prozess folgt, dann ergibt sich als nächstes die Frage, wie der stochastische Trend der Reihe geschätzt werden kann. Denn ganz offensichtlich kann man zwar über die Differenzenbildung den Trend eliminieren, umgekehrt aber nicht den Trend bestimmen, indem man die trendfreie Reihe von der Originalreihe subtrahiert. Zur Trendschätzung nichtstationärer stochastischer Prozesse sind deshalb spezielle Verfahren entwickelt worden, die von jeweils unterschiedlichen Annahmen ausgehen und damit auch zu unterschiedlichen Ergebnissen führen.

## 3.4 Schätzung stochastischer Trends

Gegenwärtig gibt es im Wesentlichen zwei Verfahren, um stochastische Trends und stochastische Zyklen zu schätzen, die auch durch entsprechende Software unterstützt werden.[9] Ein Modellierungsansatz geht auf Andrew HARVEY (1989) zurück und ist in dem Programm STAMP (Structural Time Series Analyser, Modeller and Predictor) realisiert (KOOPMAN/HARVEY/DOORNIK/SHEPARD 2000). Der zweite Ansatz wurde von Augustin MARAVALL entwickelt und ist in der Software TRAMO/Seates implementiert (MARAVALL/GOMEZ 1994). Die folgenden Berechnungen wurden ausschließlich mit dem Programm STAMP durchgeführt. Für das von HARVEY favorisierte strukturelle Zeitreihenmodell, das zur Klasse der sog. Unobserved Components Modelle (UC-Modelle) gehört, lassen sich mehrere Vorteile nennen (vgl. METZ 2002, S 273ff; HARVEY/PROIETTI 2005):

– Die Komponenten werden entsprechend der stochastischen Struktur der Reihe geschätzt. Wird diese Struktur bei der Schätzung der Komponenten nicht berücksichtigt, besteht, wie gezeigt, die Gefahr, Artefakte zu erzeugen.
– Es ermöglicht die Schätzung voneinander unabhängiger Komponenten, so dass sich die Ergebnisse mit traditionellen Ansätzen vergleichen lassen, die ebenfalls von einer Komponentenstruktur ausgehen.
– Alle Komponenten, also auch der Trend, lassen sich als stochastische Prozesse modellieren.
– Das Programm bietet die Möglichkeit, die Trendkomponente in unterschiedlicher Weise zu modellieren.
– Bei der Schätzung können auch exogene Einflüsse explizit berücksichtigt werden (in Form sog. Interventionen).

Ausgangspunkt unserer Überlegungen ist folgendes Komponentenmodell, das auch als „Trend plus Zyklus"-Modell (TZ-Modell) bezeichnet wird:

$$Y_t = T_t + C_t + v_t, \qquad t = 1,...,T$$

mit:

$Y_t$ = (logarithmierte) Zeitreihe, $T_t$ = Trend, $C_t$ = Zyklus, $v_t$ = irreguläre Komponente.

Für die Trendkomponente $T_t$ wird folgendes Modell angenommen:

$$T_t = T_{t-1} + \mu_{t-1} + \eta_t, \quad \eta_t \approx NID(0, \sigma_\eta^2)$$
$$\mu_t = \mu_{t-1} + \zeta_t, \quad \zeta_t \approx NID(0, \sigma_\zeta^2)$$

Dabei ist $\mu_t$ die Wachstumsrate, die üblicherweise als „Drift" bezeichnet wird, während $\eta_t$ und $\zeta_t$ Folgen von Zufallsschocks darstellen und NID für *normally, independently distributed* steht. Während die Varianz von $\eta_t$ das Trendniveau beeinflusst, wirkt sich die Varianz von $\zeta_t$ auf die Wachstumsrate des Trends, also auf seine Steigung aus. Ist $\sigma_\zeta^2$ gleich Null, ist $\mu_t$ eine Konstante, und der Trend entspricht einem Random Walk mit Drift. Ist $\sigma_\eta^2$ gleich Null, entspricht der Trend einem zweifach integrierten Prozess, der in der Regel glatt verläuft. Sind beide Trendvarianzen gleich Null, handelt es sich um einen linearen Trend. Sind beide Varianzen größer als Null, handelt es sich ebenfalls um einen integrierten Random Walk, allerdings mit einer stochastischen Variation des Trendniveaus.

Die zyklische Komponente wird als stationärer stochastischer Prozess wie folgt modelliert:

$$\begin{bmatrix} C_t \\ C_t^* \end{bmatrix} = \rho \begin{bmatrix} \cos\lambda & \sin\lambda \\ -\sin\lambda & \cos\lambda \end{bmatrix} \begin{bmatrix} C_{t-1} \\ C_{t-1}^* \end{bmatrix} + \begin{bmatrix} v_t \\ v_t^* \end{bmatrix}.$$

Dabei sind $v_t$ und $v_t^*$ unkorrelierte „White Noise"-Prozesse. Die Parameter $0 \leq \lambda \leq \pi$ und $0 \leq \rho \leq 1$ lassen sich als Frequenz bzw. als Dämpfungsfaktor des Zyklus interpretieren[10].

Die Aufgabe besteht nun darin, die unbekannten „Hyperparameter" $\sigma_\eta^2, \sigma_\zeta^2, \sigma_v^2, \sigma_\varepsilon^2, \lambda$ und $\rho$ zu schätzen. Dazu werden das jeweils spezifizierte Modell in Zustandsraumform dargestellt und eine Maximum Likelihood Schätzung der Hyperparameter mit Hilfe des Kalman-Filters durchgeführt. Optimale Schätzungen der Komponenten erhält man durch bestimmte Glättungsverfahren, bei denen der Kalman-Filter vorwärts und rückwärts durch die Zeit „läuft", wobei alle Informationen der Zeitreihe verwendet werden. Grundsätzlich wurden für alle folgenden Berechnungen die logarithmierten Werte der Reihen verwendet, da die für die Originalwerte geschätzten Komponenten eine zeitabhängige Varianz aufweisen, was der Definition eines stationären stochastischen Prozesses widerspricht[11].

Für das Verständnis des weiteren Vorgehens muss betont werden, dass die Spezifikation und Schätzung eines strukturellen Zeitreihenmodells keine triviale Angelegenheit darstellt, da meist mehrere, in ihrer substantiellen Bedeutung ganz unterschiedliche Modelle in der Lage sind, die Daten optimal zu modellieren. Für die Spezifikation eines strukturellen Zeitreihenmodells lassen sich mehrere Probleme nennen. Zum einen die Bestimmung des Trendmodells und damit die Frage, ob Drift- und/oder Levelvarianz stochastisch oder konstant sind. Das zweite Problem betrifft die Modellierung der zyklischen Komponente. Ist es ein Zyklus oder sind es mehrere Zyklen? Wie lang ist die Zyklusdauer? Und drittens hat man sich schließlich mit dem Einfluss exogener Schocks auf die Modellschätzung auseinanderzusetzen. Die konkrete Arbeit bei der Suche nach einem optimalen Modell beginnt also damit, mehrere als plausibel erachtete Modelle auf Datenfit und substanzwissenschaftliche Interpretationsmöglichkeiten hin zu prüfen. Keinesfalls sollte man davon ausgehen, dass das letztendlich ausgewählte Modell das wahre Modell ist. Es kann sich immer nur um ein vorläufig bestes Modell handeln, das unter Abwägung spezieller Alternativen gewonnen wurde.

## 4 Ergebnisse

### 4.1 Schülerquote

Für die Schülerquote hatten wir festgestellt, dass ein log-linearer Trend zu einem langfristigen Zyklus führt, der recht gut durch eine 50jährige periodische Sinusschwingung approximiert werden kann. Wir hatten weiter festgestellt, dass auch die geglätteten 1. Differenzen dieser Reihe eine Dynamik aufweisen, die mit der Vorstellung langfristiger Wachstumsschwankungen kompatibel ist. Bei dieser Reihe führen also sowohl die lineare Trendbereinigung als auch die Differenzenbildung zu langfristigen Schwingungen.

Kritisch hatten wir jedoch gegen die Vorstellung eines log-linearen Trends eingewandt, dass die Langfristentwicklung damit deterministisch und von Zufallseinflüssen völlig unabhängig wäre. Die Vorstellung, wonach der Zufall für die langfristige Entwicklung keinerlei Bedeutung hat, haben wir aus substanzwissenschaftlichen Überlegungen heraus abgelehnt. Zudem hatten wir die Tatsache, dass auch die 1. Differenzen langfristige Schwingungen aufweisen, als Indiz dafür gewertet, dass es sich hier vermutlich um einen integrierten Prozess handelt. Ausgangspunkt unserer Schätzungen ist daher ein Modell, bei dem sowohl die Varianz des Levels als auch die des Drifts als stochastisch angenommen wird. Für die Spezifikation der zyklischen Komponente orientieren wir uns am Periodogramm der 1. Differenzen, das u.a. bei der Periode von 50, 20 und 11 Jahren einen Peak aufweist.

Die Schätzung ergibt für den Trend einen integrierten Random Walk, bei dem sowohl die Varianz des Drifts als auch des Levels größer als Null ist ($\sigma_\eta^2 = 1.1 \cdot 10^{-4}$, $\sigma_\zeta^2 = 3.5 \cdot 10^{-5}$).

Die durchschnittliche Wachstumsrate des Trends ist also nicht konstant, sondern folgt selbst wieder einem stochastischen Trend. Für die stationäre Komponente erhalten wir zwei Zyklen mit einer Periodendauer von 11 und 24 Jahren, wobei die Varianz des längeren Zyklus etwa 5mal so groß ist wie die des kürzeren. Die Varianz der irregulären Komponente ist Null. Trend, Originalreihe und trendfreie Reihe sind in Abbildung 5 eingetragen. Die trendfreie Reihe ist zusammen mit dem 24jährigen Zyklus in Abbildung 6 dargestellt. Bestimmend für die Dynamik der Schülerquote ist nach diesen Ergebnissen offensichtlich nicht ein langfristiger Zyklus um einen deterministischen Trend, sondern ein stochastischer Trend mit deutlich ausgeprägten Phasen der Zu- und Abnahme im Niveau der Reihe sowie ein 24jähriger Zyklus, der um den Trend oszilliert und den Verlauf der stationären Komponente weitgehend bestimmt. Die Wachstumsdynamik kommt in der Trendrate und hier besonders im Drift zum Ausdruck. Dieser ist in Abbildung 7 zusammen mit den 1. Differenzen der Schülerquote dargestellt.

*Abb. 5:* Schülerquote, stochastischer Trend und Trendresiduen

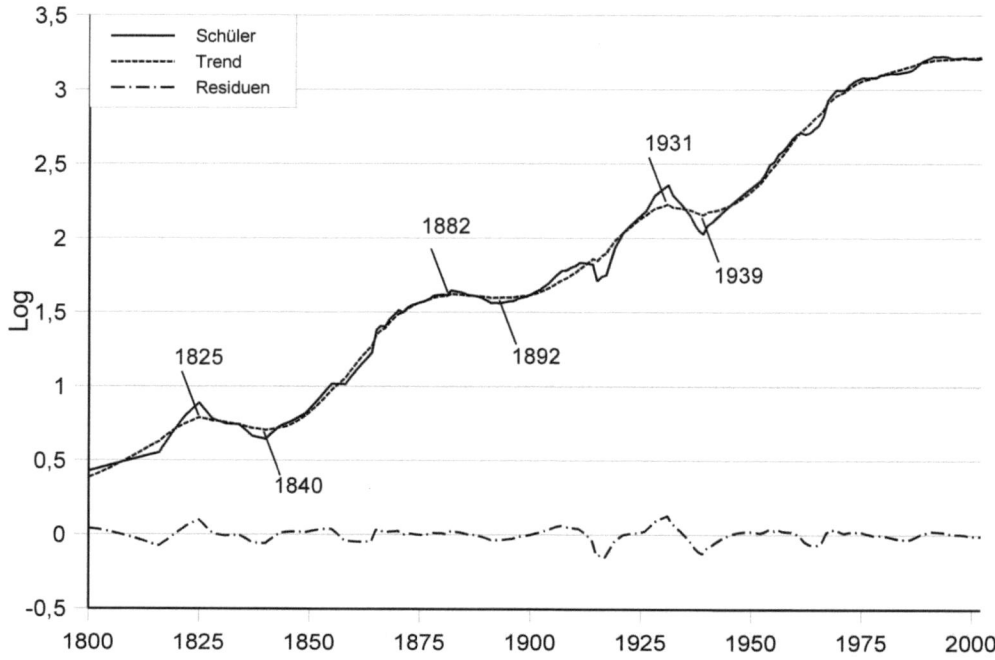

*Abb. 6:* Trendresiduen und Zyklus der Schülerquote

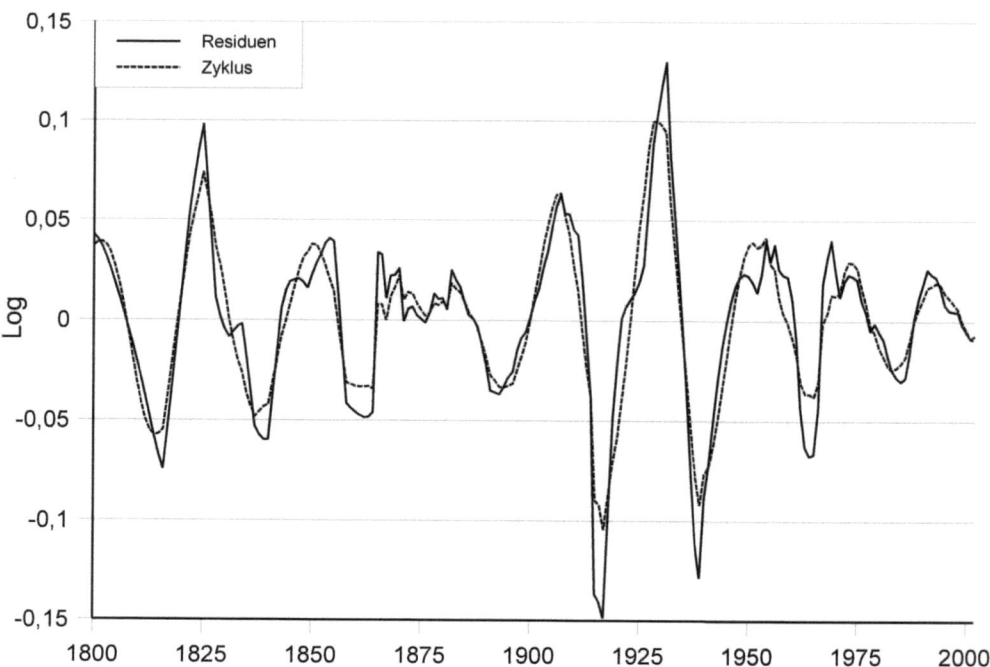

*Abb. 7:* 1. Differenzen und Drift der Schülerquote

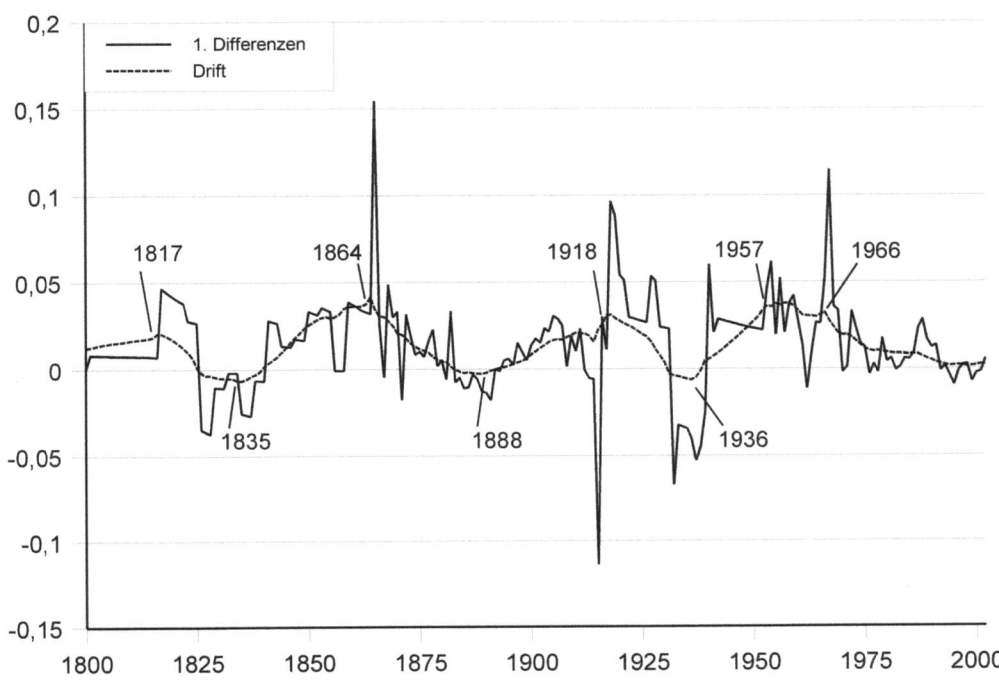

Der stochastische Drift zeigt nun jene ausgeprägten langfristigen Phasen der Wachstumsbeschleunigung und Wachstumsverlangsamung, die primär Gegenstand der Theorie der Autoren zum zyklischen Bildungswachstum sind. Obwohl der Drift recht gut mit den von den Autoren geglätteten Wachstumsraten übereinstimmt, lässt sich aus seinem Verlauf nicht auf einen regelmäßigen Wachstumszyklus, sondern vielmehr nur auf langfristige Phasen der Wachstumsbeschleunigung und Wachstumsverlangsamung schließen.

*Tabelle 1:* Trend- und Wachstumsphasen der Schülerquote

| | Schülerquote | | | | | |
|---|---|---|---|---|---|---|
| | Trendphasen | | | | Wachstumsphasen | |
| Phase | Periode | W Länge S | | Phase | Periode | + Länge - |
|---|---|---|---|---|---|---|
| Wachstum | 1800-1825 | 25 | | zunehmend | 1800-1817 | 17 |
| Stagnation | 1825-1840 | | 15 | abnehmend | 1817-1835 | 18 |
| Wachstum | 1840-1882 | 42 | | zunehmend | 1835-1864 | 29 |
| Stagnation | 1882-1892 | | 10 | abnehmend | 1864-1888 | 24 |
| Wachstum | 1892-1931 | 39 | | zunehmend | 1888-1918 | 30 |
| | 1931-1939 | | 8 | abnehmend | 1918-1936 | 18 |
| | 1939-2002 | 63 | | zunehmend | 1936-1957 | 30 |
| | | | | abnehmend | 1957-2002 | 36 |
| | | ∑169 ⌀ 42,25 | ∑ 33 ⌀ 11 | | | ∑106 ⌀ 26,5 / ∑ 96 ⌀ 24 |

In Tabelle 1 sind die oberen und unteren Wendepunkte des stochastischen Trends eingetragen. Dabei ist der obere/untere Wendepunkt der Umkehrpunkt zwischen zu- und abnehmendem Trendniveau bzw. umgekehrt. Ganz offensichtlich sind die Stagnationsphasen wesentlich kürzer als die Wachstumsphasen. Betrachtet man zusätzlich die Wendepunkte des Drifts, dann zeigt sich, dass jedes Trendwachstum zunächst durch eine Wachstumsbeschleunigung und dann durch eine Wachstumsverlangsamung und umgekehrt jeder Trendrückgang zunächst durch eine Wachstumsverlangsamung und dann durch eine Wachstumsbeschleunigung gekennzeichnet ist. Der Drift weist ausgeprägte, nahezu regelmäßige Phasen der Wachstumsbeschleunigung bzw. der Wachstumsverlangsamung auf, die mit einer Dauer von etwa 50 Jahren der Vorstellung „Langer Wellen" recht gut entsprechen. Dabei variiert das Wachstum des Trends zwischen -0.6% (1835) und 4.1% (1864). Allerdings lassen sich diese Phasen, wie bereits erwähnt, nicht als Zyklus, sondern als Trendperioden interpretieren. Für die Schülerquote führen also die Ergebnisse der Schätzung dann zu einer weitgehenden Bestätigung der Theorie, wonach sich Bildungswachstum in annähernd regelmäßigen Wachstumsphasen entwickelt, wenn man die Trenddynamik betrachtet.

## 4.2 Studierendenquote

Im Gegensatz zur Schülerquote führt ein deterministisches Modell für die Studierendenquote[12] zu nicht interpretierbaren Ergebnissen. Wie die Abbildung 8 zeigt, resultiert aus dem log-linearen Trend eine Konjunkturkomponente, die ganz offensichtlich nicht stationär ist. Hält man an der für die Theorie des zyklischen Bildungswachstums essentiellen Hypothese fest, die Reihe würde, wie die Schülerquote, durchgängig von einem einheitlichen Prozess generiert, kommt für die Studierendenquote offensichtlich nur ein stochastisches Modell in Frage. Allerdings ist es für diese Reihe nicht ohne weiteres möglich, ein stochastisches Komponentenmodell mit befriedigenden Eigenschaften zu schätzen, was vor allem an den Extremwerten zwischen 1916 und 1924 sowie zwischen 1942 und 1951 liegen dürfte. Für die statistische Modellierung einer solchen Reihe gibt es mehrere Möglichkeiten, zwei davon seien hier genannt. Man kann erstens einzelne Perioden getrennt voneinander betrachten. Damit gibt man die Vorstellung auf, die Reihe würde durchgängig von einem einheitlichen Prozess generiert. Für jede Periode muss dann ein eigenes Modell gefunden werden. Damit wäre allerdings die Theorie des eigendynamischen Bildungswachstums obsolet. Eine zweite Möglichkeit besteht darin, mögliche Irregularitäten im Prozessverlauf zu identifizieren und zu modellieren. Grundlegend dabei ist die Vorstellung, dass die gesamte Untersuchungsperiode zwar durch einen *einheitlichen* Datenerzeugungsprozess gekennzeichnet ist, dieser aber durch irreguläre Einflüsse so stark überlagert wird, dass er nicht mehr identifiziert werden kann.

Formal gibt es mehrere Möglichkeiten, irreguläre Einflüsse zu modellieren, wovon eine die Ausreißeranalyse im Rahmen des ARIMA-Ansatzes darstellt (THOME 1992 und 2005). Ausreißer sind historisch singuläre, exogen bedingte Ereignisse außerhalb des eigentlichen Prozessmechanismus, die eine vorübergehende oder andauernde, abrupte oder allmähliche Verschiebung im mittleren Niveau einer Zeitreihe bewirken. Sofern diese irregulären Einflüsse den langfristigen Verlauf der Reihe, also den Trend, verändern, werden sie als persistente irreguläre Schocks bezeichnet. Im Gegensatz dazu nennt man die irregulären Einflüsse, die nur einen vorübergehenden Effekt haben, transitorische Schocks. Bei den transitorischen Schocks unterscheidet man *Additive Ausreißer (Additive Outlier, AO)* und *Zeitweilige Niveauverschiebung (Temporary Change, TC)*, während *Innovative*

*Ausreißer (Innovative Outlier, IO)* und *Dauerhafte Niveauverschiebung (Level Shift, LS)* persistente Schocks darstellen.

*Abb. 8:* Studierendenquote mit log-linearem Trend und Trendresiduen

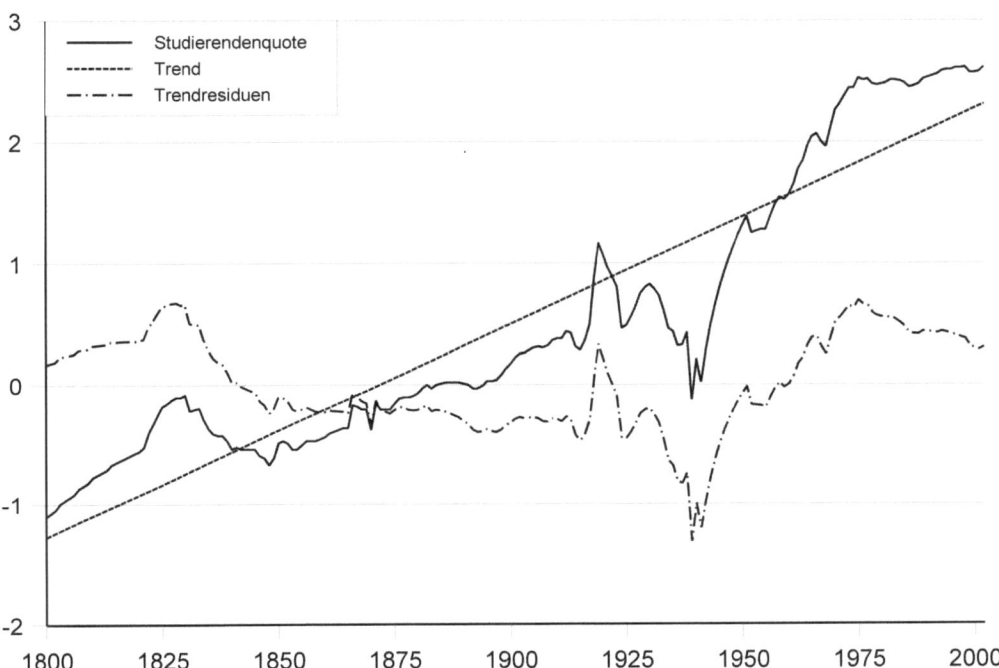

In dem Software-Paket SCA (Scientific Computing Associates® Corp., 913 West van Buren Street, Suite 3H, Chicago, Illinois 60607-3528, USA), mit dem die folgende Ausreißer-Modellierung durchgeführt wurde, ist in der Routine OESTIM ein iteratives Verfahren implementiert, das mehrere Bearbeitungsstufen durchläuft und die automatische Identifikation aller vier Ausreißertypen ermöglicht (METZ 2002, S. 473ff). Um Ausreißer identifizieren zu können, benötigt man zunächst ein Basismodell. Nur im Hinblick auf ein bestimmtes Modell lassen sich einzelne Werte als Ausreißer identifizieren. Das bedeutet, dass alle hier abgeleiteten Ergebnisse bedingte Ergebnisse darstellen. Sie gelten unter der Bedingung der Gültigkeit des jeweiligen Modells. Ein solches Basismodell ist allerdings schwierig zu bestimmen, da die wahre Struktur des Prozesses nicht ohne weiteres erkennbar ist, wenn die Reihe durch Ausreißer verzerrt ist. Die Analyse verschiedener Varianten liefert für die Reihe ein relativ einfaches ARIMA-Modell. Soll die Bereinigung von Ausreißern das langfristige Niveau der Reihe nicht verändern, muss man die Analyse auf die Ausreißertypen beschränken, die prinzipiell nur einen transitorischen Effekt haben. Um dies zu erreichen, führen wir mit OESTIM eine Ausreißerschätzung durch und beschränken die zu berücksichtigenden Typen auf AO und TC. Tabelle 2 enthält die identifizierten Ausreißer. Das Ergebnis ist in Abbildung 9 als adjustierte Reihe eingezeichnet, die weitgehend der Originalreihe folgt. Neben kleineren Korrekturen werden die Originalwerte lediglich von 1866 bis 1875, 1917 bis 1937 sowie von 1939 bis 1950 stärker adjustiert.

*Tabelle 2:* Ausreißer der Studierendenquote – Summary of Outlier Detection and Adjustment

| Time | Estimate | T-Value | Type |
|---|---|---|---|
| 1831 | -0,158 | -6,58 | LS |
| 1834 | -0,118 | -3,85 | IO |
| 1848 | -0,072 | -3,58 | TC |
| 1850 | 0,07 | 3,45 | TC |
| 1866 | 0,166 | 8,18 | TC |
| 1870 | -0,182 | -5,93 | IO |
| 1871 | 0,362 | 15,02 | LS |
| 1914 | -0,106 | -3,47 | IO |
| 1918 | 0,274 | 8,96 | IO |
| 1920 | -0,282 | -9,21 | IO |
| 1924 | -0,32 | -13,32 | LS |
| 1936 | -0,118 | - 3,85 | IO |
| 1939 | -0,618 | -26,89 | AO |
| 1940 | -0,336 | - 6,62 | IO |
| 1942 | 0,393 | 12,84 | IO |
| 1956 | 0,121 | 3,94 | IO |
| 1970 | 0,06 | 4,29 | AO |
| 1974 | 0,117 | 3,83 | IO |

*Abb. 9:* Studierendenquote, original und adjustiert

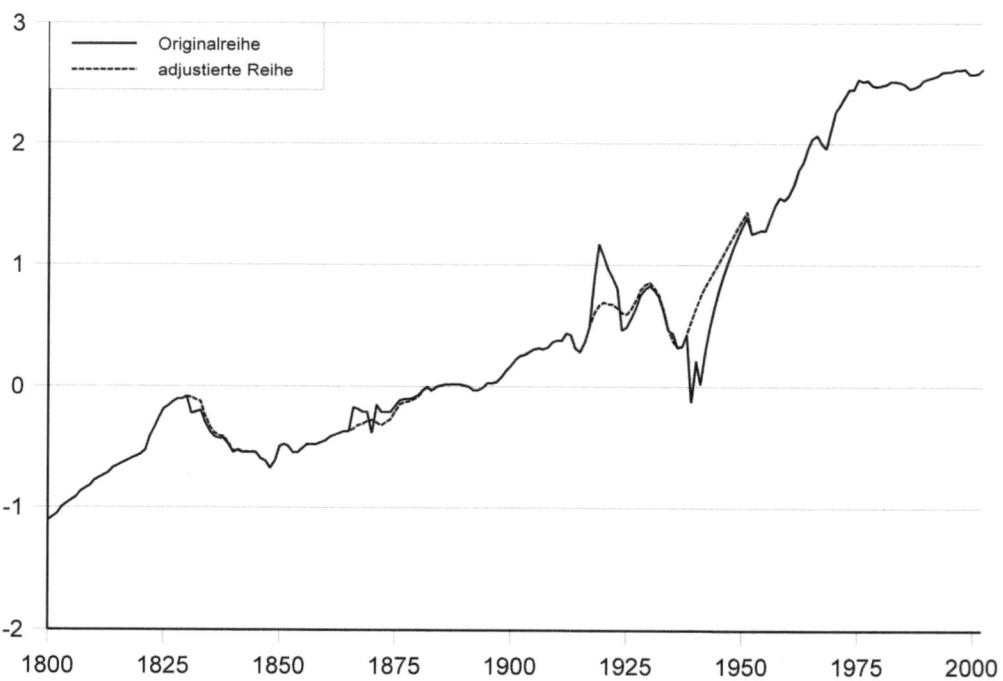

Die Ausreißereffekte lassen sich veranschaulichen, indem man die 1. Differenzen der adjustierten Reihe von den 1. Differenzen der Originalreihe subtrahiert. Das Ergebnis dieser Operation in Abbildung 10 zeigt nicht nur zeitliches Auftreten und Ausmaß der Ausreißer, sondern auch deren jeweilige Nachwirkung. Der Vorteil dieser Darstellung besteht darin, dass sie einer direkten inhaltlichen Interpretation zugänglich ist. Wie man sieht, sind besonders die Jahre um 1870, von 1918-25 und 1939-52 durch ein hohes Maß an Irregularität gekennzeichnet[13].

*Abb. 10:* Ausreißereffekte für die Studierendenquote

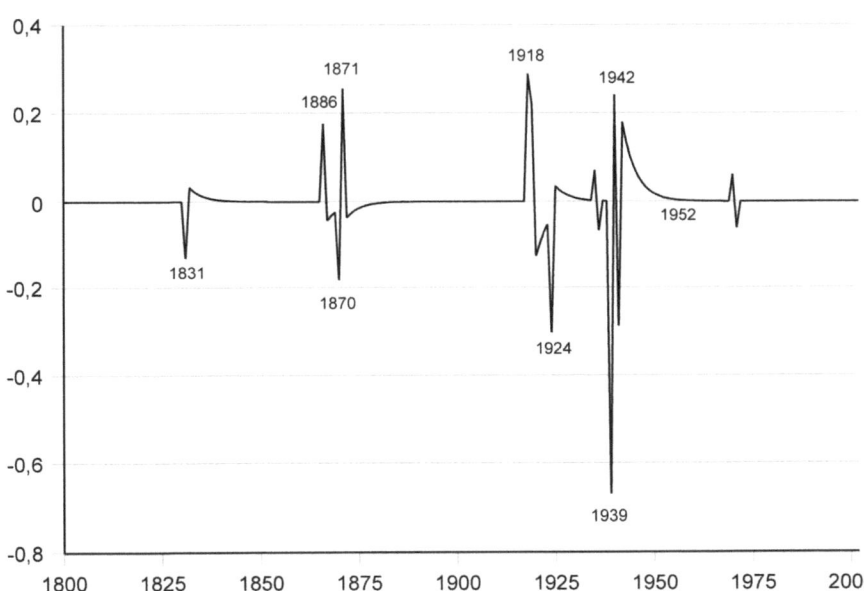

Nachdem die Reihe der Studierendenquote um die irregulären Einflüsse bereinigt wurde, können wir erneut die Schätzung eines stochastischen Modells für die um Ausreißereffekte adjustierte Reihe versuchen. Die Schätzung ergibt einen relativ glatt verlaufenden Trend mit $\sigma_\zeta^2 = 6.97 \cdot 10^{-5}$ und $\sigma_\eta^2 = 0$. Der Trend ist also ein integrierter Random Walk, bei dem Trendrate und Drift identisch sind. Die Varianz der irregulären Komponente ist Null. Für die stationäre Komponente werden wieder zwei Zyklen mit einer Periodendauer von etwa 10 und 23 Jahren geschätzt. Adjustierte Reihe, Trend und trendfreie Reihe sind in Abbildung 11 eingezeichnet. Abbildung 12 zeigt den 23jährigen Zyklus zusammen mit der trendfreien Komponente. Auch dieser Trend zeigt zwar in seinem Niveau wieder Schwankungen, doch ist jetzt eine Datierung von Wachstums- und Stagnationsphasen anhand der Wendepunkte des Trends schwieriger. Mit einiger Vorsicht kann man die Jahre bis 1829, von 1852 bis etwa 1891 und von 1891 bis 1936 als Wachstumsperioden mit einem zu- und abnehmendem Niveau identifizieren. Von 1936 bis etwa 1976 dominiert ein durchgängig ansteigender Trend. Deutlicher zeigt sich die Dynamik des Trendwachstums wieder in der Trendrate. Diese ist zusammen mit den 1. Differenzen der adjustierten Reihe in Abbildung 13 eingezeichnet. Dabei zeigen sich vier Perioden mit sich beschleunigendem und verlangsamendem Wachstum und zwar von 1800 bis 1839, 1839 bis 1891, 1891 bis 1932 und 1933 bis 1985.

*Abb. 11:* Studierendenquote (adjustiert), Trend und Trendresiduen

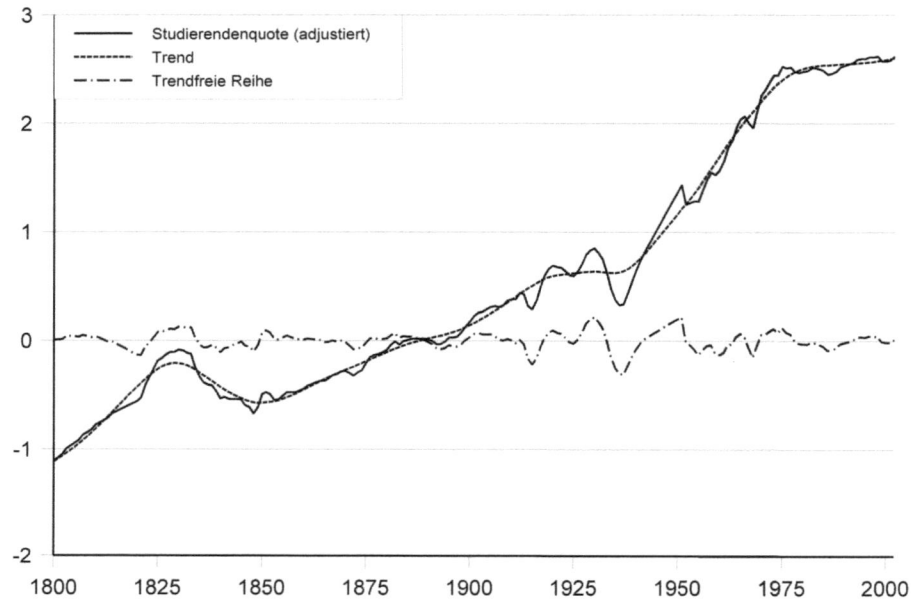

*Abb. 12:* Trendresiduen und Zyklus der Studierendenquote

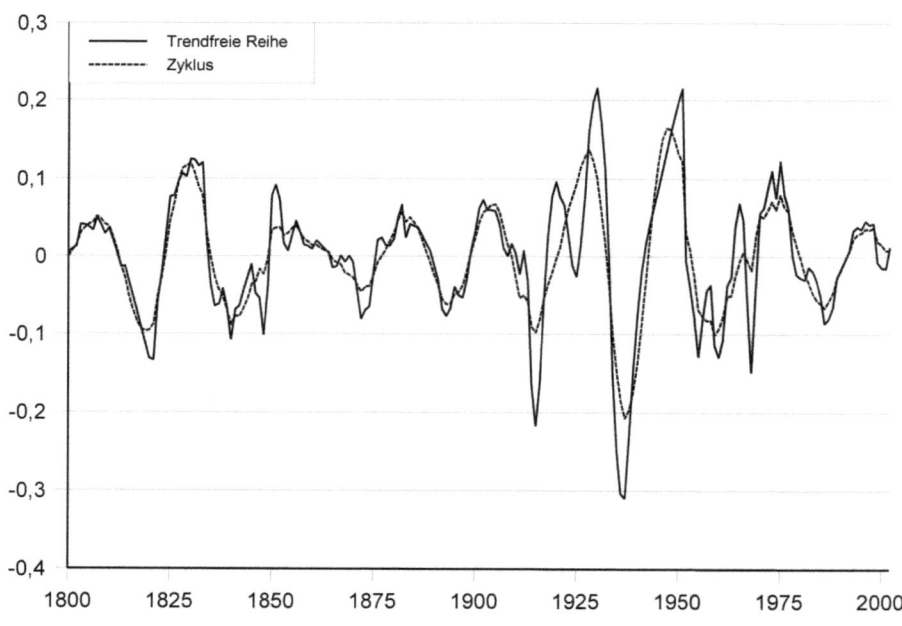

*Abb. 13:* 1. Differenzen und Drift der Studierendenquote

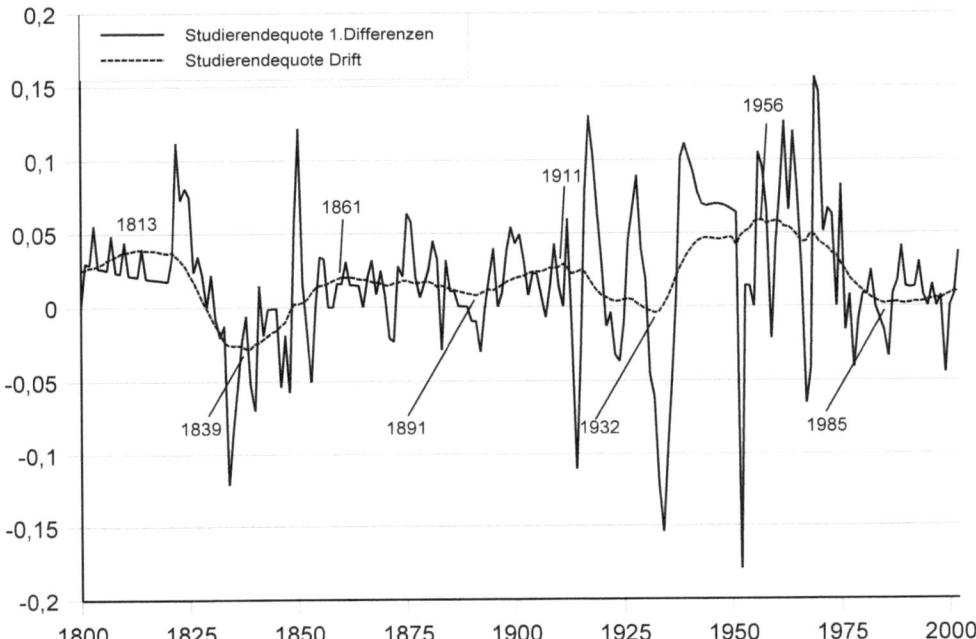

## 4.3 Abiturientenquote

Betrachten wir schließlich noch den dritten Indikator für Bildungsbeteiligung in Deutschland, die Abiturientenquote. Die Reihe beginnt 1871 und endet 2000, weist aber von 1911 bis 1924 und von 1940 bis 1949 zwei größere Lücken auf, die wieder durch lineare Interpolation geschlossen wurden. Ähnlich wie für die Studierendenquote macht es auch für diese Reihe einige Schwierigkeiten, für den Gesamtzeitraum ein befriedigendes Modell zu schätzen. Mehrere Versuche ergeben schließlich für den Trend wieder einen integrierten Random Walk mit $\sigma_\eta^2 = 0$ und $\sigma_\zeta^2 = 2.3 \cdot 10^{-4}$. Für den Zyklus ergibt sich eine Länge von 15 Jahren. Im Gegensatz zu den beiden anderen Reihen weist dieses Modell eine irreguläre Komponente auf, deren Varianz mit $6.0 \cdot 10^{-4}$ relativ hoch ist. Originalreihe, Trend und stationäre Komponente sind in Abbildung 14, Zyklus und stationäre Komponente in Abbildung 15 und der Drift mit den 1. Differenzen in Abbildung 16 eingezeichnet. Diese Abbildung zeigt deutlich die Heterogenität der Reihe, welche wohl im Wesentlichen durch die Datenlücken entsteht. Mit einiger Berechtigung könnte man für die Abiturientenquote auch davon ausgehen, dass es drei Perioden mit ganz unterschiedlicher Dynamik sind, die die langfristige Entwicklung bestimmen, nämlich die Zeit bis 1909, die Zwischenkriegszeit und dann die bundesrepublikanische Zeit.

*Abb. 14:* Abiturientenquote mit stochastischem Trend und Trendresiduen

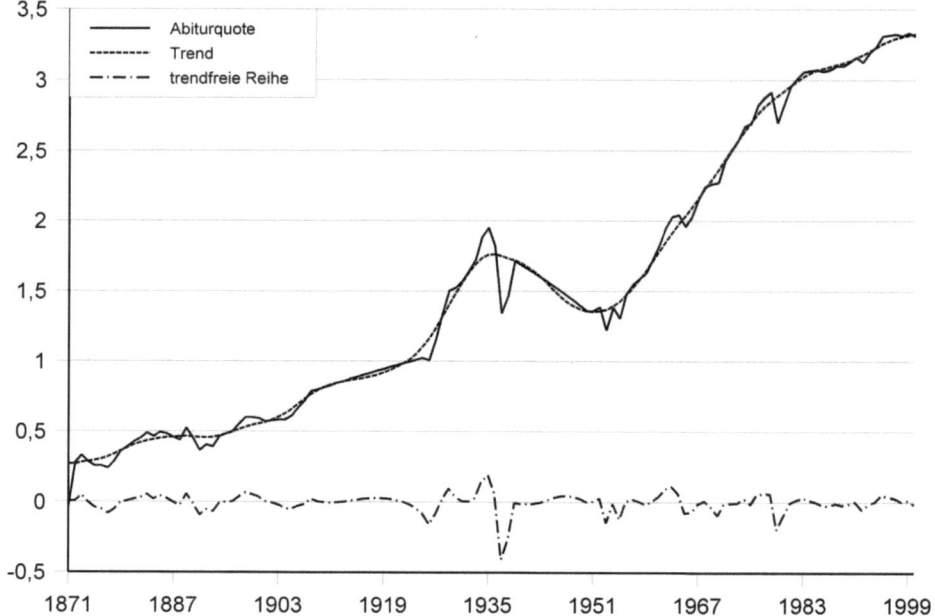

*Abb. 15:* Trendresiduen und Zyklus der Abiturientenquote

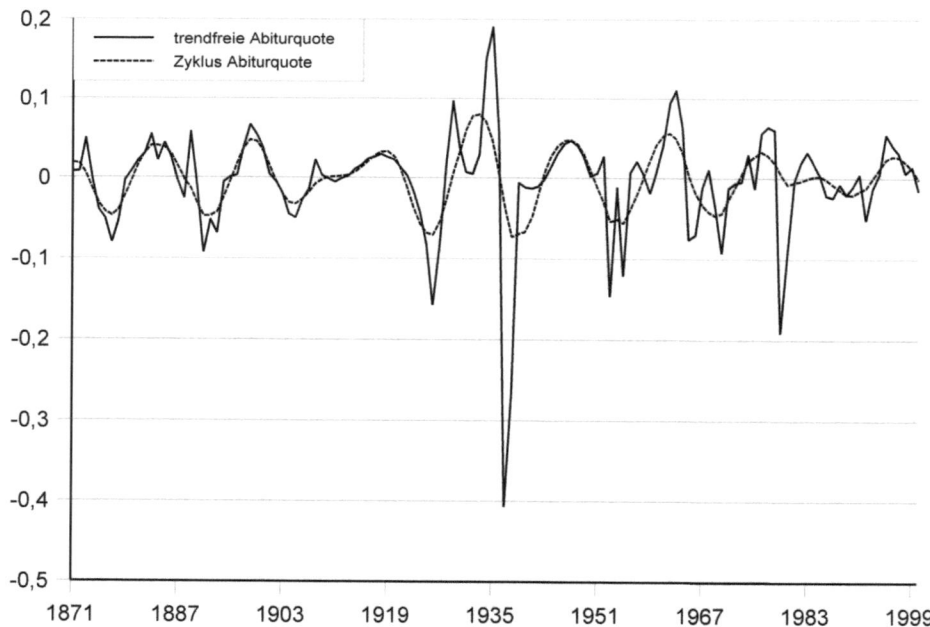

*Abb. 16:* 1. Differenzen und Drift der Abiturientenquote

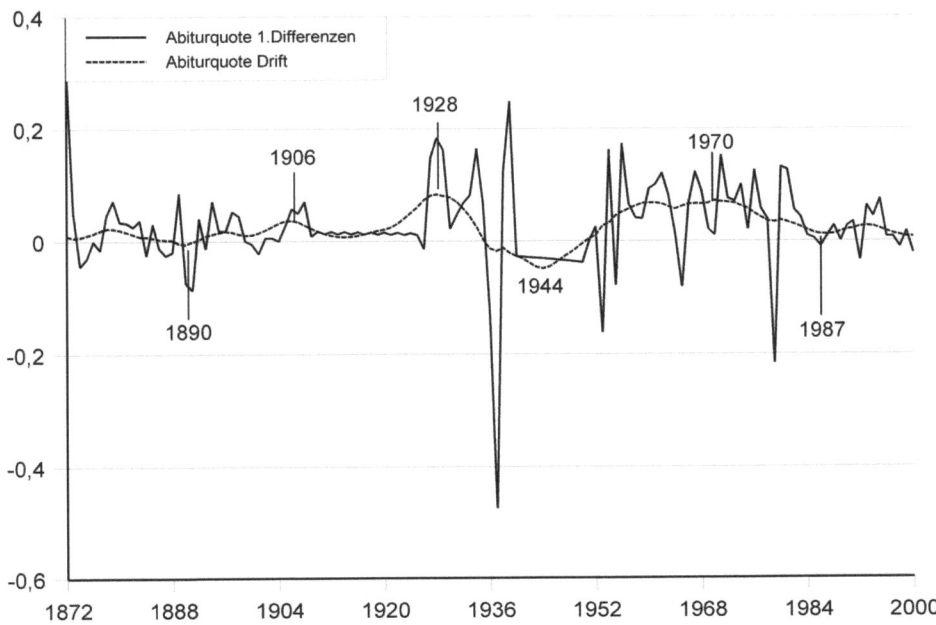

## 4.4 Vergleich der Indikatoren

Nachdem für alle drei Indikatoren die Komponenten geschätzt wurden, können wir Trend- und Zykluskomponenten vergleichen. Betrachten wir zunächst die Trendkomponenten in Abbildung 17. Diese zeigen bis zur Mitte der 1920er Jahre ein relativ hohes Maß an Parallelität. Die Folgezeit bis 1950 ist eher uneinheitlich, was auch datenbedingt sein dürfte. Ab 1950 dominiert in allen drei Reihen ein starker Anstieg des Niveaus, der Ende der 1970er, Anfang der 1980er Jahre an Dynamik einbüßt. Die Abiturientenquote weist nach 1950 ein so hohes Wachstum auf, dass ihr Niveau zum Ende des 20. Jahrhunderts das Niveau der Schülerquote sogar überflügelt.

Eine Datierung von Wachstums- und Stagnationsphasen ist anhand dieser Trendverläufe bestenfalls für die Schülerquote möglich. In den beiden anderen Indikatoren zeigt der Trend keine so deutlich ausgeprägten Schwankungen, dass mit ihm solche Phasen ohne weiteres datiert werden könnten. Viel deutlicher zeigt sich die Wachstumsdynamik dagegen in der Trendrate, im Drift. Dieser ist für die Schüler- und Studierendenquote in Abbildung 18 eingezeichnet. Die Abbildung zeigt für beide Reihen vier Wachstumswellen und zwar: 1800 – 1816 – 1834/39; 1834/39 – 1861/64 – 1889/91; 1889/91 – 1911/17 – 1932/36; 1932/36 – 1957 – 1985/94. Bemerkenswert ist, dass es in den gut 200 Jahren nur sehr wenige Jahre gab, in denen das Niveau der Bildungsbeteiligung trendmäßig absolut zurückgegangen ist, nämlich in der Zeit von 1826 bis 1848, 1883 bis 1891 und 1930 bis 1938.

*Abb. 17:* Schülerquote, Studierendenquote und Abiturientenquote mit stochastischen Trends

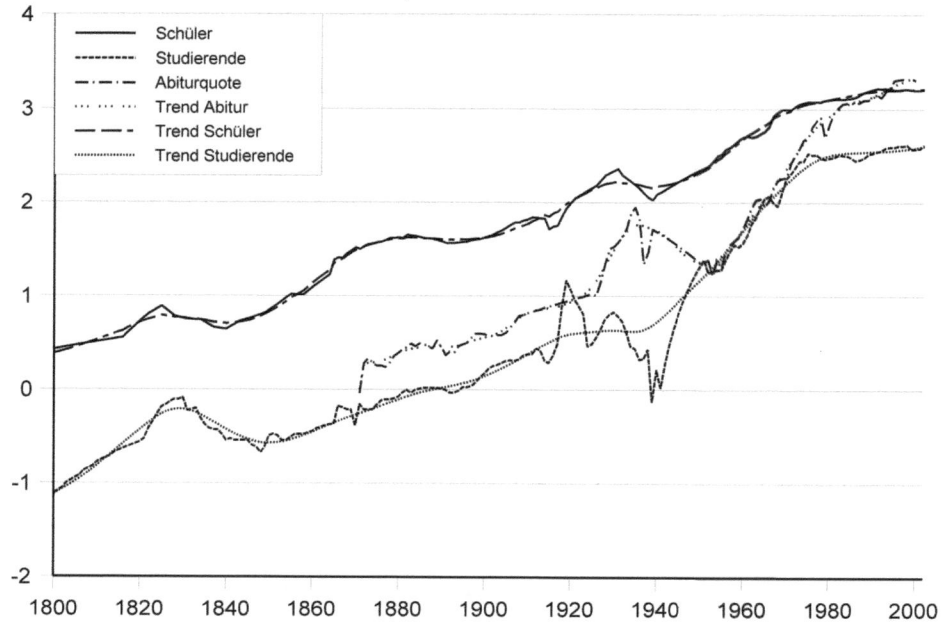

*Abb. 18:* Drifts der Schüler- und Studierendenquote

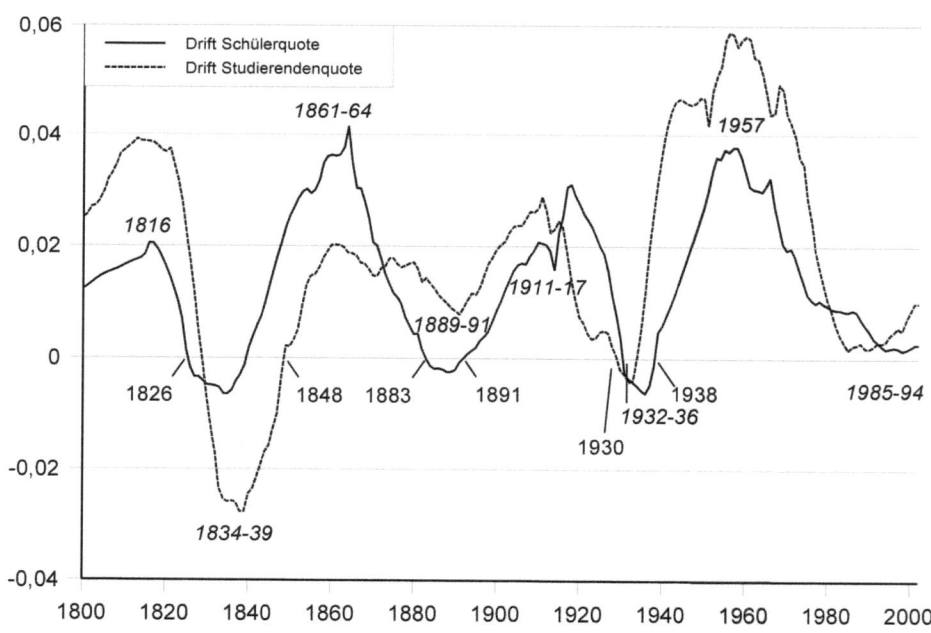

*Abb. 19:* Drifts der Schüler- und Abiturientenquote

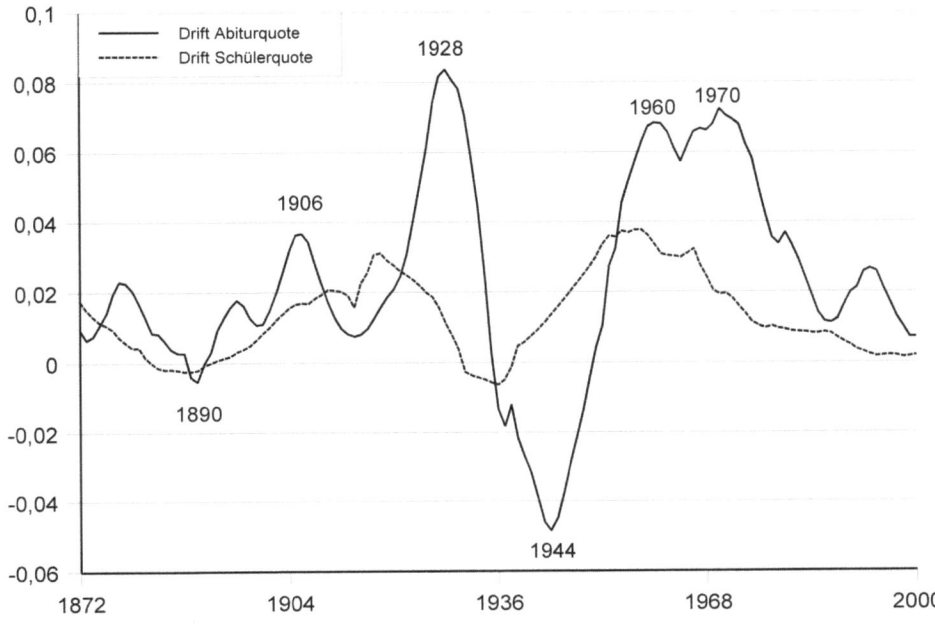

Obwohl die Wendepunkte und damit die Dauer der einzelnen Phasen in beiden Reihen recht gut übereinstimmen, zeigen beide Reihen in ihrer Wachstumsintensität auch deutliche Unterschiede. Generell zeigt die Studierendenquote keine so deutlich ausgeprägte Gleichmäßigkeit in der Intensität des Wachstums. Besonders der Einbruch um 1890 hat nicht das Ausmaß wie bei der Schülerquote. Die Trendrate der Studierendenquote zeigt auch, weshalb man die Dynamik des Bildungswachstums nicht als Zyklus begreifen sollte, sondern als einen Wachstumsprozess, der historisch bedingten Wachstums- und Stagnationsphasen unterliegt.

Im Vergleich zu diesen beiden Reihen ist die Wachstumsdynamik der Abiturientenquote uneinheitlicher. In Abbildung 19 sind die Trendraten der Abiturientenquote und der Schülerquote eingezeichnet. Insgesamt ist für die Abiturientenquote der Verlauf von 1909 bis 1950 schwierig zu interpretieren, da sich hier die interpolierten Datenlücken auf den Trendverlauf auswirken. Relativ sicher scheinen der untere Wendepunkt um 1890, den wir auch für die beiden anderen Indikatoren festgestellt hatten, und die oberen Wendepunkte um 1960 und 1970.

In Abbildung 20 ist schließlich noch der Zyklus für die Schüler- und Studierendenquote eingezeichnet. Bis 1882 ist der Zusammenhang eher uneinheitlich, danach scheint eher ein prozyklischer Zusammenhang zwischen den beiden Reihen zu bestehen. Auch der Zyklus für die Abiturientenquote ist im Kontext der drei Indikatoren schwierig zu interpretieren. Ein Vergleich des Zyklus der Abiturientenquote mit dem der Schülerquote vermittelt in Abbildung 21 eher das Bild der Konträrbewegung, doch mahnen auch hier die Datenlücken zu vorsichtiger Interpretation.

*Abb. 20:* Zyklus der Schüler- und Studierendenquote

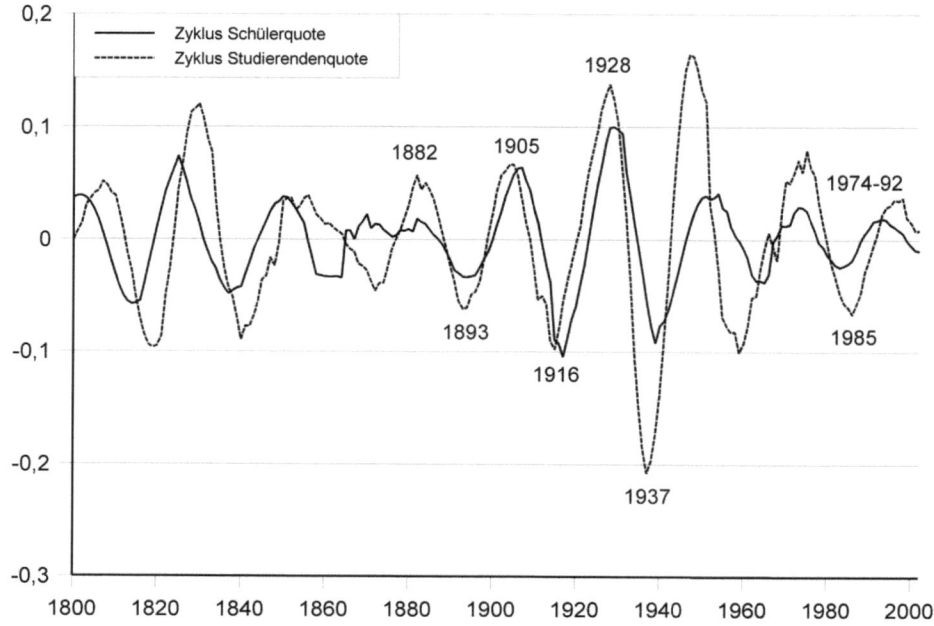

*Abb. 21:* Zyklus der Schüler und Abiturientenquote

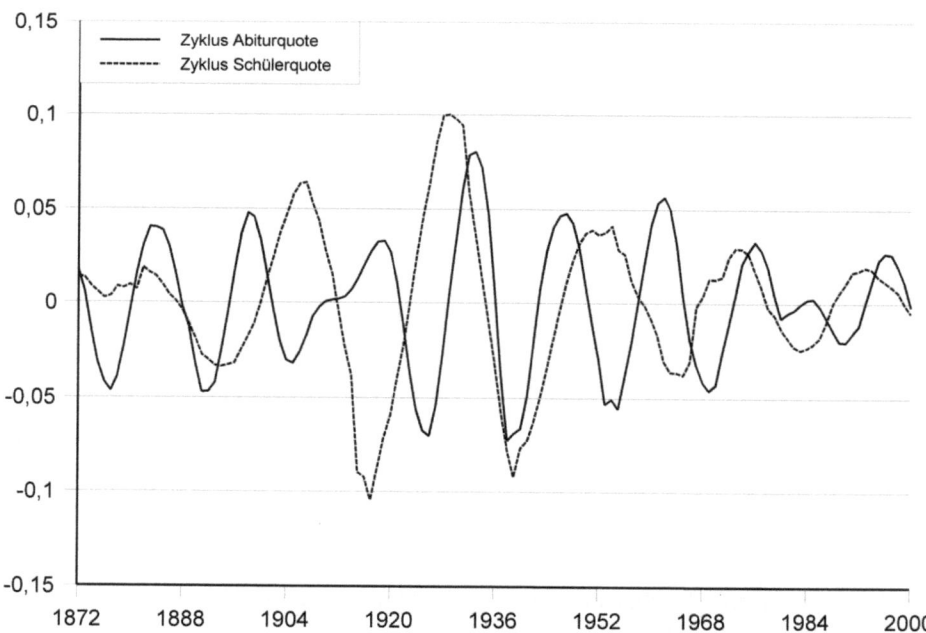

## 5 Fazit und Ausblick

Ausgangspunkt unserer Untersuchung war die Frage, ob in den vergangenen 200 Jahren das Bildungswachstum in Deutschland tatsächlich einer Eigendynamik gefolgt ist, die sich nicht nur in langfristigen, sondern auch in regelmäßigen Wachstums- und Stagnationsphasen manifestiert und damit, ähnlich den „Langen Wellen" der wirtschaftlichen Entwicklung, einen zyklischen Charakter aufweist. Zunächst hatten wir festgestellt, dass die bislang zur Unterstützung dieser Theorie von den Autoren vorgebrachte empirische Evidenz widersprüchlich ist. Wir hatten argumentiert, dass für eine Überprüfung der aufgestellten Thesen zu allererst die Bestimmung der Wachstumskomponente erforderlich ist, was auf die statistische Trendbestimmung hinaus läuft. Nur anhand der Wachstumskomponente lässt sich Wachstum untersuchen. Dabei kommen für die Bestimmung des Trends traditionelle Glättungsverfahren und Filter nicht in Frage. Für die Trendschätzung wurde daher ein stochastisches Komponentenmodell verwendet. Dieses Modell ergab für die Schülerquote einen Trend mit ausgeprägten Wachstums- und Stagnationsphasen, die die bisherige Periodisierung des Bildungswachstums annähernd bestätigen, wobei die Dauer dieser Wachstumsphasen, sofern man sich an der Trendrate orientiert, recht gut mit der Vorstellung langwelliger Schwankungen übereinstimmt.

Bei der Modellierung der Studierendenquote sind wir auf das Problem der Irregularitäten gestoßen, die den vermuteten einheitlichen und durchgängigen Datenerzeugungsprozess so stark verdecken, dass man ihn nicht identifizieren und modellieren kann. Die Identifikation der Ausreißer im Rahmen eines ARIMA-Modells hat die Adjustierung der Studierendenquote ermöglicht. Erst für die bereinigte Reihe war es möglich, Trend und Zyklus als einheitlichen und durchgängigen Prozess zu schätzen. Auch für die Studierendenquote ergaben sich dabei langfristige Wachstums- und Stagnationsphasen, wobei die Wendepunkte mit denen der Schülerquote in etwa übereinstimmen. Schwieriger zu interpretieren war die Wachstumsdynamik der Abiturientenquote, doch liegt hier die Vermutung nahe, dass der Wachstumsprozess durch die beiden Datenlücken kaum zuverlässig zu schätzen ist.

Unsere Ausführungen haben gezeigt, dass es sich bei diesen Phasen nicht um regelmäßige Zyklen, sondern um Wachstumsphasen handelt, mit indikatorspezifisch unterschiedlicher Intensität und Dauer. Insofern decken sich die Ergebnisse mit jenen zu den „Langen Wellen" der Konjunktur, d.h. die Vorstellung, es handle sich dabei um regelmäßige Konjunkturzyklen um einen ansteigenden Trend, wird abgelehnt, andererseits wird aber betont, dass langfristiges Wirtschaftswachstum ausgeprägten Wachstums- und Stagnationsphasen unterliegt, die durchaus einer systematischen Erklärung zugänglich sind.

Unsere Berechnungen haben außerdem für die Schüler- und Studierendenquote zum Nachweis von Zyklen geführt, wobei ein etwa 25jähriger Zyklus die trendfreie Komponente dominiert, während der kürzere Zyklus nur von marginaler Bedeutung zu sein scheint. Der längerfristige Zyklus erinnert an die aus der Ökonomie bekannten KUZNETS-Zyklen. Die Zyklen der Schüler- und Studierendenquote scheinen ab Anfang der 1880er Jahre einem prozyklischen Verlauf zu folgen, während in den Jahren davor der Zusammenhang eher uneinheitlich ist. Im Vergleich dazu war der Zyklus der Abiturientenquote schwieriger zu interpretieren; u.U. weisen aber Schüler- und Abiturientenquote ein antizyklisches Verhalten auf.

Die hier abgeleiteten Ergebnisse sind als ein erster Versuch zu werten, anhand langer Indikatoren des Bildungswachstums mit modernen, sprich stochastischen Verfahren der

Zeitreihenanalyse Trends und langfristige Zyklen zu schätzen. Weitere Forschungen sind notwendig, um einerseits die dabei entstandenen Fragen genauer zu untersuchen und andererseits den eingeschlagenen Weg weiter zu führen und zu vertiefen. Zunächst müsste genauer untersucht werden, welche Auswirkungen die zahlreichen Datenlücken und deren lineare Interpolation auf die Schätzergebnisse haben. In diesem Zusammenhang sind auch die vielen Extremwerte (z.B. Weltkriege) und deren Einfluss auf die Komponenten noch eingehender zu untersuchen. Zusätzlich zu den drei hier analysierten Reihen müssten weitere Indikatoren und vor allem auch monetäre Indikatoren herangezogen werden. Aufschlussreich wäre zudem ein Vergleich mit dem Bildungswachstum in anderen Ländern. Was die statistische Analyse betrifft, müssten die Schätzungen alternativ auch mit anderen Verfahren durchgeführt werden, um die Robustheit der Ergebnisse beurteilen zu können. Interessant wäre auch zu untersuchen, inwieweit die Langfristindikatoren gemeinsamen stochastischen Trends folgen, ob sie also cointegriert sind. Unsere Ergebnisse legen die Vermutung nahe, dass dies der Fall ist. Sollte sich eine solche Cointegration bestätigen, könnte man von einem einheitlichen stochastischen Prozessmechanismus ausgehen, der das Bildungswachstum sowohl im höheren Schulbereich als auch im Hochschulbereich über einen Zeitraum von mehr als 200 Jahren durchgängig geprägt hat und dessen Merkmale jene Tiefenstruktur charakterisieren, die in der Theorie des Bildungswachstums eine so wichtige Rolle spielt. Als letzter Punkt ist schließlich noch die Verbindung von Bildungswachstum und ökonomischem Wachstum zu nennen, wobei dann den zyklischen Prozessen mehr Beachtung geschenkt werden sollte, zumal KUZNETS-Zyklen auch in ökonomischen Indikatoren eine wichtige Rolle spielen.

Den Abschluss mag ein Hinweis auf die Grenzen der Zeitreihenanalyse bilden. Die hier präsentierten Ergebnisse sind unter verschiedenen Bedingungen abgeleitet worden. So sind wir davon ausgegangen, dass alle drei Indikatoren über den gesamten Zeitraum durch einen einheitlichen Datenerzeugungsprozess, dessen Struktur es zu identifizieren galt, entstanden sind. Wir sind weiter davon ausgegangen, dass es sich hierbei um einen stochastischen Prozess handelt, der durch das Zusammenwirken von Wachstum und Konjunktur erst seine spezifische Dynamik erhält. Es ist uns wichtig zu betonen, dass alle Ergebnisse von der Gültigkeit dieser Annahmen abhängen. Dass andere Annahmen zu anderen Modellen und damit auch zu anderen Ergebnissen führen, ist durchaus vorstellbar. Ob die Tatsache, dass alle quantitativen Analysen grundsätzlich nur bedingte Ergebnisse liefern können, ein Nachteil ist, darüber kann man streiten. Ein Vorzug dieser Tatsache ist sicherlich darin zu sehen, dass man die methodische Bedingtheit der Aussagen klar benennen kann und sie damit erst einer rationalen und nachprüfbaren Diskussion erschließt.

## Anmerkungen

1 Eine Ausnahme bilden die Arbeiten von MÜLLER-BENEDICT.
2 TITZE und seine Mitarbeiter sind nicht die einzigen, die „Lange Wellen" im Bildungswachstum thematisieren. Zahlreiche weitere Untersuchungen liegen vor, die sich anhand unterschiedlicher Indikatoren mit den „Langen Wellen" des Bildungswachstums beschäftigt haben, so z.B. DIEBOLT 1999, NUNES 2003, MAIER 1998, WINDOLF 1992.
3 Die Schüler- und Studierendenquote wurde uns freundlicherweise von Axel NATH zur Verfügung gestellt.
4 In der ökonomischen Theorie z.B. gibt es sehr unterschiedliche Auffassungen über die Dynamik des Wachstums. So geht die neoklassische Wachstumstheorie von einer konstanten Rate aus. Die Theorie

der Realen Konjunkturzyklen unterstellt eine stochastische Rate, während nichtlineare Modelle in der Tradition von Richard GOODWIN eine dynamisch sich verändernde Rate annehmen. Vgl. zu den unterschiedlichen theoretischen Vorstellungen METZ 2002.

5   Seit der grundlegenden Arbeit von G. U. YULE (1927) hat sich die Modellierung von Zyklen als AR-Prozesse 2. Ordnung durchgesetzt, vgl. auch RAHLF (1996).

6   In diesem Sinne auch NELSON/KANG (1981, S. 742): „Our results suggest then that inappropriate detrending of time series will tend to produce apparent evidence of periodicity which is not in any meaningful sense a property of the underlying system".

7   Würde es sich um einen Prozess handeln, bei dem die 1. Differenzen noch nicht stationär sind, müsste man diese noch einmal differenzieren bzw. so lange, bis die Reihe stationär ist. Da die meisten ökonomischen Zeitreihen bereits nach einmaliger Differenzenbildung stationär sind, hat sich in der Ökonomie die Auffassung durchgesetzt, dass ökonomische Zeitreihen integrierte Prozesse 1. Ordnung sind.

8   Dass nach diesen Erkenntnissen die entscheidende Frage ist, ob historische Reihen tatsächlich einem stochastischen Trend folgen, liegt auf der Hand. Dazu ist in den letzten Jahren eine Vielzahl von Testverfahren entwickelt worden, unter denen die sog. Einheitswurzeltests eine herausragende Bedeutung einnehmen. Darauf soll hier nicht eingegangen werden, da andernorts (METZ 2002) bereits ausführlich gezeigt wurde, dass diese Tests nur sehr eingeschränkt brauchbar sind.

9   Ein drittes Verfahren wurde von BEVERIDGE und NELSON (1981) entwickelt. Es ist allerdings für die historische Analyse ungeeignet, da es ebenfalls Phasenverschiebungen bewirkt, vgl. METZ (2005) sowie MORLEY/NELSON/ZIVOT (2003).

10  $C_t^*$ und $v_t^*$ sind deshalb in das Gleichungssystem aufgenommen worden, weil der Zyklus hier in Matrixform dargestellt wird. Sie haben also keine inhaltliche Bedeutung.

11  Für die Interpretation ließen sich die Logarithmen leicht in natürliche Werte zurück transformieren, worauf hier aber verzichtet wurde. Alle folgenden Graphiken enthalten also die logarithmierten Werte. Die Wachstumsraten wurden dabei durch die 1. Differenzen approximiert. Im Text wird von Wachstumsraten auch dann gesprochen, wenn 1. Differenzen verwendet werden.

12  Für die folgenden Berechnungen wurden die Lüneburger Zahlen von 1952 bis 2002 durch die Angaben zum relativen Hochschulbesuch der 22jährigen männlichen Studierenden an wissenschaftlichen Hochschulen ohne Fachhochschulen aus dem Göttinger Datenhandbuch-Projekt ersetzt.

13  Es bleibt zu prüfen, inwieweit dieses Ergebnis auf die lineare Interpolation der Datenlücken zurückzuführen ist.

## Literatur

AMSTAD, M. (2000): Konjunkturelle Wendepunkte: Datierung und Prognose. Chronologie unterschiedlicher Wendepunkttypen und Entwicklung eines Frühwarnsystems mittels Markov-Switching-Modellierung von Schweizer Unternehmensumfragedaten. – St. Gallen: Dissertations-Schrift.

BAXTER, M./KING, R. G. (1999). Measuring Business Cycles: Approximate Band-Pass Filters for Economic Time Series. In: Review of Economics and Statistics, Bd. 81, S. 575-593.

BEVERIDGE, S./NELSON C. R. (1981): A New Approach to Decomposition of Economic Time Series into Permanent and Transitory Components with Particular Attention to Measurement of the „Business Cycle". In: Journal of Monetary Economics, Vol. 7, S. 151-174

CHAN, H. K/HAYYA, J. C./ORD, K. L. (1977): A Note on Trend Removal Methods: The Case of Polynomial Regression versus Variate Differencing. In: Econometria, Jg. 45, S. 737-744.

DIEBOLT, C. (1999): Government Expenditure on Education and Economic Cycles in the Nineteenth and Twentieth Centuries. The Case of Spain with Special Reference to France and Germany. In: HSR – Historical Social Research – Historische Sozialforschung, Vol. 24, H. 1, S. 3-31.

DIEBOLT, C./GUIRAUD, V./ MONTEILS, M. (2003): Education, Knowledge, and Economic Growth. France and Germany in the 19th and 20th Centuries. – Frankfurt/M. u.a.

HARVEY, A. C. (1989): Forecasting. Structural Time Series Models and the Kalman Filter. – Cambridge u.a.

HARVEY, A./PROIETTI, T. (Hrsg.) (2005): Readings in Unobserved Components Models. – Oxford.

HODRICK, R. J./PRESCOTT, E.C. (1997): Postwar U.S. Business Cycles: An Empirical Investigation. In: Journal of Money, Credit, and Banking, Bd. 29, S. 1-16.

KAISER, R./MARAVALL, A.(2001): Measuring Business Cycles in Economic Time Series. Lecture Notes in Statistics 154. – New York u.a.

KLEIN, J. L. (2005): Statistical Visions in Time. A History of Time Series Analysis 1662-1938. – Cambridge.

KLEINKNECHT, A./MANDEL, E./WALLERSTEIN, I. (Hrsg.) (1992): New Findings in Long Waves Research. – London.

KÖHLER, H. (2005): Die allgemein bildenden Schulen der Bundesrepublik Deutschland, 1949-2000. Datenhandbuch zur deutschen Bildungsgeschichte (in Vorbereitung).

KONDRATIEFF, N. D. (1926): Die langen Wellen der Konjunktur. In: Archiv für Sozialwissenschaft und Sozialpolitik, Bd. 56, S. 573-609.

KOOPMAN, S. J./HARVEY, A. C./DOORNIK, J. A./SHEPARD, N. (2000): STAMP Structural Time Series Analyser, Modeller and Predictor. – London.

KRIEDEL, N. (2005): Lange Wellen der wirtschaftlichen Entwicklung. Empirische Analysen, bestehende Erklärungsmodelle und Neumodellierung. – Münster u.a.

MAIER, H. (1998): Die Langen Wellen der ökonomischen Entwicklung und das Bildungswesen. In: THOMAS, H./NEFIODOW, L. A. (Hrsg.): Kondratieffs Zyklen der Wirtschaft. An der Schwelle neuer Vollbeschäftigung?. – Herford, S. 81-94.

MARAVALL, A. (1993): Stochastic Linear Trends. Models and Estimators. In: Journal of Econometrics, Bd. 56, S. 5-37.

MARAVALL, A./GOMEZ, V. (1994): Program SEATS „Signal Extraction in ARIMA Time Series" – Instructions for the User; EUI Working Paper ECO No. 94/28, European University Institute. – Florenz.

METZ, R. (1998a): Der Zufall und seine Bedeutung für die Entwicklung des deutschen Bruttoinlandsprodukts: 1850-1990. In: Jahrbücher für Nationalökonomie und Statistik, Bd. 217, H. 3, S. 308-333.

METZ, R. (1998b): Trend, Lange Wellen, Strukturbrüche oder nur Zufall: Was bestimmt die langfristige Entwicklung des deutschen Bruttoinlandsprodukts? In: SCHREMMER, E. (Hrsg.): Wirtschafts- und Sozialgeschichte. Gegenstand und Methode. 17. Arbeitstagung der Gesellschaft für Sozial- und Wirtschaftsgeschichte in Jena 1997 (VSWG-Beiheft 145). – Stuttgart, S. 117-164.

METZ, R. (2002): Trend, Zyklus und Zufall. Bestimmungsgründe und Verlaufsformen langfristiger Wachstumsschwankungen. (Vierteljahrschrift für Sozial- und Wirtschaftsgeschichte, Beiheft 165). – Stuttgart.

METZ, R. (2005): Schätzung stochastischer Trends in ARIMA (p,1,q) Prozessen. In: GREULICH, G./ LÖSCH, M. /MÜLLER, CH. /STIER, W. (Hrsg.). Empirische Konjunktur- und Wachstumsforschung. Festschrift für Bernd Schips zum 65. Geburtstag. – Zürich, S. 153-180.

METZ, R. (2006): Empirical Evidence and Causation of Kondratieff Cycles. In: DEVEZAS, T. C. (Hrsg.): Kondratieff Waves, Warfare and World Security. (NATO Security through Science Series, Vol. 5). – Amsterdam u.a., S. 91-99.

METZ, R./SPREE, R. (1981): Kuznets-Zyklen im Wachstum der deutschen Wirtschaft während des 19. und frühen 20. Jahrhunderts. In: PETZINA, D./ROON VAN, G. (Hrsg.): Konjunktur, Krise, Gesellschaft. Wirtschaftliche Wechsellagen und soziale Entwicklung im 19. und 20. Jahrhundert. (= Geschichte und Gesellschaft 25). – Stuttgart, S. 343-376.

MORLEY, J. C./NELSON, C. R./ZIVOT, E. (2003): Why are the Beveridge-Nelson and Unobserved-Components Decompositions of GDP so Different? In: The Review of Economics and Statistics, Bd. 85, No.2, S. 235-243.

MÜLLER-BENEDICT, V. (2000): Confirming Long Waves in Time Series of German Student Populations 1830-1990 Using Filter Techniques and Spectral Analysis. In: HSR – Historical Social Research – Historische Sozialforschung, Vol. 25, H. 3 u. 4, S. 35-56.

MÜLLER-BENEDICT, V. (2002): Ist Akademikermangel unvermeidbar? Eine Analyse einer Tiefenstruktur des Bildungssystems. In: Zeitschrift für Erziehungswissenschaft, Jg. 5, H. 4, S. 672-691.

NATH, A (2001): Die Perioden des Modernen Bildungswachstums. In: APEL, H. J./KEMNITZ, H./ SANDFUCHS, U. (Hrsg.): Das öffentliche Bildungswesen. Historische Entwicklung, gesellschaftliche Funktionen, pädagogischer Streit. – Bad Heilbrunn (Obb.), S. 14-48.

NATH, A. (2003): Bildungswachstum und äußere Schulreform im 19. und 20. Jahrhundert. In: Zeitschrift für Pädagogik, Bd. 49, S. 8-25.

NELSON, C. R. (1985): Macroeconomic Time-Series, Business Cycles, and Macroeconomic Policies. In: BRUNNER, K./ MELTZER, A. H.: Understanding Monetary Regimes. (= Carnegie-Rochester Conference Series on Public Policy 22). – North-Holland/Amsterdam, S. 55-59.

NELSON, C. R./ KANG, H. (1981): Spurious Periodicity in Inappropriately Detrended Time Series. In: Econometrica, Vol. 49, S. 741-751.
NELSON, C. R./ PLOSSER, C. I. (1982): Trends and Random Walks in Macroeconomic Time Series. In: Journal of Monetary Economics, Vol. 10, S. 139-162.
NEUMANN, M. (1990): Zukunftsperspektiven im Wandel. In: Lange Wellen in Wirtschaft und Gesellschaft. (= Die Einheit der Gesellschaftswissenschaften 66). – Tübingen.
NUNES, A. B. (2003): Government Expenditure on Education, Economic Growth and long Waves: The Case of Portugal. In: Paedagogica Historica, Vol. 39, No. 5, S. 559-581.
RAHLF, TH. (1996): Zur Modellierung stochastischer Zyklen als AR(2)-Prozeß. (Der Hallesche Graureiher 96-3). Martin-Luther-Universität Halle-Wittenberg.
SCHMIDT, R. (1984): Konstruktion von Digitalfiltern und ihre Verwendung bei der Analyse ökonomischer Zeitreihen. – Bochum.
SCHUMPETER, J. A. (1911): Theorie der wirtschaftlichen Entwicklung. Eine Untersuchung über Unternehmergewinn, Kapital, Kredit, Zins und den Konjunkturzyklus. – Leipzig.
SOLOMOU, S. (1998): Economic Cycles. Long Cycles and Business Cycles since 1870. – Manchester/ New York.
STIER, W. (2001): Methoden der Zeitreihenanalyse. – Berlin.
STOCK, J. H./ WATSON, M. W. (1988): Variable Trends in Economic Time Series. In: Journal of Economic Perspectives, Vol. 2, S. 147-174.
THOME, H. (1992): Ausreißer und fehlende Werte in der Zeitreihenanalyse: Ihre Modellierung im Rahmen des Box/Jenkins-Ansatzes. In: ZA-Information, Vol. 31, S. 37-69.
THOME, H. (2005): Zeitreihenanalyse. Eine Einführung für Sozialwissenschaftler und Historiker. – München/Wien.
TITZE, H. (1981): Überfüllungskrisen in akademischen Karrieren: Eine Zyklustheorie. In: Zeitschrift für Pädagogik, Bd. 27, S. 187-224.
TITZE, H. (1987): Das Hochschulstudium in Preußen und Deutschland 1820-1944. Datenhandbuch zur deutschen Bildungsgeschichte, Bd. I/1. – Göttingen.
TITZE, H. (1990): Der Akademikerzyklus. Historische Untersuchungen über die Wiederkehr von Überfüllung und Mangel in akademischen Karrieren. – Göttingen
TITZE, H. (1999): Wie wächst das Bildungssystem. In: Zeitschrift für Pädagogik, Bd. 45, S. 103-120.
TITZE, H. (2003): Zur Tiefenstruktur des Bildungswachstums von 1800 bis 2000. Lern- und Bildungsprozesse in neuer Sicht. In: Die Deutsche Schule, Jg. 95, H.2, S. 180-196.
TITZE, H. (2004): Bildungskrisen und sozialer Wandel 1780-2000. In. Geschichte und Gesellschaft, Bd. 30, H. 2, S. 339-372.
TITZE, H. (2005): Bildungskrisen und Selbstorganisation der Kultur. Zur Eigendynamik von Bildungsprozessen in der Moderne. In: KEMPTER, K./MEUSBURGER, P. (Hrsg.): Bildung und Wissensgesellschaft. Heidelberger Jahrbücher 49. – Berlin, Heidelberg, S. 163-208.
TITZE, H./NATH, A./MÜLLER-BENEDICT, V. (1985): Der Lehrerzyklus. Zur Wiederkehr von Überfüllung und Mangel im höheren Lehramt in Preußen. In: Zeitschrift für Pädagogik, Bd. 31, S. 97-126.
WINDOLF, P. (1992): Zyklen der Bildungsexpansion 1870-1990. Ergebnisse einer Spektralanalyse. In: Zeitschrift für Soziologie, Jg. 21, H. 2, S. 110-125.
WOITEK, U. (1997): Business Cycles. An International Comparison of Stylized Facts in a Historical Perspective. – Heidelberg.
YULE, G. U. (1927): On a Method of Investigating Periodicities in Disturbed Series, with Special Reference to Wolfer's Sunspot Numbers. In: Philosophical Transactions of the Royal Society of London, A 226, S. 267-298.

*Anschrift des Verfassers*: Prof. Dr. Rainer Metz, Zentralarchiv für Empirische Sozialforschung, Universität zu Köln, Liliencronstr. 6, D-50931 Köln. Tel: 0221 /4769436. Email: metz@za.uni-koeln.de

Corinna Maria Dartenne

# Lange Wellen des Bildungswachstums, Generationen und Zeitpräferenz 1800-2000

**Zusammenfassung**
In einem kurzen Überblick zur QUAKRI-Forschung (Lüneburg, früher Göttingen) werden die empirisch fundierten Theoriebausteine „Akademikerzyklus", „Lange Wellen des Bildungswachstums" und „Pygmalioneffekt der Lehrergenerationen" miteinander verbunden. Dabei wird auf die wichtige Unterscheidung zwischen „Situation" und „Reflexion" hingewiesen. Die Ergebnisse werden anschließend mit der Theorie der Erfahrungsgeneration (K. MANNHEIM) sowie mit der ökonomischen Theorie der Zeitpräferenz zusammengeführt, um die Eigendynamik des Bildungswachstums verstehbar zu machen.

*Schlüsselwörter*: Lange Wellen des Bildungswachstums, Lehrerdebatten, Generationen, Zeitpräferenz

**Summary**
*Long waves of educational growth, generations and time preference 1800-2000*
Under the label of QUAKRI (for „QUAlification CRIses"), statistically based research on the history of the German educational system (started in Göttingen, continued in Lüneburg) has detected, among others, one major finding: „long waves" of enrolment in higher and secondary education as well as similar waves of reflective discourses prevailing among teachers (e.g. on pupils´ talents and selection). The article summarizes these research results and proposes an interpretation which relies on the theory of „generation" (K. MANNHEIM) and the economic theory of „time preference". As a conclusion, the relatively autonomous development of the educational system is once more underlined.

*Keywords*: long waves; teacher debates; generations; time preference

## 1 Einleitung

Die in Bochum und Göttingen begonnene und später auch in Lüneburg fortgeführte QUAKRI-Forschung (vgl. dazu das Editorial) hat gezeigt, dass eine angemessene Beurteilung gegenwärtiger Prozesse im Bildungssystem nur möglich ist, wenn das Zeitfenster mehr als 200 Jahre weit geöffnet wird und die langfristigen Entwicklungen im modernen Bildungssystem als Hintergrund mit einbezogen werden. Dabei stützt sich die QUAKRI-Forschung vor allem auf die seit Ende des 18. Jahrhunderts vorhandene regelmäßig veröffentlichte Bildungsstatistik. Mit der Analyse von Millionen von Daten sind in den letzten 30 Jahren Erkenntnisse zur eigendynamischen Entwicklung des Bildungssystems gewonnen worden, von denen in diesem Beitrag einige herausgegriffen und in Zusammenhang gebracht werden. Ergänzend werden Ergebnisse aufgenommen, die eine Inhaltsanalyse der Lehrerdiskurse im 19. und 20. Jahrhundert erbracht hat. Dabei ist dieser Beitrag durch die Perspektive der Lüneburger Forschergruppe, zu der die Autorin gehört, geprägt.

Die in der historisch-empirischen Bildungsforschung erkannten Veränderungen im Bildungssystem werden zuerst schematisch stilisiert, dann anhand der statistisch erfassten Veränderungen der Situation (Teil 2) und anhand der Veränderungen der historischen Deutungsmuster (Teil 3) erläutert. Anschließend wird mit der neuerdings wieder stärker ins wissenschaftliche Blickfeld geratenen MANNHEIMschen Definition von „Generation" und der Theorie der Zeitpräferenzrate aus den Wirtschaftswissenschaften eine Vorstellung von der Dynamik im modernen Bildungssystem entwickelt, die auf der Makro-Ebene eine relativ regelmäßige Entwicklung aufzeigt (Teil 4).

Mit jedem bildungshistorischen Forschungsprojekt scheint auf den ersten Blick deutlicher zu werden, dass es sich hier um ein unübersichtliches, sehr dynamisches Feld von vielfältig und auch unerwartet sich beeinflussenden Faktoren handelt, die letztlich eine bestimmte Gestalt des gegenwärtigen Bildungssystems im jeweiligen Hier und Jetzt hervorbringen. Worte wie beispielsweise „Faktoren" und „hervorbringen" sollten aber vorsichtig genutzt werden, weil sie zu einem rein *kausalen* Denken verleiten, welches dem funktionalen Feld von hoher Komplexität („Bildungssystem") nicht mehr gerecht werden kann oder vielleicht nie gerecht werden konnte.

Doch bei aller vielschichtigen, unübersichtlichen Komplexität, der wir Bildungshistoriker auf der Mikro- und Makroebene gegenüber standen und die wir schrittweise analytisch frei zu legen lernten, sind wir ein Stück weiter gekommen und haben Elemente entdeckt, die einen „roten Faden" hinterlassen. *Ein* roter Faden ist die Entdeckung der Langen Wellen des Bildungswachstums, ein Resultat aus dem empirisch fundierten Nachzeichnen des komplexen Handlungsgeflechts und der wechselseitigen Beeinflussung vieler Zeitgenossen. Dieses Handlungsgeflecht führt zu strukturellen Bedingungen für die später Geborenen, die wiederum auf eine eigene Weise mit diesen Strukturen umgehen. Dabei ist das Phänomen „Generation" nicht als Ursache für den Wandel im Bildungssystem zu verstehen. Die Generationen entwickeln sich vielmehr aus dem Prozessieren von generativen Aufbauphänomenen heraus, die wir herkömmlicherweise mit dem anspruchsvollen Begriff „Bildung" zu erfassen suchen. Mit anderen Worten: Der Akademikerzyklus und die Langen Wellen des Bildungswachstums sind *Generationenphänomene*, wie im Folgenden zu klären ist.

Die unterschiedlichen Lehrer-, Schüler- und Studentengenerationen, die sich bei der analytischen Durchdringung der Massendaten aus dem Bildungssystem als Gestalten förmlich „herausschälen", leisten mit ihren spezifischen Handlungen einen zeitgemäßen funktionalen Beitrag zur Weiterentwicklung und zum Aufbau neuer Strukturen. Graphisch stilisiert kann man sich diese Entwicklung wie in Abbildung 1 vorstellen.

*Abb. 1:* Die Tiefendynamik des Bildungswachstums

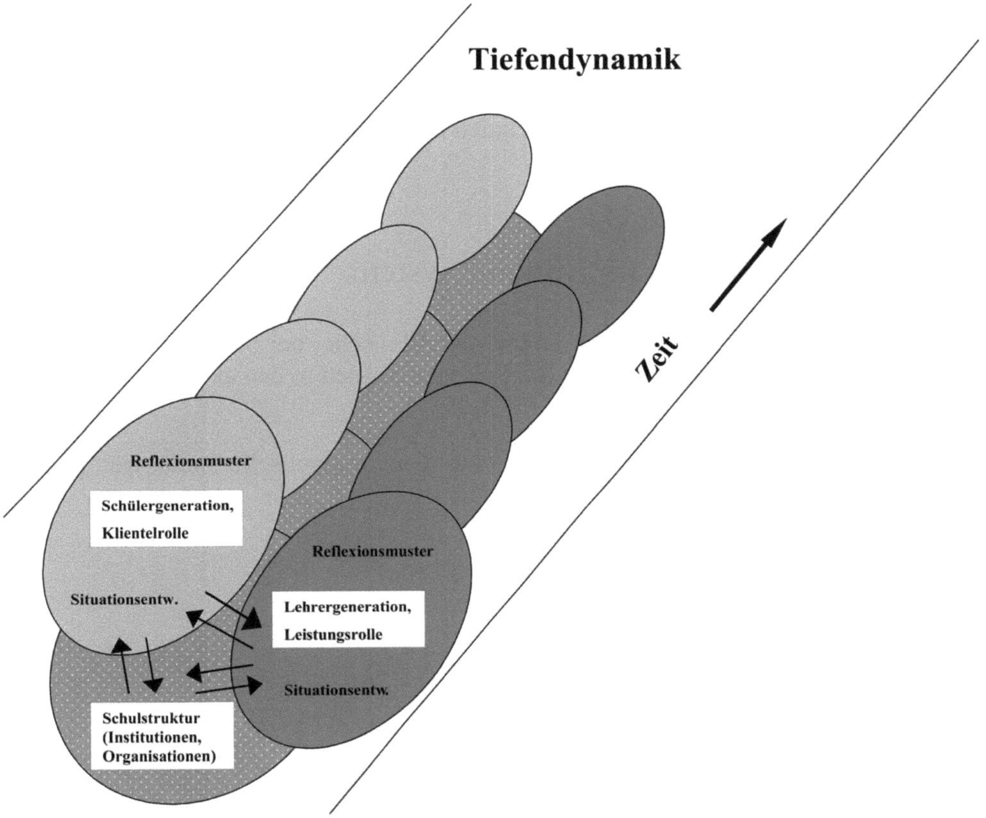

Hier wird gezeigt, dass die Entwicklung des Bildungssystems in den letzten 200 Jahren einer eigenmächtigen Tiefendynamik folgt, die sich aus der sich verändernden Kommunikation zwischen der Leistungsrolle der Lehrer und der Klientelrolle der Schüler bzw. Studierenden in Abhängigkeit von den gegebenen und neu geschaffenen Strukturen ergibt (zu den Begriffen der Klientel- und der Leistungsrolle siehe STICHWEH 1988). Diese Dynamik kann nicht exakt vorhergesagt werden, sie kann jedoch aus den historischen Massendaten des Bildungssystems retrospektiv nachgezeichnet werden und auf zukünftig mögliche langfristige Entwicklungen hinweisen (vgl. MÜLLER-BENEDICT 1991).

Zum Handeln gehört das Denken, gehören auch die Deutungsmuster, die pädagogischen Diskussionen im Bildungssystem, die z.B. für die Lehrer in dem DFG-Projekt zur Legitimation der Selektion (kurz: LESE) untersucht worden sind (vgl. NATH/DARTENNE/OELERICH 2004). Hier zeigen sich bei der Analyse von über 2300 Zeitschriftenbeiträgen aus 110 Jahren signifikante Veränderungen, die auf bestimmte Generationen von Lehrern deuten. Es gibt demnach zwei Ebenen, die analysiert worden sind und noch weiter analysiert werden müssen: die Deutungs- bzw. Reflexionsebene und die Situationsebene, und dies jeweils für die Leistungsrolle Lehrer und die Klientelrolle Schüler. Dabei müssen die nicht intendierten Folgen des intentionalen Handelns systematisch in die Analyse einbezogen werden, im Gegensatz zu einer Pädagogik, die von ungewollten Nebenwirkungen spricht und diese ausblendet. Der einzelne Zeitgenosse (Schüler, Lehrer, Student, Professor usw.) als Akteur im komplexen Zusammenhang der langen Handlungsketten konnte und kann die Folgen seiner Handlung nicht hinreichend überblicken. Häufig lässt sich dann feststellen, dass sogar das Gegenteil des ursprünglich Gewünschten eintrat. Welche neuen Erkenntnischancen sich bei diesem Ansatz eröffnen, ist exemplarisch für die Professionalisierung der Lehrer an höheren Schulen im 19. und 20. Jahrhundert demonstriert worden (vgl. TITZE 1999).

## 2 Die Langen Wellen im Bildungssystem

Schon in den 1970er Jahren erhielten die QUAKRI-Forscher bei der Erarbeitung der historischen Daten zum Hochschulbesuch Hinweise auf Zyklen in den akademischen Karrieren. Es entstand eine Zyklustheorie (vgl. TITZE 1981).

*Abb. 2:* Die Studierenden an der Universität Göttingen, evangelische Theologie 1767-1941

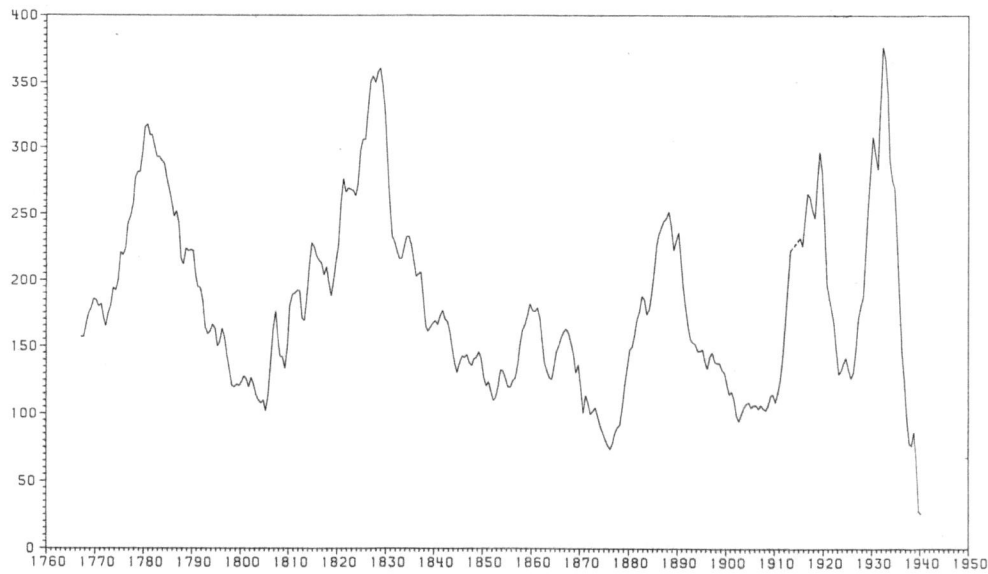

Quelle: Titze u.a. 1995, S. 231.

Abbildung 2 gibt die absoluten Zahlen der Studierenden der evangelischen Theologie an der Universität Göttingen von 1767 bis 1941 wider. Es handelt sich hier um die Ausbildung an einer einzigen Institution. Der geographische Faktor dürfte bei den Veränderungen entsprechend klein sein, der demographische Faktor, der nicht eingerechnet wurde, wird ein wenig größer ausfallen. Auffallend in dieser Graphik sind aber vor allem die Sog- und Abschreckungseffekte, der sogenannte Akademikerzyklus, der in der stationären Karriere der evangelischen Theologen besonders rein auftritt (zum Akademikerzyklus vgl. TITZE 1990). Während es sich bei den Akademikerzyklen um fach-

*spezifische* Zyklen handelt, stellen die im Folgenden analysierten allgemeinen Schüler- und Studentenströme fach*übergreifende* Wellen dar, die den Wandel bei den äußeren Verwertungschancen signalisieren, einen Wandel des allgemeinen Bildungs- und Selektionsklimas.

Schwankungen in der Studierendenbeteiligung wurden schon im 19. Jahrhundert beschrieben: DIETERICI erstellte 1836 statistische Nachrichten über die preußischen Universitäten und kam zu dem Schluss, dass das Abnehmen der Studierendenzahlen von 1830 bis 1834 eine Folge der Überfüllung sei: „Die Zahlen ergeben wohl, daß im Ganzen mehr studiren als das unmittelbare Bedürfniß der Anstellungen unabweislich verlangt. Im Allgemeinen zeigt sich daher auch ein Abnehmen der Studirenden, ..." (S. 130). Von ähnlichen Problemen berichtet auch J. G. HOFFMANN, Direktor des Statistischen Bureaus zu Berlin, bei der Darlegung von Studierendenzahlen in seiner Veröffentlichung „Sammlung Kleiner Schriften Staatswirthschaftlichen Inhalts" von 1843. Er beschreibt den Mangel an Kandidaten der evangelischen Theologie, den dadurch ausgelösten Zustrom von Studierenden „ohne Vermögen" und das Versiegen dieses Zustroms: „Als endlich nach einem Jahrzehnt das Uebermass hierin bemerklich wurde, und die Aussichten auf Anstellung sich entfernter zeigten, musste sich auch die Zahl der Theologie Studirenden wieder vermindern" (S. 205). 1869 veröffentlichte der Direktor des Königlich Preußischen Statistischen Bureaus, ENGEL, einen Aufsatz zur Geschichte und Statistik des Unterrichts in Preußen. Darin begreift er den Mangel und die Überfüllung der Universitätsfakultäten bereits als „Conjuncturen", die längerfristig zu einem „Wellenberg" oder einem „Wellenthal" führen (S. 116). Für den Besuch der höheren Schulen nimmt er „[e]igenthümliche Schwankungen" wahr, die er der Entwicklung in Landwirtschaft, Industrie und Handel zuschreibt (S. 115). Damit ist er der erste Autor, von dem eine zyklische Vorstellung der Entwicklung im Bildungssystem überliefert ist.

Mehr als hundert Jahre später sind solche Wellen nicht nur für einzelne akademische Karrieren, sondern auch für ganze Stufen des Bildungssystems (Schüler an höheren Schulen und Studierende) herausgearbeitet worden (vgl. NATH 2001). Während der Trend der Bildungsbeteiligung – zumindest jener seit den 1960er Jahren – unter Pädagogen bekannt ist, gehören die langfristigen Konjunkturen, die sich hinter diesem Trend gleichsam verbergen, noch nicht zum allgemeinen Wissensstand. Sie sind auch erst zu „entdecken", wenn man, nachdem die absoluten Zahlen auf die entsprechende Altersgruppe relativiert worden sind, Wachstumsraten mit gleitendem Durchschnitt bildet. Sie veranschaulichen das bei der analytischen Durchdringung historischer Massendaten gefundene interessante Phänomen, dass sich das Tempo des Bildungswachstums periodisch mal verlangsamt und mal beschleunigt. Diese Methode hat sich in einem ersten Zugriff als gute Annäherung erwiesen, wie die elaborierteren, neueren Methoden zur statistischen Zeitreihenanalyse im Aufsatz von Rainer METZ in diesem Band bestätigen. In Abbildung 3 ist mit einem 10-jährigen gleitenden Durchschnitt gerechnet worden.

Für die letzten 200 Jahre lassen sich relativ regelmäßige Schwankungen zeigen, die wir als „Langen Wellen des Bildungswachstums" bezeichnet haben. Die Höhepunkte der Wachstumsphasen finden sich für Preußen um die Jahre 1825, 1870, Ende der 1920er Jahre (verschoben durch den Ersten Weltkrieg) und um 1970. Eine rückläufige Entwicklung, die durch abnehmende Raten gekennzeichnet ist, findet sich in Preußen um 1830, 1880, in den 1930er Jahren und in der Gegenwart. Auslöser der Bildungswachstumsschübe ist regelmäßig ein allgemeiner Mangel in den akademischen Karrieren (vgl. NATH 2001, S. 42), der einen so genannten Sogeffekt beim Zugang zu den

Universitäten auslöst, d.h. durch die günstigen Aussichten auf dem akademischen Arbeitsmarkt strömen vermehrt Abiturienten an die Hochschulen. Dabei erhöht sich auch der Anteil der Studierenden aus bildungsfernen Milieus (vgl. TITZE 1981, S. 195f.). Dieser Sogeffekt erstreckt sich bis zum Zugang in die höhere Schule: Die Wachstumsrate der Beteiligung eines Altersjahrgangs an den berechtigenden Schulen wächst während des Aufschwungs der Langen Welle. Gleichzeitig entsteht ein offenes Klima der Bildungsselektion. Es werden (Hoch-)Schulstrukturen differenziert und mehr Schulen in das berechtigende System integriert. So waren die niederen Schulen (Volks- und Mittelschulen und höhere Mädchenschulen) im 19. Jahrhundert noch weitgehend vom Berechtigungswesen abgekoppelt und erst ihr struktureller, jahrgangsstufenmäßiger Ausbau in der zweiten Hälfte des 19. Jahrhunderts und ihre inhaltliche Annäherung führten dann im 20. Jahrhundert zu ihrer sukzessiven Einbindung in das Berechtigungssystem, ein bis heute in Deutschland nicht abgeschlossener Prozess (vgl. NATH 2003, S. 16ff.; NATH/DARTENNE/OELERICH 2004, S. 542).

*Abb. 3:* Die Langen Wellen des Bildungswachstums: jährliche Wachstumsraten (10jährige gleitende Durchschnitte) der höheren Schülerquote (m) in Prozent der 8- bzw. 11- bis unter 20jährigen männlichen Bevölkerung in Preußen und Sachsen 1810-1942

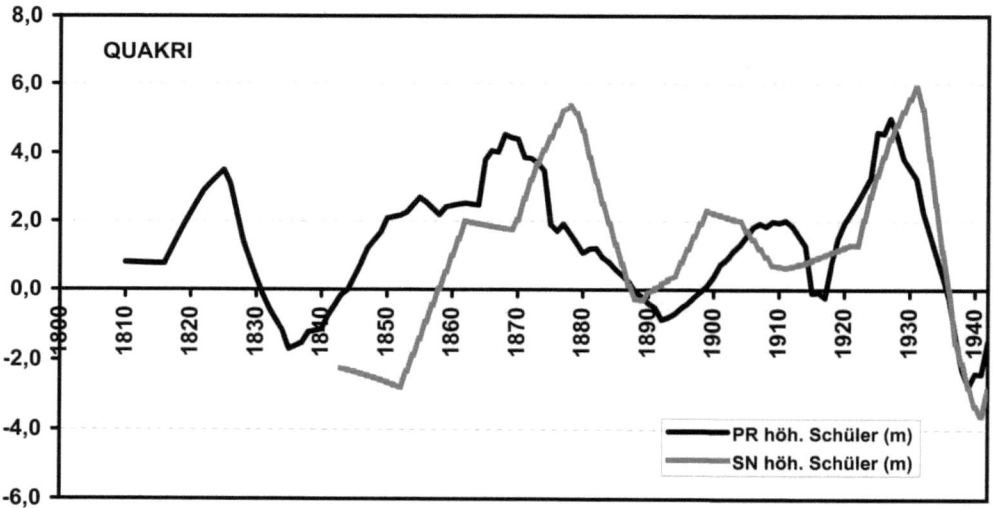

Auch auf der standespolitischen Ebene wird diese „Aufschwungwelle" erkennbar: Erst in den Mangelphasen der Karrieren gelingt es z.B. den Lehrern, alte Forderungen nach Besoldungsverbesserungen bzw. -angleichungen umzusetzen, so z.B. 1909 in Preußen die Angleichung der Besoldung der höheren Lehrer an die der Richter in der 1. Instanz, eine Forderung, die schon in den 1840er Jahren erhoben worden war, der aber erst durch den dann folgenden standespolitischen Druck und eben die Wahrnehmung des Mangels in der Lehramtskarriere stattgegeben wurde (vgl. TITZE 1977, BÖLLING 1987, S. 232). Ein ähnliches Phänomen beschreibt FREEMAN für das Wirtschaftssystem (1998, S. 133): Mit zunehmender Dauer der Vollbeschäftigung werden Arbeiter und Gewerkschaften immer mehr gewahr, dass unter diesen Umständen ihre Verhandlungsposition viel stärker wird.

Die dem Aufschwung folgende Stagnationsphase ergibt sich entsprechend dem eben genannten Muster aus einer Phase der allgemeinen Überfüllung in den akademischen Karrieren. Ausgebildete Akademiker finden keine Anstellung in den etablierten Karrieren. Der darauf folgende, empirisch durch Beteiligungsquoten belegte Abschreckungseffekt vermindert den Zulauf zu Bildungskarrieren bis hinunter zum Sextanerzugang. Dieser Effekt wird begleitet von prozyklischen Maßnahmen z.B. bei Lehrern und Bildungspolitikern, d.h. von stärkerer Selektion in den Universitäten und Schulen und Einsparmaßnahmen im Bildungshaushalt. Es wird übrigens von Stagnation und nicht von Rezession gesprochen, da der Abschwung einer Langen Welle eher durch die Abnahme der Wachstumsraten*höhe* und weniger durch negative Raten gekennzeichnet ist. Negative Raten können erst ganz zum Schluss eines Abschwungs festgestellt werden. Stagnation bedeutet also, dass die Entwicklung auf einem höheren Niveau verbleibt.

Diese Langen Wellen finden sich nicht nur länderübergreifend, sondern gelten auch für verschiedene Bildungsbereiche. Abbildung 4 zeigt die Langen Wellen bei den Schülern und den Studierenden in Preußen, verdeutlicht also relativ regelmäßige Schwankungen bei der Beteiligung im sekundären und tertiären Bildungssystem. Diese sind schon in ähnlicher Form in Abbildung 2 für eine einzelne akademische Karriere, diejenige der evangelischen Theologen, sichtbar geworden. Mit Abbildung 4 wird die relative Beteiligung der Studenten insgesamt und im Vergleich mit der relativen Beteiligung der höheren Schüler für die Zeit von 1810 bis 2002 dargestellt.

*Abb. 4:* Die Langen Wellen des Bildungswachstums: jährliche Wachstumsraten (10jährige gleitende Durchschnitte) der höheren Schülerquote bzw. der Studierendenquote (m) in Prozent der 8- bzw. 11- bis unter 20jährigen bzw. 20- bis unter 26jährigen männl. Bevölkerung in Preußen und der BRD (alt) 1810-2002

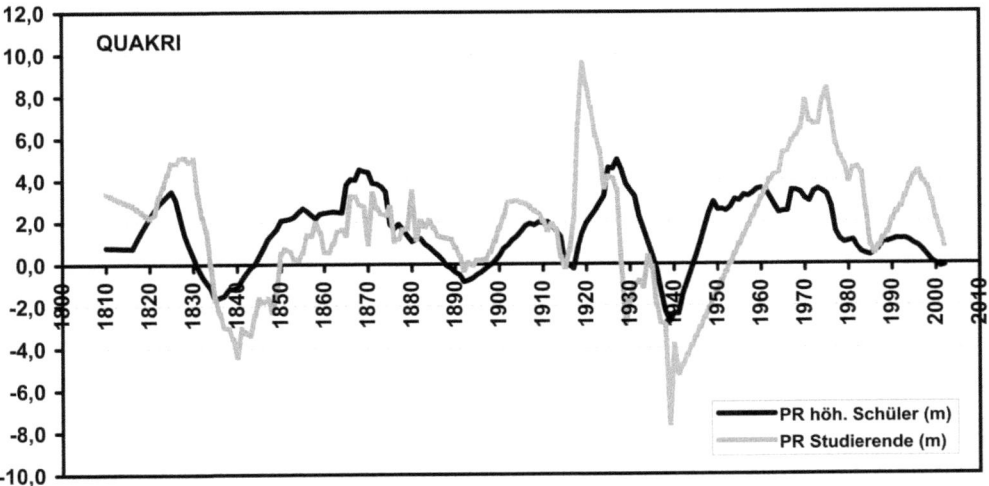

Die Beteiligungsquoten im höheren Schulwesen und im Hochschulwesen zeigen einen sehr ähnlichen Verlauf der Wachstumsschübe. Es kann von fast parallelen Entwicklungen ausgegangen werden, die eine enge strukturelle Verkoppelung dieser Stufen unseres Bildungssystems indizieren (vgl. NATH 2001, S. 33). Beide Klientelgruppen, Schüler und Studierende, verdeutlichen mit ihren individuellen Entscheidungen, die in der Abbildung hoch aggregiert dargestellt werden, ein sich wandelndes Selektionsklima bzw. ein offenes oder geschlossenes Bildungsklima.

Aber nicht nur die kollektiven Bildungsentscheidungen von Studierenden und Schülern zeigen Lange Wellen, auch bei der Analyse der Lehrersituation findet sich Erstaunliches. 1985 und 1990 wurden erste Ergebnisse zur Altersstruktur der an höheren Schulen angestellten Lehrer veröffentlicht (vgl. TITZE/NATH/MÜLLER-BENEDICT 1985, TITZE u.a. 1990, MÜLLER-BENEDICT 2002). Um die inzwischen aktualisierte, aber sehr komprimierte Graphik besser zu verstehen, sollen zwei weitere vorausgeschickt werden:

*Abb. 5:* Anteil der fest angestellten Philologen in Preußen im Alter von ... im Jahr 1883

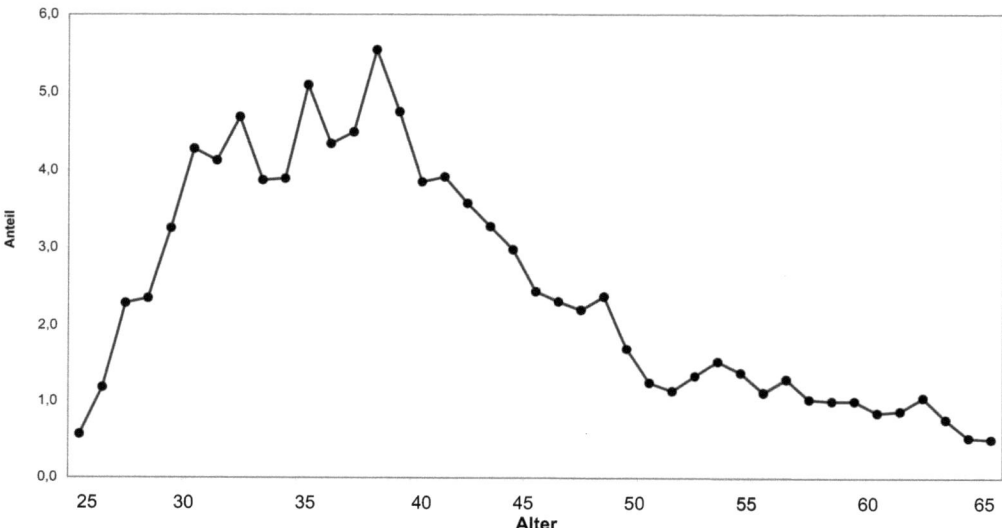

Mit Abbildung 5 wird die Verteilung der Lehrer an höheren Schulen in Preußen anhand ihres Alters im Jahr 1883 gezeigt. Es wird ersichtlich, dass z.B. die 30- bis 41-jährigen Lehrer mit Anteilen an der Gesamtlehrerschaft von knapp 4 bis über 5,5 Prozent eine große Altersgruppe ausmachten (insgesamt 53 Prozent). Die Einstellungsbedingungen dürften 5 bis 15 Jahre vorher günstig gewesen sein. Tatsächlich sind von 1858 bis 1871 in Preußen mindestens 20 Prozent Nachwuchskräfte zu wenig für den höheren Schuldienst ausgebildet worden. Angesichts dieses chronischen Lehrermangels wurde überdies die Karriere aufgewertet und attraktiver gemacht (vgl. TITZE/NATH/MÜLLER-BENEDICT 1985, S. 100).

*Abb. 6:* Anteil der fest angestellten Philologen in Preußen im Alter von ... in den Jahren 1883-1888

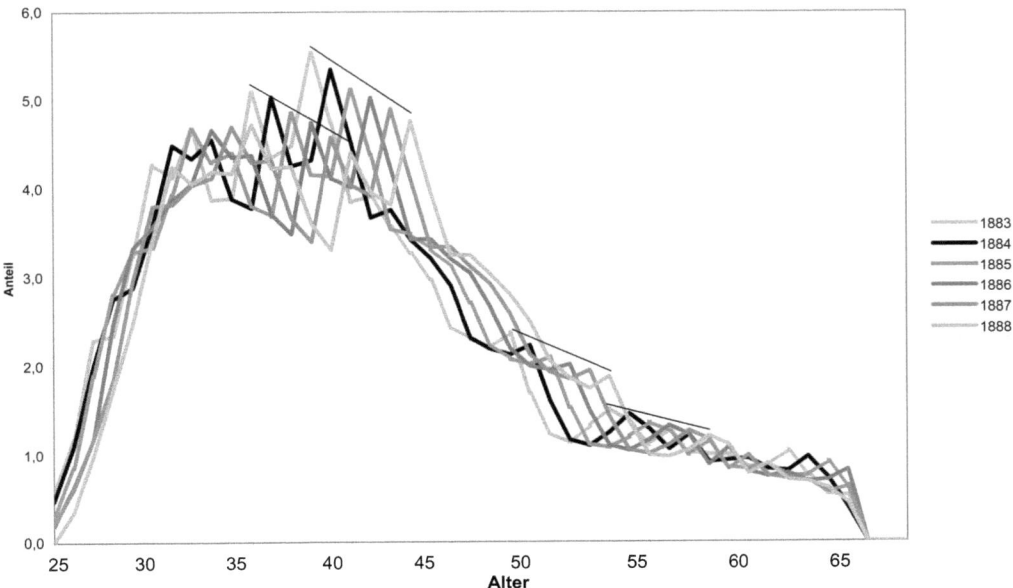

Die Abbildung 6 zeigt ebenfalls die Verteilung der Lehrer anhand ihres Alters, jedoch werden hier sechs Jahre zusammen dargestellt, d.h. der eben erläuterte Anteil der 30- bis 41-jährigen Lehrer verschiebt sich jeweils um ein Jahr, so dass es sich dann um den Anteil der 31- bis 42-jährigen Lehrer bzw. der 32- bis 43-jährigen Lehrer usw. handelt. Wie in der Abbildung anhand der Hilfslinien gesehen werden kann, verschieben sich auch die Berggipfel dieser Altersjahrgänge, und es entstehen Berghöhen und -täler. Wenn man nun diese Graphik für den langen Zeitraum 1883 bis 1999 darstellt, ergibt sich Abbildung 7.

*Abb. 7:* Anteil der fest angestellten Philologen in Preußen im Alter von ... in den Jahren 1883-1999

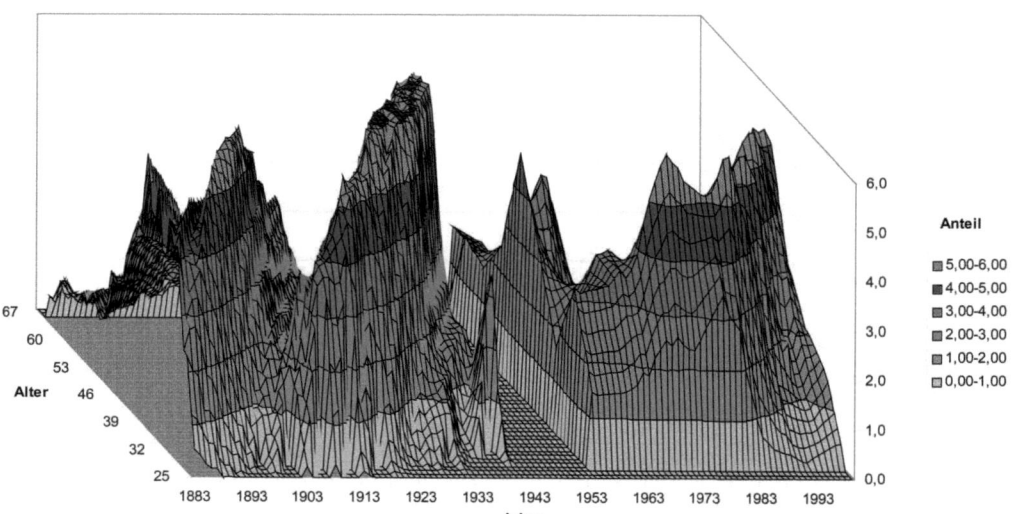

Diese Darstellung zur „Generationenablösung" zeigt eine in einer Mangellage angestellte, junge Alterskohorte, die sich wie ein Gebirgszug, der so lang ist wie die Berufsdauer dieser Kohorte, durch das Bild zieht. In dieser Zeit ist die Karriere überfüllt und es werden weniger Lehrer angestellt. Sobald diese Lehrer nach ihrer Berufsdauer jedoch ausscheiden, werden wieder schubartig mehr junge Lehrer angestellt, es wächst ein neuer „Berg". Dessen Grat kann – nimmt man absolute Zahlen – bedeutend höher als der letzte werden, wenn gleichzeitig die Schülerzahl an höheren Schulen wächst (siehe Abbildung 3), also nicht nur Ersatzbedarf, sondern auch Erweiterungsbedarf gedeckt werden muss (wie z.B. in der zweiten Welle des Bildungswachstums im ersten Drittel des 20. Jahrhunderts).

Beschleunigtes Wachstum führt zu einer progressiven Altersstruktur (starke Besetzung der jungen Jahrgänge) in der Karriere, die automatisch – eigentlich nur durch Kriege oder Epidemien aufhaltbar – nach einer mittleren Berufsdauer zu einer degressiven Altersstruktur (starke Besetzung der alten Jahrgänge) wird. Es kann von der „generationellen Struktur" einer Karriere gesprochen werden (vgl. TITZE u.a. 1990, S. 246). Anders formuliert, zyklische Wachstumsprozesse führen über den Aspekt der „Berufsgenerationen" immer wieder zu sich selbst.

## 3 Die Langen Wellen der historischen Deutungsmuster

Eingangs wurde auf die Notwendigkeit hingewiesen, im theoretischen Zugriff zwischen der Erscheinungsebene der Situation (Systementwicklung) und der Ebene der Deutungen (Reflexionen) zu unterscheiden. Wie haben die Zeitgenossen seit der Aufklärung „Begabung", „Schulstruktur", „Leistung" wahrgenommen, wie wurde darüber kommuniziert? Vorausgesetzt, dass sich moderne Gesellschaften nach der Freisetzung im Aufklärungszeitalter nicht mehr durch „natürliche Auslese" ständisch reproduzieren, sondern zukunftsorientiert durch den neuen Modus der Vergesellschaftung („Bildungsselektion") geprägt sind: Wie verlief die öffentliche Diskussion über die Selektionsprozesse im Bildungssystem?

In dem bereits erwähnten DFG-Projekt „LESE – zur Legitimation von Selektion" wurden 2.370 Artikel der Lehrerverbandspresse aus dem Zeitraum 1884 bis 1993 mit Hilfe einer kategoriengeleiteten Inhaltsanalyse u.a. auf diese Fragen hin untersucht. Die gesamte Inhaltsanalyse umfasst dabei zehn Kategorien, von denen noch einmal fünf unterteilt sind, um zwischen den Wahrnehmungen und den Forderungen der Lehrer unterscheiden zu können. Es wurden standespolitische Zeitschriften sowohl der Philologen als auch der Volksschullehrer ausgewählt, so dass eine Analyse der Diskussion abhängig vom Arbeitsbereich erfolgen konnte.

Mit der Kategorie „personale Bildungsdisposition" (in 1.263 Artikeln), hier beispielhaft vorgestellt, wird die wichtigste Selektionslegitimation angesprochen, seit die gesellschaftliche Selektion nicht mehr selbstverständlich über ständische Stratifikation, sondern mehr und mehr über Bildungsprozesse und die dort erworbenen Meriten (Berechtigungen) verläuft. Soziale Selektion wird seitdem mit der Differenz personaler Bildungsvoraussetzungen legitimiert. Es wird also die Frage nach der Auffassung der Lehrer zu den personalen Bildungsvoraussetzungen gestellt, bis heute eine wichtige Legitimation für Bildungsselektion. Die endgültige Version dieser Kategorie umfasst acht Subkategorien, die im Hinblick auf den Grad der behaupteten Statik bzw. Dynamik der individuellen Begabungen rangskaliert zu sechs Graden zusammengefasst worden sind.

Die folgende Liste zeigt das Schema zur Kategorie „personale Bildungsdisposition":

01 *feste physische Grenzen der geistigen Leistungsfähigkeit*
02 *vor allem physische, aber auch sonstige (Umwelt/Willen) Grenzen/Bedingungen der geistigen Leistungsfähigkeit*
03 *bestehenden (hauptsächlich physisch bestimmten) Begabungen mehr zum Durchbruch verhelfen*
04 *(physische) Grenzen, aber auch offenerer Erwerb der Bildungsvoraussetzungen*
05 *(eher) offener Erwerb der Bildungsvoraussetzungen mit (geringen) physischen Beeinträchtigungen*
06 *(eher) offener Erwerb der Bildungsvoraussetzungen mit (geringen) Beeinträchtigungen durch (physische, altersbedingte) Grenzen*
07 *(eher) offener Erwerb der Bildungsvoraussetzungen mit differenzierten, horizontalen Schwerpunktverlagerungen*
08 *(fast) vollständiger, offener Erwerb der persönlichen Bildungsvoraussetzungen*

*Tabelle 1:* Vorstellungen der Lehrer über personale Bildungsdisposition(en), nach Graden, 1884-1993, in Prozent

| Jahre | Philologen | | | | | | | Volksschullehrer | | | | | | |
|---|---|---|---|---|---|---|---|---|---|---|---|---|---|---|
| | n | davon (%) | | | | | | n | davon (%) | | | | | |
| | | Grad 1 | Grad 2 | Grad 3 | Grad 4 | Grad 5 | Grad 6 | | Grad 1 | Grad 2 | Grad 3 | Grad 4 | Grad 5 | Grad 6 |
| | 1 | 2 | 3 | 4 | 5 | 6 | 7 | 8 | 9 | 10 | 11 | 12 | 13 | 14 |
| 1884-1889 | 28 | 21,4 | 60,7 | 10,7 | 7,1 | 0,0 | 0,0 | 12 | 0,0 | 25,0 | 25,0 | 25,0 | 25,0 | 0,0 |
| 1891-1897 | 10 | 30,0 | 60,0 | 0,0 | 0,0 | 10,0 | 0,0 | 35 | 5,7 | 34,3 | 28,6 | 20,0 | 8,6 | 2,9 |
| 1899-1905 | 19 | 0,0 | 63,2 | 21,1 | 15,8 | 0,0 | 0,0 | 28 | 3,6 | 17,9 | 32,1 | 39,3 | 7,1 | 0,0 |
| 1908-1914 | 39 | 7,7 | 61,5 | 15,4 | 12,8 | 2,6 | 0,0 | 46 | 0,0 | 19,6 | 45,7 | 19,6 | 15,2 | 0,0 |
| 1916-1921 | 98 | 4,1 | 56,1 | 34,7 | 3,1 | 2,0 | 0,0 | 119 | 2,5 | 15,1 | 70,6 | 6,7 | 5,0 | 0,0 |
| 1924-1930 | 84 | 10,7 | 65,5 | 15,5 | 8,3 | 0,0 | 0,0 | 63 | 3,2 | 20,6 | 44,4 | 19,0 | 9,5 | 3,2 |
| 1932-1937 | 71 | 33,8 | 38,0 | 15,5 | 9,9 | 2,8 | 0,0 | 46 | 52,2 | 4,3 | 30,4 | 8,7 | 4,3 | 0,0 |
| 1940-1943 | 8 | 25,0 | 50,0 | 12,5 | 12,5 | 0,0 | 0,0 | 26 | 42,3 | 19,2 | 26,9 | 11,5 | 0,0 | 0,0 |
| 1949-1954 | 72 | 15,3 | 58,3 | 19,4 | 6,9 | 0,0 | 0,0 | 38 | 2,6 | 31,6 | 23,7 | 28,9 | 13,2 | 0,0 |
| 1957-1963 | 67 | 10,4 | 55,2 | 22,4 | 10,4 | 1,5 | 0,0 | 41 | 0,0 | 7,3 | 61,0 | 22,0 | 9,8 | 0,0 |
| 1964-1968 | 48 | 0,0 | 18,8 | 43,8 | 22,9 | 14,6 | 0,0 | 56 | 0,0 | 3,6 | 67,9 | 12,5 | 12,5 | 3,6 |
| 1970-1976 | 33 | 0,0 | 45,5 | 21,2 | 15,2 | 15,2 | 3,0 | 49 | 0,0 | 0,0 | 12,2 | 12,2 | 61,2 | 14,3 |
| 1979-1984 | 47 | 2,1 | 59,6 | 10,6 | 21,3 | 6,4 | 0,0 | 16 | 0,0 | 0,0 | 6,3 | 6,3 | 75,0 | 12,5 |
| 1986-1993 | 49 | 0,0 | 75,5 | 10,2 | 8,2 | 6,1 | 0,0 | 15 | 0,0 | 6,7 | 0,0 | 6,7 | 46,7 | 40,0 |
| 1884-1993 | 673 | 10,4 | 54,7 | 20,7 | 10,4 | 3,7 | 0,1 | 590 | 7,5 | 14,4 | 43,2 | 15,6 | 15,9 | 3,4 |

*Legende*: Grade der Vorstellungen über personale Begabungsdisposition(en):
Grad 1 = fast vollständig (physisch) determinierte Begabungen
Grad 2 = weitgehend (physisch) determinierte Begabungen
Grad 3 = weit verbreitete „statische" Begabungen
Grad 4 = Gleichgewicht von Anlage- und Umwelteinfluss
Grad 5 = weitgehend erwerbbare („dynamische") Begabungen
Grad 6 = fast vollständig erwerbbare („dynamische") Begabungen

In Tabelle 1 sind diese acht Subkategorien und ihre sechs Grade mit den auf sie prozentual entfallenen Kodierungen dargestellt. Aber erst mit den dazugehörigen Abbildungen 8 und 9 kann auf einen Blick festgestellt werden, dass die Lehrer an höheren Schulen (Philologen) einerseits und die Volksschullehrer andererseits spezifische Diskurse zur Situation im Bildungssystem führen, und ferner, dass diese Diskurse einem Trend und Schwankungen unterliegen. Dies kann bereits an der Entwicklung der Modi gesehen werden: Der Modus ( = häufigster kodierter Grad) wechselt bei den Philologen nur in den 1960er Jahren von Grad 2 auf Grad 3, um dann wieder bei Grad 2 zu verharren. Bei den Volksschullehrern dagegen findet sich Grad 4 als Modus bereits Anfang des Jahrhunderts, in der NS-Zeit ist es Grad 1 und in den 1970er, 80er und 90er Jahren sogar Grad 5. Die Verteilung der einzelnen Grade lässt sich gut anhand von Prozentprofilen erkennen (Abbildungen 8 und 9).

Der Wandel von pädagogischen Einstellungsmustern, der hier anhand der Vorstellungen zu Begabung nachgezeichnet wurde, vollzieht sich von 1884 bis 1993 also ebenfalls in Wellen: Die Philologen halten von 1884 bis in die 1990er Jahre des letzten Jahrhunderts insgesamt eher an der Vorstellung fest, dass personale Bildungsdispositionen weitgehend von der physischen Anlage bestimmt werden. Die meisten Auffassungen differieren hier hinsichtlich der Frage, ob angeborene Begabungen weiter verbreitet sind oder nicht (Grad 2 und 3). Vor diesem Hintergrund ist es interessant, dass die beiden Öffnungstendenzen – um die Jahrhundertwende und in den 1960er Jahren – jeweils mit Expansionsphasen im Schulsystem zusammenfielen.

*Abb. 8:* Prozentprofil mit der Verteilung der Vorstellungen der Philologen zur Begabungsdisposition der Schüler 1884-1993

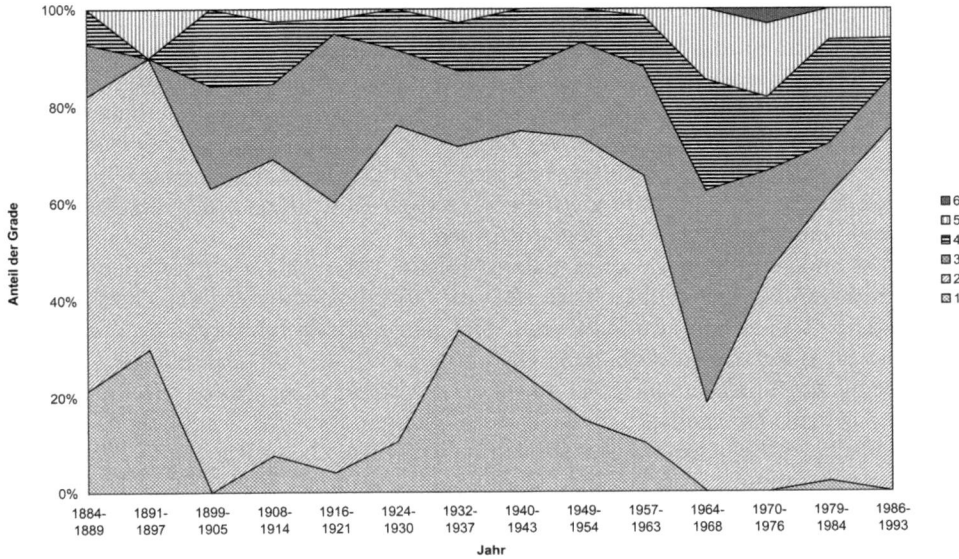

(Grad 1 = „statisch/physisch bedingt" bis Grad 6 = „dynamisch/umweltbedingt")

*Abb. 9:* Prozentprofil mit der Verteilung der Vorstellungen der Volksschullehrer zur Begabungsdisposition der Schüler 1884-1993

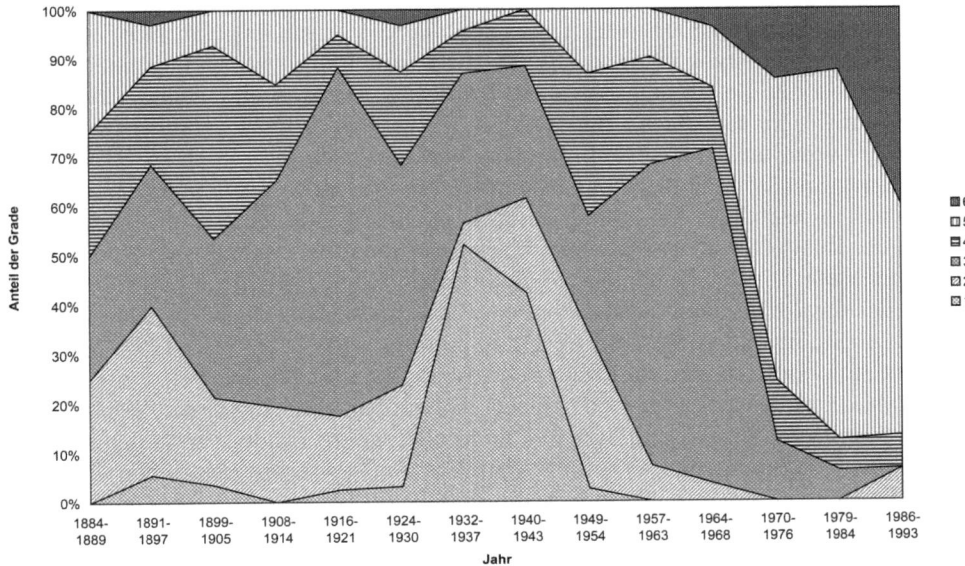

(Grad 1 = „statisch/physisch bedingt" bis Grad 6 = „dynamisch/umweltbedingt")

Bis Mitte der 1920er Jahre herrschte bei den Volksschullehrern die Auffassung vor, dass Begabungen zwar physisch veranlagt, in der Bevölkerung jedoch breit gestreut und auch von Umweltbedingungen beeinflusst seien (Abbildung 9, Grad 3 bis 4). Während der NS-Zeit zeigt das Profil einen deutlichen Einbruch, die Begabungsvorstellungen der Volksschullehrer waren zu dieser Zeit nicht nur wesentlich geschlossener als während des gesamten übrigen Untersuchungszeitraumes, sie übertrafen in ihrer Schärfe sogar kurzzeitig die Vorstellungen der Philologen. Anfang der 1950er Jahre kehren die erhobenen Werte zunächst auf das gleiche Niveau wie vor der NS-Zeit zurück, wobei hier bei der Betrachtung der zugrundeliegenden Zahlen eine Streuung der Meinungen festzustellen ist. Anschließend findet sich ein kontinuierlicher Trend zu Reflexionen, die mehrheitlich eine Vorstellung von dynamischer Begabung verraten.

Viele der anderen Kategorien, die in dem Projekt „LESE" analysiert wurden – sei es zu den Forderungen der Selektionsschärfe oder zur Differenzierung der Schulstruktur –, zeigen ebenfalls Trends und Konjunkturen. Die pädagogisch relevanten Deutungsmuster stehen – wie in der ersten Abbildung theoretisch erfasst – im Zusammenhang mit der Veränderung der Situation, und zwar sowohl der Altersstruktur und der Stellung der Diskutanten auf dem Arbeitsmarkt als auch der Beteiligungsströme der Klientel. Die spezifisch wechselnden Selektionslegitimationen haben wir als historischen „Pygmalioneffekt der Lehrergenerationen" bezeichnet, womit zum Ausdruck kommen soll, dass diese Deutungsmuster bzw. Voreinstellungen der Lehrer auf die Beurteilungen und entsprechende Selektion bzw. auf Selbstbeurteilungen und Selbstselektion der Schüler Einfluss nehmen (vgl. NATH 1999, S. 387).

Wie z.B. Prüfergenerationen auf die Selektion der Kandidatengenerationen Einfluss nehmen, ist in Abbildung 10 dargestellt. Im oberen Teil der Graphik zeigt sich die Entwicklung der absoluten Zahl der Prüflinge für das 1. juristische Staatsexamen von 1870 bis 1940 in Preußen. Im unteren Feld werden die entsprechenden Erfolgs- bzw. Misserfolgsquoten abgetragen. Der nahezu spiegelbildliche Verlauf zeigt: Je mehr Kandidaten sich der Prüfung unterzogen, desto höher war der Anteil der Durchgefallenen. Daten wie diese, also absolute Beteiligungsdaten und Erfolgsquoten, gehören zu den „harten" Daten, die sich durch eine statistische Redefinition des Indikators nicht verändern lassen. Hält man Begabungen nicht für absolut begrenzt und genetisch festgelegt, so erschließt sich hier vielmehr ein Wandel der Deutungsmuster der prüfenden Professoren zur Selektion, ein Wandel hinsichtlich der Frage, was jeweils Erfolg oder Misserfolg bedeuten soll. Wächst der Zustrom zum Fachstudium überproportional, so erhöhen sich ziemlich regelmäßig auch die Misserfolgsquoten bei den akademischen Prüfungen. Wird die Verwertbarkeit der Qualifikationen auf dem Arbeitsmarkt problematisch, fallen auch wieder anteilig mehr Studierende durch die Abschlussprüfung (vgl. TITZE u.a. 1990, S. 250). So wird aus der doppelten eine dreifache Selektivität: Es wird für den Berufszugang ausgewählt (Staatsexamen bestanden oder nicht), es werden – abhängig vom Auf- oder Abschwung der Welle im Bildungssystem – mehr oder weniger Studierende aus unteren Sozialschichten rekrutiert, und es wird – ebenfalls abhängig vom zyklischen Zeitpunkt – mehr oder weniger hart ausgelesen bzw. für dieselbe Prüfung mehr oder weniger Leistung erwartet. Auf diese Weise entscheidet das Geburtsjahr mit über den späteren Studienerfolg. Es kann deshalb allgemein vom Wandel des „Selektionsklimas" sowohl im sekundären als auch im tertiären Bildungsbereich gesprochen werden.

*Abb. 10:* Preußen 1870-1940: Prüflinge 1. juristisches Staatsexamen/Erfolgsquoten

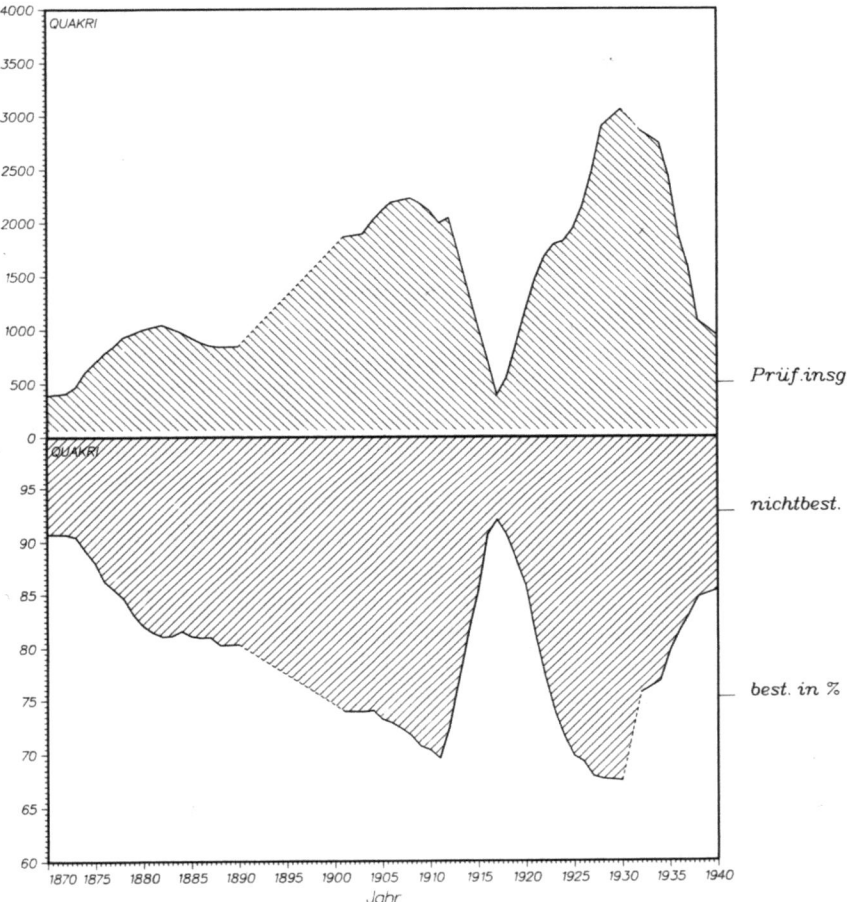

## 4 Generationen und Zeitpräferenz

Im wissenschaftlichen Kontext sind uns zwei Begriffe von „Generation" schon lange vertraut: der genealogische und der pädagogische. Geht es dort um eine Analyse der Beziehungen zwischen Eltern, Großeltern, Kindern und Enkeln, so handelt es sich hier um das Verhältnis von Erzieher und Zögling bzw. vermittelnde und aneignende Generation. Eine dritte Definition von „Generation" erlebt erst in jüngster Zeit ein verstärktes Interesse: die Generation als Kohortengruppe mit gleichen Erfahrungen in Zeit und Raum, die Generation als ein kollektives Subjekt. Wie die Verzeitlichung des Lebenslaufs der einzelnen Person nach der Freisetzung aus ständischen Bindungen ist das Vordringen des Kohortenansatzes in der Generationenforschung auch ein Ausdruck der Verzeitlichung sozialer Erscheinungen im Prozess der *reflexiven Modernisierung*. Zentral geht es bei dieser Auffassung von Generation um die spezifische Lagerung einer Personengruppe im historischen Prozess. Dieser Zugriff ist 1928 durch den Aufsatz „Das Problem der Generationen" bekannt geworden. Dort nutzt MANNHEIM den Gedanken der „inneren Erlebniszeit" einer Generation, den er bei DILTHEY (1875) findet, und schreibt (S. 163): „Gleichzeitig aufwachsende Individuen erfahren in den Jahren der größten Aufnahmebereitschaft, aber auch später die selben leitenden Einwirkungen, sowohl von seiten der sie beeindruckenden intellektuellen Kultur als auch von seiten der gesellschaftlich-politischen Zustände. Sie bilden eine Generation, eine Gleichzeitigkeit, weil diese Wirkungen einheitlich sind". Die Generation ist damit eine sozial-historische Einheit. Menschen, die aufgrund gemeinsamer historisch-gesellschaftlicher Ereignisse und Erfahrungen geprägt werden, bilden eine Generation.

Mit dieser Vorstellung von Generation wird deutlich, dass zu jedem Zeitpunkt mehrere Generationen leben; zur gleichen Zeit leben verschiedene Generationen, welche ein gleiches Ereignis verschieden erleben, nicht nur, weil sie es in einem anderen Lebensalter erleben, sondern auch, weil sie – durch andere vorangegangene Erfahrungen geprägt – das Ereignis anders erleben. Vorstellbar ist z.B., dass die vor 1939 Geborenen mit Kindheitserfahrungen aus dem Zweiten Weltkrieg zu einer ganz anderen Generation gehören als die nach 1946 Geborenen, auch wenn nur fünf Jahre zwischen ihren Geburten liegen.

Die vorgestellten Daten zu den Veränderungen im Bildungssystem – sowohl auf der Situations- als auch auf der Deutungsebene – geben uns verschiedene Indikatoren zur Beschreibung von unterschiedlichen Generationen. Bei den Schülern an höheren Schulen sprechen wir von Stagnations- und Wachstumsgenerationen, abhängig davon, ob sie das Schulsystem in Phasen des Bildungswachstums oder der Bildungsstagnation durchlaufen. Bei den Lehrern entstehen durch die ungleichgewichtigen Anstellungsschübe regelmäßige Generationenablösungen nach einer durchschnittlichen Berufsdauer. Wir können hier von Lehrergenerationen sprechen, weil eine abgrenzbare Alterskohorte gleiche Karriereerfahrungen macht und ähnliche Reflexionen zeigt. So bringt z.B. ein Generationswechsel während des Höhepunkts einer Bildungswachstumswelle eine Lehrergeneration in die Schulen, welche die Öffnung der Bildungsselektion mit euphorischen Reformideen begleitet. Am Ende der Wachstumswelle ist diese Lehrergeneration enttäuscht, da die hochfliegenden Reformideen vom Beginn ihres Berufslebens nicht mit den tatsächlichen Entwicklungen im Schulsystem übereinstimmen. Da diese inneren Deutungen mit dem Ablauf des äußeren Lebenslaufs korrespondieren, kann man sie als *intra*generationelles Lernen auffassen.

Daneben gibt es eine zweite Art des Lernens, die systematisch nicht außer Acht gelassen werden darf: das durch den *Generationswechsel* vermittelte *inter*generationelle Lernen. Jede Generation erfährt und lernt auf eine bestimmte Art und Weise, die eben – um wieder einen Begriff MANNHEIMs (1928) zu nutzen – auch durch die Generationenlagerung gekennzeichnet ist. Dabei wird das Wissen dieser Generation u.a. durch die von ihr geschaffene (Schul-) Struktur für die nächste Generation prägend, die eben diese Struktur als Ausgangslage vorfindet (oder – wie in Abbildung 10 gezeigt – die direkt über Selektionsentscheidungen der Leistungsträger eine bestimmte Allokation erfährt). Die nächste Generation lernt im Sinne eines generativen Aufbauphänomens auf der Basis der Errungenschaften der vorhergegangenen Generationen, sich mit einem bestimmten Wachstumsniveau zu arrangieren. Das mit dem Eintritt in den Kulturprozess gegebene Entwicklungsniveau tritt in seiner Bedeutung für den eigenen Lebenslauf gleichsam in den Bereich der Hintergrunderfüllung. Die Evolutionsökonomie baut auf diesen Grundgedanken des intergenerationellen Lernens auf. Die Errungenschaften der früheren Generationen bestehen auch aus Fehlern. Versuch *und* Irrtum liegen auf dem Weg der Evolution, mit den Worten des Ökonomen HAYEK (1937): „experience creates knowledge".

Nach dieser Überlegung hat die Institution Schule, in der organisierte Kommunikation stattfindet, eine wichtige Aufgabe: die Weitergabe vieler jeweils bis dahin ermittelter „Werkzeuge" (sozialer und praktischer Art) und die Vermittlung von Versuch und Irrtum der „alten" Generationen. In Anlehnung an Abbildung 1 entwickelt sich so eine *Kommunikationsspirale* zwischen den Generationen, die von MANNHEIM selbst als zyklisch aufgefasst wird (1928, S. 181f., kursiv durch Autorin): „ ... zwei nacheinander folgende Generationen [bekämpfen] stets einen andern Gegner in der Welt und in sich. ... Aus diesem Sich-Verschieben ... (durch dieses Verschieben des inneren und äußeren Gegenspielers, an dessen Stelle stets ein anderer tritt) entsteht weitgehend jene *nicht geradlinige* Entwicklung im Geschichtsprozeß, die insbesondere in der Kultursphäre so oft beobachtet wurde".

Wenn wir die reflexive Modernisierung seit einer Generation vor Augen haben, in der soziale Probleme zunehmend verzeitlicht werden, ist es nicht verwunderlich, dass ein wichtiger Baustein der Theorie der Langen Wellen des Bildungswachstums die in der Wirtschaftswissenschaft gebräuchliche Theorie der Zeitpräferenz darstellt. Das Konzept der „Zeitpräferenzrate" stammt aus der Theorie intertemporaler Allokationsentscheidungen und bezeichnet den subjektiven Diskontfaktor, der angibt, wie stark gegenwärtiger Konsum gegenüber zukünftigem Konsum vorgezogen wird – beeinflusst durch zahlreiche soziale Faktoren. Die Zeitpräferenzrate ist also der Quotient aus gegenwärtigem und zukünftigem Konsum. Eine hohe Zeitpräferenz wird auch schlicht als „Präferenz für Gegenwartskonsum" bezeichnet. In den Wirtschaftswissenschaften gilt eine höhere Zeitpräferenzrate (oder auch eine hoher Realzins) als Ausdruck abnehmender Sparneigung, sinkender Realkapitalbildung und Pro-Kopf-Produktion und korreliert auch mit einem Rückgang des technischen Fortschritts. Eine niedrige Zeitpräferenz (oder ein niedriger Realzins) geht entsprechend einher mit einer höheren Sparneigung und eventuell mit Innovationsschüben (vgl. KLUMP 1993, S. 313).

Die Zeitpräferenz stellt auch für den Aufbau von Bildungsprozessen ein Reflexionsmuster dar, hat also für das Bildungssystem als „institutioneller Akteur der Menschenbildung" (FEND 2006, S. 11) eine zentrale Bedeutung. Eine niedrigere Zeitpräferenz bedeutet in diesem Zusammenhang, dass vermehrt Bildungsentscheidungen getroffen werden, die die Bildungsphase im individuellen Lebenslauf verlängern. Am Beispiel: Statt einer dreijährigen Berufsausbildung, die mit mittlerem Schulabschluss angestrebt werden kann und einen baldigen Wechsel in die Verdienst bringende Arbeitswelt in Aussicht stellt, wird der Besuch einer höheren Schule ins Auge gefasst, um studieren zu können – eine mindestens dreijährige Verlängerung der „Humankapitalinvestition". Zu dieser Investition werden viele Entscheidungsträger jedoch nur bereit sein, wenn sie von einem höheren Verdienst in der Zukunft ausgehen.

In diesem Zusammenhang interessant ist ein Gedanke von Manfred NEUMANN aus einem Aufsatz von 1990, in dem er die Folgen des Generationswechsels auf unternehmerisches Verhalten in den Blickpunkt stellt: Eine im Wohlstand aufgewachsene Generation wird eine höhere Zeitpräferenz haben als eine Generation, die im Elternhaus Entbehrungen erfahren und die Notwendigkeit des Sparens erlebt hat. Erst wenn die ältere Generation, deren Vorstellungen wesentlich von der Aufschwungperiode geprägt sind, aus den Führungsschichten ausscheidet, setzen in einer langfristigen Krise die notwendigen Umstrukturierungen ein. NEUMANNS Idee impliziert, dass die Zeitpräferenzrate einer Generation aus den Erfahrungen in der Jugend- und Reifephase resultiert, d.h. dass eine einmal gebildete Zeitpräferenz im späteren Alter selten revidiert wird. Es wäre also sehr interessant, wenn eine der Altersstatistik der Lehrer (Abbildung 7) vergleichbare Statistik über Führungskarrieren vorhanden wäre.

Wir wissen aus den Forschungen zu den Bildungswachstumsschüben, dass in Phasen mit günstigen Aussichten die Bildungsanstrengungen mobilisiert werden, der Zeithorizont sich ausweitet (niedrige Zeitpräferenzrate) und das Tempo des Bildungswachstums sich wieder beschleunigt. In kontraktiven Phasen mit gedämpften Erwartungen verlangsamt sich dagegen das Bildungswachstum, Humankapitalinvestitionen werden weniger (hohe Zeitpräferenz). Die in der aktuellen Presse zitierte „Praktikumsgeneration" – womit der Tatbestand beschrieben wird, dass viele Jungakademiker keine festen Anstellungen erhalten – korreliert auf diese Weise mit den bereits negativen Wachstumsraten der Schülerbeteiligung an höheren Schulen seit der Jahrtausendwende.

In der „Endogenous Growth Theory" von AGHION/HOWITT wird ebenfalls die Zeitpräferenz für Bildungsentscheidungen verantwortlich gemacht (1998, S. 354): „Education is a form of investment, if agents are more impatient, they will tend to have less education and higher current consumption". Durch die erhöhte Bereitschaft vieler Einzelner, in Ausbildung länger zu investieren (bei einer niedrigen Zeitpräferenzrate), würden z.B. Firmen angeregt werden, stärker in Ausbildungsprogramme zu investieren, um diese besser Qualifizierten an sich zu binden. Eine solche Investition wiederum hätte eine Signalwirkung für all jene, die bisher nicht bereit waren, weiter in ihre Ausbildung zu investieren. Dies wird von AGHION und HOWITT als „social increasing return to human capital accumulation" verstanden (S. 353) und entspricht der Vorstellung vom Zusammenhang zwischen Leistungs- und Klientelrolle sowie Struktur des Bildungssystems, wie sie in Abbildung 1 dargestellt worden ist. Die beiden Wirtschaftswissenschaftler kommen dem hier vertretenen Gedanken der Eigendynamik des Bildungswachstums sehr nahe, wenn sie schreiben (S. 356): „The decision to gain a high level of skills is at least partly a choice of agents other than the government: individuals go to university if they expect a sufficiently high return. The forward-looking nature of this decision can lead to both high and low growth equilibria. If individuals anticipate a high demand for researchers, then many will choose higher education and the growth rate will be high. Conversely, if they anticipate a low demand for research, few will choose such education and the growth rate will be low. Both of these possibilities are due to expectations that are self-fullfilling". AGHION und HOWITT beschreiben hier ebenfalls die individuelle Zeitpräferenz, die abhängig von den Erwartungen hinsichtlich der Entwicklung auf dem akademischen Arbeitsmarkt hoch oder niedrig ausfällt. Wäre der wichtige Gedanke der zeitlichen Verschiebung dieser beschriebenen Entwicklung durch die Ausbildungsdauer noch hinzugefügt worden, so hätten AGHION und HOWITT wahrscheinlich Wellen im Bildungssystem wahrgenommen. Stattdessen glauben sie an die Möglichkeit, durch politische Einflussnahme bzw. das Lenken von Investitionskapital in forschungsbetonte Bereiche die individuellen Erwartungen so zu verändern, dass es zu einem positiven „Teufelskreis" komme (S. 356). Aber es ist gerade die aus den Langen Wellen des Bildungswachstums gewonnene Erkenntnis, dass die zeitliche Verzögerung der beschriebenen Effekte ein gleichmäßiges Wachstum verhindert.

Kritikern der neuen Theorie der Langen Wellen im Bildungssystem (z.B. DREWEK 2003) kann zum Schluss dieses Aufsatzes gesagt werden, dass es sich nicht um eine alles umfassende Beschreibung der tatsächlichen Entwicklung im Schul- und Bildungssystem handelt, sondern um eine empirisch gesicherte zusätzliche Sichtweise zur Analyse des Bildungssystems, die erst heute – nämlich nach der statistischen Erfassung von Schul- und Hochschuldaten aus 200 Jahren – möglich geworden ist. Damit steht diese Theorie nicht im Widerspruch zu anderen, regional und zeitlich begrenzteren Analysen. Ebenso wie die KONDRATIEFFzyklen in der Ökonomie nicht alle anderen Zyklen für obsolet erklärt haben, zeigt auch die Entwicklung im Bildungssystem sehr unterschiedliche Muster – je nachdem, welcher Indikator zur Analyse herangezogen wird. Zu Recht verweist deshalb HERRMANN auf die notwendige Verschränkung wechselseitig voneinander profitierender Analyseperspektiven (vgl. 2003, S. 26): hier die langfristige und nationale, dort die regional und zeitlich eingegrenzte Fragestellung. In den Wirtschaftswissenschaften wird diese Diskussion nicht geführt, Makro- und Mikroprozesse werden zwar als getrennte Wissenschaftsgebiete, nicht aber als getrennte oder gar sich widersprechende Tatbestände gesehen.

## 5 Ausblick

Generationen kann man mit den verschiedensten historisch-empirischen Indikatoren identifizieren und dann die historische Dynamik mit ihren wellenartigen Veränderungen besser verstehen. Eine wichtige Erkenntnis nach jahrzehntelanger Forschungsarbeit ist dabei, dass sich diese Langen Wellen über die verschiedenen Länder des Deutschen Reichs hinweg (hier als Beispiel Preußen und Sachsen), bei zwei unterschiedlichen Klientelgruppen (Schüler und Studierende), unabhängig von der Position im System (Philologen und Volksschullehrer) und sowohl bei der Untersuchung der Situation als auch der Reflexion zeigen. Die Definition von „Generation" nach MANNHEIM und der Begriff der „Zeitpräferenz" helfen dabei, theoretisch zu begreifen, was die Tiefendynamik des Bildungswachstums ausmacht. Die hier kurz vorgestellten Analysen zeigen u.E., dass es nicht ausreicht, für gegenwärtige Untersuchungen zum Bildungssystem nur kurzfristige Zeiträume in Augenschein zu nehmen. Wir müssen wissen, an welchem Punkt der langen Entwicklung des modernen Bildungssystems wir stehen, um einschätzen zu können, welche Funktion unsere Handlungen in der Gegenwart haben und wohin uns dieser Prozess in mittelfristiger Zukunft führen kann.

## Literatur

AGHION, P./HOWITT, P. (1998): Endogenous Growth Theory. – Cambridge (Massachusetts), London.
BÖLLING, R. (1987): Lehrerarbeitslosigkeit in Deutschland im 19. und 20. Jahrhundert. In: Archiv für Sozialgeschichte. Bd. XXVII, S. 229-258.
CONRAD, J. (1884): Das Universitätsstudium in Deutschland während der letzten 50 Jahre. Statistische Untersuchungen unter besonderer Berücksichtigung Preußens. Sammlung nationalökonomischer und statistischer Abhandlungen des staatswissenschaftlichen Seminar zu Halle a.d.S., 3. Bd., 2. H. – Jena.
DIETERICI, W. (1836): Geschichtliche und statistische Nachrichten über die Universitäten im preußischen Staate. – Berlin.
DILTHEY, W. (1875): Über das Studium der Geschichte der Wissenschaften vom Menschen, der Gesellschaft und dem Staat. In: DILTHEY, W.: Gesammelte Schriften. Bd. V. – Stuttgart, S. 31-73.
DREWEK, P. (2003): Kommentar zum Beitrag von Heinz-Elmar Tenorth. In: Zeitschrift für Pädagogik, Jg. 49, Heft Nr. 1, S. 86-91.
ENGEL, E. (1869): Beiträge zur Geschichte und Statistik des Unterrichts, insbesondere des Volksschulunterrichts, im preussischen Staate. In: Zeitschrift des Königlich Preußischen Statistischen Bureaus. 9. Jahrgang, Heft Nr. 1, S. 99-116.

FEND, H. (2006): Neue Theorie der Schule. Einführung in das Verstehen von Bildungssystemen. – Wiesbaden.
FREEMAN, C. (1998): Lange Wellen und Arbeitslosigkeit. In: THOMAS, H./NEFIODOW, L. A. (Hrsg.): Kondratieffs Zyklen in der Wirtschaft. – Herford, S. 121-154.
HAYEK, F. A. (1937): Economics and Knowledge. In: Economica IV, 1937, S. 33-54.
HERRMANN, U. G. (2003): Kommentar zum Beitrag von Axel Nath. In: Zeitschrift für Pädagogik, Heft Nr. 1, 2003, S. 26-33.
HOFFMANN, J. G. (1843): Sammlung Kleiner Schriften Staatswirthschaftlichen Inhalts. – Berlin.
KLUMP, R. (1993): Kondratieff-Zyklen, Gibson-Paradoxon und Klassischer Goldstandard. In: Vierteljahresschrift der Sozial- und Wirtschaftsgeschichte, 80. Jg., Heft 2, S. 305-318.
LUHMANN, N. (1994): Soziale Systeme. Grundriß einer allgemeinen Theorie. – Frankfurt/M.
MANNHEIM, K. (1928): Das Problem der Generationen. Kölner Vierteljahresheft für Soziologie VII, Heft Nr. 2, 1928, S. 157-185 (Teil I), 309-330 (Teil II).
MÜLLER-BENEDICT, V. (1991): Akademikerprognosen und die Dynamik des Hochschulsystems. Eine statistisch-historische Untersuchung. – Frankfurt/M., New York.
MÜLLER-BENEDICT, V. (2002): Ist Akademikermangel unvermeidbar? Eine Analyse einer Tiefenstruktur des Bildungssystems. In: Zeitschrift für Erziehungswissenschaft, Jg. 5, Heft Nr. 4, S. 672-691.
NATH, A. (1999): Bildungswachstum der Moderne. Euphorie und Skepsis – Enttäuschung und Pessimismus. Eine bildungshistorische Untersuchung zu den Öffnungsschüben der Bildungsselektion und den Konjunkturen der Lehrerdiskussion 1780-1996. Habilitationsschrift Universität Lüneburg. Manuskript.
NATH, A. (2001): Die Perioden des modernen Bildungswachstums. In: APEL, H.J./KEMNITZ, H./SANDFUCHS, U. (Hrsg.): Das öffentliche Bildungswesen. Historische Entwicklung, gesellschaftliche Funktionen, pädagogischer Streit. – Bad Heilbrunn, S. 14-48.
NATH, A. (2003): Bildungswachstum und äußere Schulreform im 19. und 20. Jahrhundert. Individualisierung der Bildungsentscheidung und Integration der Schulstruktur. In: Zeitschrift für Pädagogik, Jg. 49, Heft Nr. 1, S. 8-25.
NATH, A. (2004): Bildungsselektion und Generationen. Erfolg und Misserfolg an den höheren Schulen und Auswahl und Ausschluss im Lehrerdiskurs von der Mitte des 19. Jahrhunderts bis zur Gegenwart. In: LIEDTKE, M./ MATTHES, E./ MILLER-KIPP, G. (Hrsg.): Erfolg oder Misserfolg? Urteile und Bilanzen in der Historiographie der Erziehungswissenschaften. – Bad Heilbrunn, S. 169-194.
NATH, A./DARTENNE, C. M./OELERICH, C. (2004): Der historische Pygmalioneffekt der Lehrergenerationen im Bildungswachstum von 1884 bis 1993. In: Zeitschrift für Pädagogik, Jg. 50, Heft Nr. 4, S. 539-564.
NEUMANN, M. (1990): Zukunftsperspektiven im Wandel. Lange Wellen in Wirtschaft und Politik. – Tübingen.
STICHWEH, R. (1988): Inklusion in Funktionssysteme der modernen Gesellschaft. In: MAYNTZ, R./ ROSEWITZ, B./SCHIMANK, U./STICHWEH, R. (Hrsg.): Differenzierung und Verselbständigung: Zur Entwicklung gesellschaftlicher Teilsysteme. – Frankfurt/M. u.a., S. 261-293.
TITZE, H (1977): Die soziale und die geistige Umbildung des preußischen Oberlehrerstandes. In: Zeitschrift für Pädagogik, 14. Beiheft, S. 107-128.
TITZE, H. (1981): Überfüllungskrisen in akademischen Karrieren: eine Zyklustheorie. In: Zeitschrift für Pädagogik, Heft Nr. 2, S. 187-224.
TITZE, H./NATH, A./MÜLLER-BENEDICT, V. (1985): Der Lehrerzyklus. Zur Wiederkehr von Überfüllung und Mangel im höheren Lehramt in Preußen. In: Zeitschrift für Pädagogik, Jg. 31, Heft Nr. 1, S. 97-126.
TITZE u.a. 1990 = TITZE, H./LÜHRS, W./MÜLLER-BENEDICT, V./NATH, A. (1990): Prüfungsauslese und Berufszugang der Akademiker 1860-1944. In: LÖSCHE, P. (Hrsg.): Göttinger Sozialwissenschaften heute. Göttinger Universitätsschriften. Serie A, Bd. 8. – Göttingen, S. 181-251.
TITZE, H. (1990): Der Akademikerzyklus. Historische Untersuchungen über die Wiederkehr von Überfüllung und Mangel in akademischen Karrieren. – Göttingen.
TITZE u.a. 1995 = TITZE, H. unter Mitarbeit von HERRLITZ, H.-G./MÜLLER-BENEDICT, V. und NATH, A. (1995): Datenhandbuch zur deutschen Bildungsgeschichte. Band I: Hochschulen. 2. Teil. Wachstum und Differenzierung der deutschen Universitäten 1830-1945. – Göttingen.
TITZE, H. (1999): Zur Professionalisierung des höheren Lehramts in der modernen Gesellschaft. In: APEL, H.-J./HORN, K.-P./SANDFUCHS, U. (Hrsg.): Professionalisierung pädagogischer Berufe im historischen Prozeß. – Bad Heilbrunn, S. 80-110.

*Anschrift der Verfasserin*: Corinna Maria Dartenne M.A., Universität Lüneburg, Institut für Pädagogik, Scharnhorststr. 1, 21335 Lüneburg. E-Mail: dartenne@uni-lueneburg.de

Volker Müller-Benedict

# Wachstum und Austausch akademischer Karrieren 1850-1940

**Zusammenfassung**
Der Beitrag stellt die Regelmäßigkeiten und Gemeinsamkeiten des Wachstums von 6 akademischen Karrieren in Deutschland und Preußen von 1850 bis 1940 dar: evangelische Theologen, Juristen, Mediziner, höhere Lehrämter, Ingenieure und Chemiker. Analysiert werden lange Zeitreihen des Stellenmarkts. Das Wachstum einer einzelnen Karriere hing mit der Art ihrer spezifischen Leistung zusammen, das Wachstum aller Karrieren insgesamt mit dem Wachstum des vorgelagerten höheren Bildungssystems. Sowohl Überfüllungs- als auch Mangelsituationen begünstigten fachliche Differenzierungen. Substituierender Austausch war nur begrenzt möglich und diente vor allem der Stabilisierung der exklusiven sozialen Rekrutierung.

*Schlüsselwörter*: Akademische Karrieren, Professionalisierung, Akademischer Arbeitsmarkt, Zeitreihen, Wachstum

**Summary**
*Growth of academic careers and exchange between them 1850-1940*
The article compares the growth paths of six academic careers in Prussia and Germany during the period from 1850 to 1940: protestant theologians, lawyers, physicians, teachers of secondary education, engineers and chemists. Results are based on an analysis of long-term time series of labour market data. The growth rate of a single career depends on its specific services, the growth of all careers together depends on the growth rate of the system of secondary education. Situations of overcrowding or shortage favour specialisations within a career. Substitution between academic careers was largely limited. Choice between university subjects stabilized the high level of social recruitment of these careers.

*Keywords*: academic careers, professionalisation, academic labour market, time series, growth

## 1 Fragestellung und Daten

„Nicht ganz so angriffslustig wie die Ärzte sind die Apotheker... Mit dem Sinken des Krankenstands wird wieder ihre Klage ertönen, daß sie vor dem Abgrund stünden. Es liegt klar auf der Hand, daß mit sinkendem Krankenstand der Arzneiverbrauch zurückgeht. Die Kassen werden gut tun, sich heute schon auf derartige Klagen gefaßt zu machen. Dass es den Apothekern nicht allzu schlecht gehen kann, lehrt der Abschluß der Handelsgesellschaft deutscher Apotheker (Hageda), die eine Dividende von 7 v.H. an ihre Aktionäre, durchweg Apotheker, ausschütten kann, und das in einer Zeit, wo gut fundierte Gesellschaften mit Unterbilanz arbeiten und froh sind, wenn sie ihre Existenz wahren." (Zeitschrift der Ortskrankenkassen, Apotheker-Zeitung 41(1926), Nr. 38).

Das Zitat aus dem Jahr 1926 zeigt, dass die Klagen, die die Vertreter einer Karriere wegen ihrer beruflichen Aussichten vorbringen, sich seit 150 Jahren nicht geändert haben. Das absolute Niveau der Stellenzahl einer Karriere, auf dem sich die Diskussionen abspielen, ist dagegen um 10er-Potenzen gewachsen. Das gibt Anlass zu der Vermutung, dass der Wachstumsprozess der akademischen Karrieren in den letzten 200 Jahren zwar das Niveau der Stellen sehr stark verändert hat, aber im ganzen Zeitraum von einer vergleichbaren Dynamik angetrieben wurde, die zu wiederkehrenden Problemwahrnehmungen Anlass gibt. Deshalb soll in diesem Beitrag versucht werden, einige Regelmäßigkeiten und Gemeinsamkeiten im langfristigen historischen Wachstumsprozess von 6 akademischen Karrieren darzustellen. Der Begriff der Karriere wird hier verwendet, weil es sich bei diesen akademischen Berufen generell um Positionen handelt, die nur über das Durchlaufen einer Sequenz von Karrierestufen erlangt werden können, angefangen vom Abitur über die akademischen und berufspraktischen Prüfungen bis hin zu Aufstiegs- und Beförderungsstellen. Die Datengrundlage für die Untersuchung ist in den letzten dreieinhalb Jahren von dem DFG-Forschungsprojekt „Akademische Karrieren (AKKA)[1] erarbeitet worden. Die dort erhobenen Daten sind hauptsächlich Bestands- und Bewegungsdaten für diese einzelnen Karrierestufen in der Form von langfristigen Zeitreihen. Die Daten des Projekts sind begrenzt auf den Zeitraum von der ersten Hälfte des 19. Jahrhunderts bis zum 2. Weltkrieg.

Zur Entwicklung der akademischen Karrieren gibt es – insbesondere durch die Aktivitäten des Sonderforschungsbereichs zum Bürgertum in Bielefeld (LUNDGREEN 2000) – eine Reihe von ergiebigen Forschungen. Diese überwiegend historischen Einzeluntersuchungen zeigen die Vielzahl der für eine Karriere spezifischen Eigenheiten auf. Sie sind deshalb erstens eher an Mentalitäten und sozialen Lagen als an Zeitreihen orientiert und richten zweitens ihren Fokus auf die Besonderheiten der einzelnen Karriere. Die Perspektive in diesem Beitrag liegt dagegen auf dem quantitativen Vergleich der Karrieren sowie den Erklärungen von Unterschieden. Auch zum Vergleich von Karrieren ist in der Professionalisierungsforschung schon viel gesagt worden – etwa der fundamentale Unterschied zwischen den zentraleuropäischen am Beamtenmodell geprägten Karrieren und den anglo-amerikanischen „professions" (LUNDGREEN 2002; SIEGRIST 1988). Aber erst mit den hier dargestellten Daten können quantitative Vergleiche der langfristigen Entwicklungen einiger deutscher Karrieren angestellt werden, deren Ergebnisse auf die Professionalisierungsforschung zu beziehen sind. Angesichts dieser Spanne der Herangehensweisen steht dieser Beitrag sozusagen zwischen den beiden Polen der Geschichtswissenschaft mit ihrem Interesse an der Erklärung der historischen Einmaligkeit einerseits und der quantitativen statistischen Analyse historischer Daten andererseits, die für die Prüfung vergleichender Hypothesen mit verallgemeinerbaren Modellen rechnet. Beiden Ansprüchen kann deshalb hier nicht vollständig gerecht werden[2].

Professionalisierungstheorien nennen eine ganze Reihe von Kriterien, an denen der Erfolg einer Karriere gemessen werden kann. Je nach Definition müssen viele oder alle der Kriterien erfüllt sein, um von einer Profession sprechen zu können. Dazu zählen vor allem die Geschlossenheit ihres Berufsbereichs, die sich über eine gewisse Definitionsmacht für ihre beruflichen Leistungen und Kontrolle über den Marktzugang, z.B. über die Durchsetzung eines Berechtigungswesens, realisiert. Weiter gehört dazu die Kontrollierbarkeit des karrierespezifischen Wissens. Sie wird über Einflüsse auf die Berufsausbildung und einen

Korpus von abstraktem, spezialisiertem Wissen hergestellt, dessen Umfang durch die Karrieremitglieder selbst definiert und erweitert wird. Nicht zuletzt zeichnet eine Profession auch ihre Autorität über Klienten und untergeordnete Gruppen sowie ein Berufsethos, das Altruismus einschließt, aus. (LUNDGREEN 1999, PERKIN 1989, 1996, RÜSCHEMEYER 1980, HEIDENREICH 1999, ABBOTT 2001, FREIDSON 1991, MIEG 2003). Viele dieser Merkmale sind stark mit der Bildung eines schlagkräftigen Berufsverbands gekoppelt, aber auch mit der in vielen Karrieren notwendigen Eigenverantwortlichkeit und Entscheidungsgewalt verbunden, die sich direkt aus den Prozessen der beruflichen Anforderungen ergeben (OEVERMANN 2002). Mit diesem Satz an Kriterien kann z.B. die Frage gestellt werden, welche der hier untersuchten Karrieren eigentlich „richtige" Professionen sind, ob z. B. die Ingenieure dazu gehören, die in verschiedene Berufsverbände aufgesplittert waren und sich damit auseinandersetzen mussten, dass viele Autodidakten und Nichtakademiker ebenfalls als Ingenieur arbeiten konnten.

Diese in der Professionalisierungstheorie unumgänglichen Merkmale werden hier nicht weiter diskutiert, sondern als Hintergrund für die quantitative Entwicklung betrachtet. Im Fokus steht der quantitative Vergleich von Daten zum Stellenbestand, die als mögliche Resultate der Summe aller dieser Einflüsse aufgefasst werden können. Eine zentrale Rolle für die quantitative Entwicklung spielt offenbar eine Autonomie der Karrieren, die bis in die Regulierung des Stellenbestands der eigenen Profession hineinreicht. Aber auch eine solche Autonomie ist in ihrer Reichweite an grundsätzliche Schranken des Stellenbedarfs in Bezug auf die Leistungen der Karriere gebunden. Diese Schranken beruhen einerseits auf säkularen gesellschaftlichen Trends und andererseits auf karrierespezifischen Besonderheiten, Beharrlichkeiten oder dem Maß an Innovationsfähigkeit. In diesem Beitrag stehen die quantitativen Schranken bzw. Möglichkeiten des Karrierewachstums im Vordergrund. Das Karrierewachstum wird hier also vor allem unter dem Gesichtspunkt betrachtet, dass die Karrieren akademische Berufe sind, die sich auf dem Arbeitsmarkt behaupten müssen. Der Begriff des „Berufs" wird deshalb im Folgenden verwendet, wenn es um den Arbeitsmarkt der Karrieren geht.

Die Fruchtbarkeit quantitativer Analysen haben insbesondere Forschungsergebnisse gezeigt, die sich auf die Daten der bisher erschienenen Datenhandbücher zur deutschen Bildungsgeschichte stützen. Dabei handelt es sich vor allem um Daten der Studierenden an Universitäten, aus deren Analyse z.B. die Theorie der Akademikerzyklen hervorgegangen ist (TITZE 1990), und in neuester Zeit Daten aus dem Schulwesen, aus denen Theorien über eine Wachstumsdynamik des Bildungssystems abgeleitet werden (NATH 2000, 2001). Da die quantitative Entwicklung der akademischen Karrieren direkt von diesen beiden Teilsystemen – Universitäten und höhere Schulen – abhängt, werden im Folgenden die Karrieredaten auch mit diesen Theorien verbunden, um weitere Aspekte des Karrierewachstums zu behandeln.

Aus diesen Vorüberlegungen ergeben sich die Fragestellungen des Beitrags, die sich zwischen Deskription und Erklärung bewegen:

– Wie verläuft das Karrierewachstum, wie ist seine interne Dynamik?
– Lassen sich die verschiedenen Karrieren unterschiedlichen oder gemeinsamen Wachstumsimpulsen bzw. Wachstumsursachen zuordnen? (Kap. 2)
– Lässt sich die Wachstumsdynamik der Karrieren mit vorhandenen Theorien über Eigendynamik des Bildungssystems (Kap. 3), über Akademikerzyklen (Kap. 4) und Austausch zwischen akademischen Karrieren (Kap. 5) verbinden?

Diese Fragen werden der Reihe nach behandelt. Dabei werden sich jeweils andere Bestimmungsgründe der Wachstumsprozesse ableiten lassen, so dass am Ende eine Reihe von Faktoren erarbeitet ist, die das jeweilige Karrierewachstum zusammen beeinflusst haben.

## 2 Die verschiedenen Arten des Wachstums und ihre Ursachen

Das historische Wachstum des akademischen Arbeitsmarktes ist im Gegensatz zu seiner Zyklizität viel weniger quantitativ–statistisch untersucht worden (MÜLLER-BENEDICT/ NATH/TITZE 1985). Die Einmaligkeit des Bildungswachstums der letzten 200 Jahre legt eher singuläre historische Erklärungen nahe. Bedeutenden Einfluss auf das Wachstum der Lehramtskarrieren wird z.B. den Stiehlschen Regulativen (1854) zugesprochen, die Puttkamerschen Verwaltungsreformen der 1880er Jahre werden als wichtiger Einfluss auf die Justizkarrieren, die Einführung der gesetzlichen Krankenkassen (1883) als entscheidender Einfluss des Medizinerwachstums angesehen (HUERKAMP/SPREE 1982). Ein weiterer Unterschied liegt darin, dass Zyklizität erstens ein in relativen Zahlen gemessenes und zweitens schon definitorisch ein sich wiederholendes Phänomen ist, relativ zu einem mittleren Niveau, um das die Zyklen mehrfach schwanken. Wachstum ist dagegen erstens ein in absoluten Zahlen gemessenes und zweitens nur einmal beobachtetes Phänomen, deswegen setzt es systematischen Ansätzen mehr Widerstand entgegen. Ökonomische Wachstumstheorien gründen zum großen Teil auf Innovationen und technischem Fortschritt (ROSE 1973), die auch für das Wachstum der akademischen Karrieren in unterschiedlich starkem Maße wirksam sind, aber nicht direkt auf die Untersuchung von Karrierewachstum übertragen werden können. Das Folgende kann sich deshalb nicht auf quantitativ argumentierende Theorien zum langfristigen akademischen Wachstum stützen, außer im Fall des Lehramts an höheren Schulen, auf den in Kapitel 3 eingegangen wird.

### 2.1 Das Wachstum absolut und relativ zur Bevölkerung

Wachstum der akademischen Karrieren heißt zunächst Wachstum der Personen, die akademische Ausbildungen durchlaufen haben und in den betreffenden Karrieren Arbeitsplätze innehaben oder suchen. Dieses Wachstum kann an den Zahlen des Stellenbestands gemessen werden.

Grafik 1 zeigt dieses Wachstum der in den akademischen Karrieren ausgebildeten und arbeitenden Personen insgesamt pro Karriere. Die Zahlen für die Ingenieure aus Technischen Hochschulen in Preußen sind mit einigen Fehlern behaftete Schätzungen, aber trotzdem ist unbestreitbar, dass diese Karriere im Wachstum alle anderen weit überholt, so weit, dass sie im Folgenden zunächst, auch wegen der Strittigkeit der Zahlen[3], außer Acht gelassen wird. Dann ergibt sich das Bild der Grafik 2.

*Grafik 1:* Akademische Karrieren, Preußen

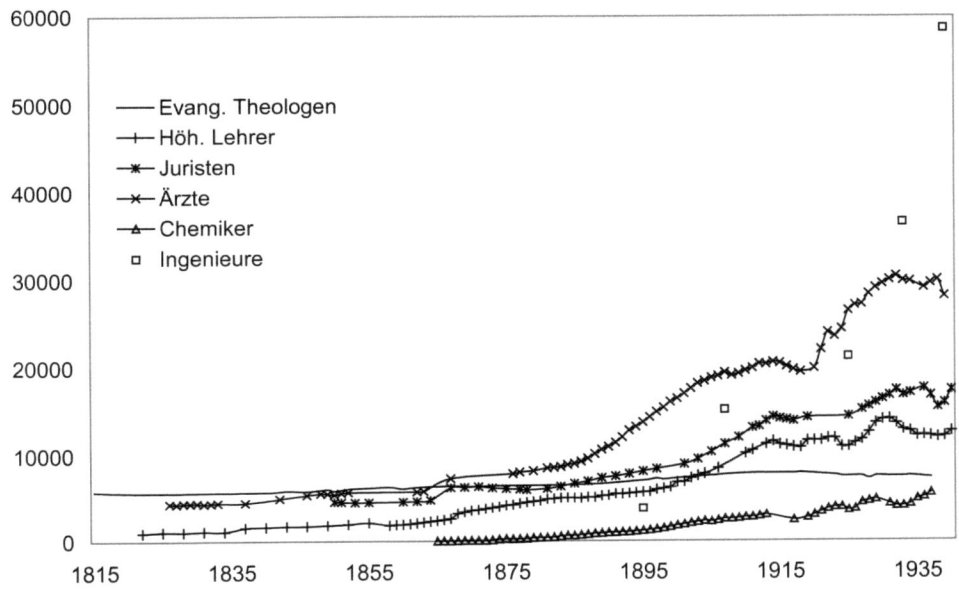

Anm. zu Grafik 1: „Chemiker" sind immer Chemiker in der Industrie im Deutschen Reich insgesamt; Chemiker bis 1913 und Ingenieure Schätzungen aus hoch- oder heruntergerechneten Teilpopulationen[4].

*Grafik 2:* Akademische Karrieren, Preußen

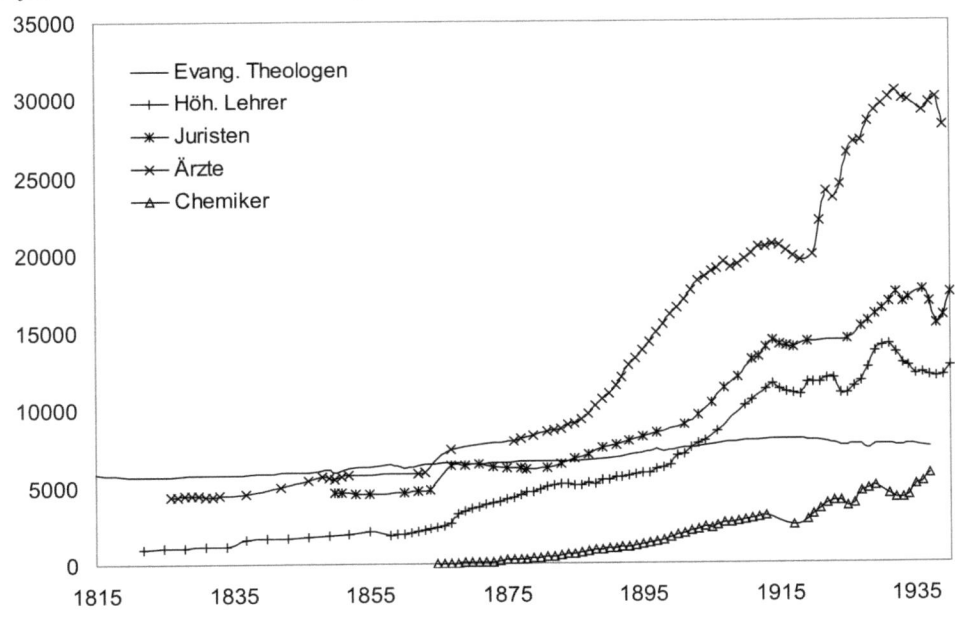

In der Grafik 2 zeigen bis auf die Theologie alle Karrieren auf den ersten Blick ein relativ einheitliches Wachstum an Stelleninhabern. Ein solches langfristiges Wachstum wird dann stattfinden, wenn der gesellschaftliche Bedarf nach Personen wächst, die die entsprechende akademische Ausbildung haben. Der Begriff des „Bedarfs" nach den Leistungen einer Karriere ist allerdings mehrdeutig. Hier ist weder das Bildungsangebot, d.h. die Nachfrage nach Ausbildungsplätzen in einer Karriere, noch die Vermehrung des Wissensbestands der Karriere gemeint, sondern die Zahl der besetzten Arbeitsplätze einer Karriere, wie sie sich letztlich durch politische, juristische oder wirtschaftliche Prozesse und damit gesellschaftliche Regulierungsmechanismen einstellt. Wann wächst dieser Bedarf? Zunächst ist an das im Vergleich zu früheren Jahrhunderten hohe Bevölkerungswachstum der letzten 200 Jahre zu denken. Die Karrieren wachsen im Prinzip schon deshalb, weil die Leistungen, die sie anbieten, meist persönlich zugeordnet werden können und deshalb mit der Personenzahl sich der Bedarf vermehrt.

*Grafik 3:* Anzahl auf 10.000 Einwohner, Preußen

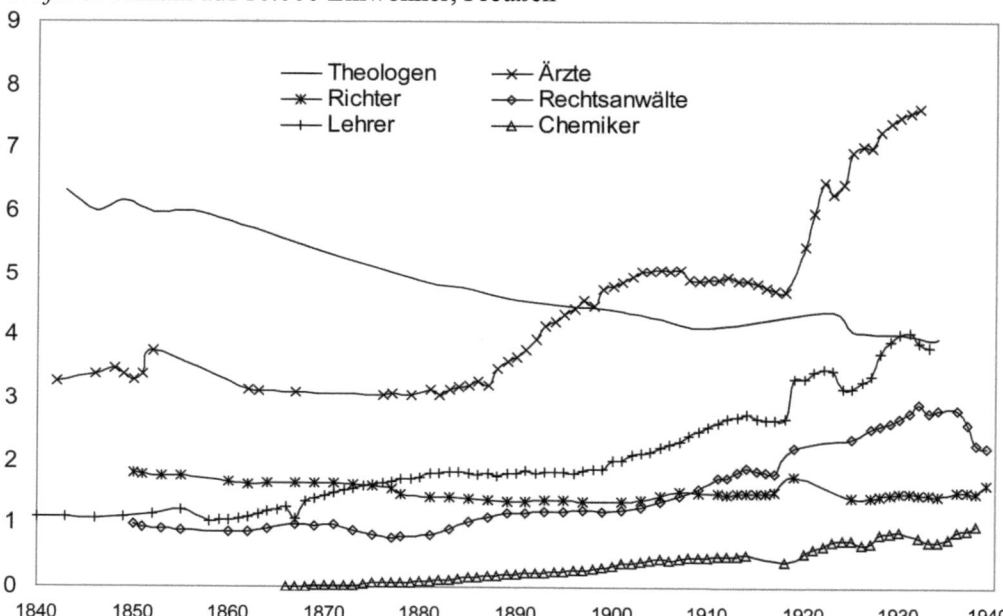

In der Grafik 3 zum Wachstum der Berufe auf 10.000 Einwohner ist dieser Teil des Bevölkerungswachstums neutralisiert. Sie zeigt nun, dass die demografische Entwicklung nur ein Teil der Dynamik ist. Als oberes Extrem liegt die Zahl für die Ingenieure (nicht in der Grafik) 1936 bei 18 Ingenieuren auf 10.000 Einwohner und verdeutlicht, dass insbesondere die technischen Karrieren weit über das Bevölkerungswachstum hinaus gewachsen sind. Als unteres Extrem kann man gut erkennen, dass die evangelische Theologie stark geschrumpft ist. Im Verhältnis zur Bevölkerung ist die Versorgung mit Pfarrern um fast die Hälfte zurückgegangen, während sie mit Ärzten und Lehrern um mehr als die Hälfte zugenommen hat. Darin spiegelt sich der große Bedeutungsverlust der Theologie auf allen Sektoren der Gesellschaft, sowohl als Sinn und Legitimation gebende Macht, die durch Wissenschaft und Bildung ersetzt wird, als auch als soziale Institution, die u.a. durch bessere Gesundheitsversorgung ersetzt wird. Dadurch zeigt sich die Abhängigkeit des Wachstums von den jeweiligen Tätigkeiten der Karrieren. In der Grafik 3 wurden die

Juristen in Richter und Rechtsanwälte getrennt. Die auffällig unterschiedliche Entwicklung der beiden Berufe zeigt über die verschiedene Entwicklung der Fächer hinaus, dass es bei Konstanthaltung der Bevölkerung auch innerhalb derselben Karriere verschiedene Wachstumsarten gibt. Es sind also über die fachlichen Inhalte der Karrieren hinaus noch weitere Wachstumsimpulse vorhanden, die im Folgenden untersucht werden sollen.

Zur Veränderung des Bedarfs gibt es neben dem Bevölkerungswachstum keine die Fächer übergreifenden Aussagen, da die akademischen Karrieren verschiedene Leistungen bereitstellen. Versucht man, verschiedene Gründe zusammenzufassen, kann man vor allem Folgendes nennen:

- In der Gesellschaft fallen im Vergleich zu vorher in bestimmten Funktionsbereichen mehr Aufgaben an, die ausschließlich von akademisch ausgebildeten Personen erledigt werden sollen (z.B. die Vorsorge als neuer ärztlicher Bereich).
- Bisher von Nichtakademikern erledigte Aufgaben sollen vermehrt von Akademikern erledigt werden (z.B. anwaltliche Vertretung vor Gericht).
- Es entstehen ganz neue Aufgaben (Funktionsbereiche), die vornehmlich von Akademikern behandelt werden sollen (z.B. Entwicklung und Herstellung von chemischen Düngemitteln).

Diese Veränderungen im Bedarf an akademischen Berufen werden oft auf die allgemeine gesellschaftliche, technische und soziale Entwicklung zurückgeführt. Aus den Ergebnissen der Professionalisierungsforschung ergibt sich nun, dass bei den betrachteten Karrieren eine professionelle Selbstbestimmbarkeit vorliegt, die sie besonders prädestiniert, auf ihren eigenen Bedarf selbst einwirken zu können. Je nachdem, wie stark dieser Einfluss ist, wird das Wachstum, das auf Grund übergreifender allgemeiner Entwicklungen geschieht, unterschiedlich stark beeinflusst werden können. Im Folgenden wird deshalb unterschieden zwischen „säkularem" Wachstum auf der einen Seite und Wachstum auf Grund der Eigenheiten der verschiedenen Professionalisierungsprozesse auf der anderen Seite. Letzteres soll mit „karrierespezifischem" Wachstum bezeichnet werden.

Es ist offenbar schwierig, diese beiden Wachstumsarten klar voneinander zu trennen. Die Professionalisierungsforschung hat aber an verschiedenen Beispielen gezeigt, dass und wie stark viele der akademischen Karrieren ihr eigenes Arbeitsfeld definieren, ausweiten, absichern und besetzen (HUERKAMP 1985, JANZ 1994, JARAUSCH 1990, APEL u.a. 1998, SIEGRIST 1996, LUNDGREEN/GRELON 1994). Von einer „Profession" kann man nach diesen Ergebnissen erst dann sprechen, wenn es die Angehörigen einer Karriere erreicht haben, den Bedarf an ihren Leistungen nicht nur den gesellschaftlichen Trends anzupassen, sondern ihn teilweise autonom gestalten zu können.

Man kann annehmen, dass sich das Ausmaß des Einflusses dabei zwischen den Karrieren unterscheidet. Ein quantitativer Vergleich des Wachstums von Karrieren kann untersuchen, ob sie stärker säkular wachsen oder nicht. Das Ausmaß des karrierespezifischen Wachstums kann dann als ein Indikator für die professionelle Autonomie der Karriere und ihre Macht dienen, die säkularen Trends zu beeinflussen. Dafür ist es aber notwendig, die beiden Wachstumsarten definitorisch voneinander abzugrenzen. Folgende Kriterien werden hier verwendet:

„Säkular" heiße die Nachfrage nach der Karriere dann, wenn sie durch Vorgänge erzeugt wird, die nicht von den Mitgliedern der Profession intendiert oder stimuliert wurden. Dazu gehören:

(1) Bevölkerungswachstum
(2) naturwissenschaftliche Erfindungen in anderen Sektoren der Gesellschaft (z.B. Röntgenstrahlen, mit Wirkung auf das Gesundheitssystem)
(3) sozialer Wandel in anderen (nichtakademischen) Sektoren (Verwaltung, Bildungsnachfrage)
(4) Funktionsveränderungen sozialer Systeme (Ersetzung von Armenfürsorge durch Sozialsysteme, Patronatsrecht durch Amtsgerichte).

„Karrierespezifisch" heiße diejenige Nachfrage nach der Karriere, die auf Grund von Vorgängen erzeugt wird, die mit den Aktivitäten der Profession zusammenhängen. Dazu gehören:

(5) Erschließung neuer Bedarfsfelder, die nicht aus der Veränderung gesellschaftlicher Funktionsfelder erklärt werden können (Jugendpastoren)
(6) Verdrängung von Nichtakademikern (z.B. nichtakademisches Heilpersonal) aus vorhandenen Berufsfeldern, Durchsetzung von neuen akademischen Ausbildungsabschlüssen
(7) Starker Einfluss über Prüfungen oder Zulassungen, die den personellen Umfang der Karriere definieren, durch starke Berufsverbände, denen der Großteil der Karrieremitglieder angehört (Apotheker, Zahnärzte).

Nennt man diejenigen, die Arbeitsplätze haben und nicht arbeitslos sind, die „Stelleninhaber", so ist zunächst festzuhalten, dass karrierespezifisches Wachstum gar nicht immer im Interesse dieser Stelleninhaber selbst ist, nämlich dann, wenn ihre Einkommenschancen oder ihre Arbeitsplatzsicherheit durch weiteres Wachstum der eine Stelle suchenden Karrieremitglieder gefährdet sind. Das tritt insbesondere in Zeiten auf, in denen auf den Hochschulen eine Überfüllung mit Studierenden einer Karriere konstatiert wird. Damit ist verbunden, dass nicht generell ein positiver Einfluss der professionellen Verbände auf das Wachstum ihrer Karriere angenommen werden kann, sondern hier jeweils nach Zeitpunkt und Karriere unterschieden werden muss. Ein Einfluss kann sogar zur Schrumpfung führen, wenn z.B. die Professionellen stark vom Studium ihrer Karriere abmahnen. Die professionellen Verbände sind nicht generell an Wachstum interessiert, sondern an Monopolisierung ihres Arbeitsmarkts, d.h. daran, dass die Dienstleistungen, die sie anbieten, nur von Angehörigen ihrer Profession angeboten werden können. Ein solches Monopol wiederum bringt ihnen aber für ihre eigenen Erträge nur dann etwas, wenn sie auch den Stellenbestand der professionellen Personen, die dieses monopolisierte Marktsegment bedienen, kontrollieren. Sie müssen also sich für beides einsetzen: die Abwehr nicht professioneller Personen vom Markt und die Kontrolle des eigenen Stellenbestands.

## 2.2 Die Unterschiede im karrierespezifischen Wachstum

Im Folgenden soll versucht werden zu quantifizieren, wie hoch der Einfluss des karrierespezifischen Wachstums bei den einzelnen Karrieren ist. Damit hätte man eine Maßzahl dafür, wie weit eine Karriere ihr eigenes Schicksal selbst bestimmen kann. An Hand der Größe dieser Maßzahl ließen sich die Karrieren unterscheiden. Wenn diese Zahl aus den vorgenannten Schwierigkeiten der definitorischen Abgrenzung auch nicht das ideale Maß ist, so ist sie doch in der langfristigen Perspektive aussagekräftig, da sie anzeigt, wie unabhängig der Stellenbestand einer Karriere von den gesellschaftlichen Trends ist. Für die meisten Karrieren ist allerdings unklar, mit welchen Indikatoren diese Maßzahl des karrierespezifischen Wachstums bestimmt werden könnte, da sie die ganze Vielzahl der in der Professionstheorie genannten Einflüsse repräsentiert.

Das quantitative Wachstum setzt sich aus den beiden Teilen des säkularen und des karrierespezifischen Wachstums zusammen. Daraus ergibt sich der Ansatz, das karrierespezifische Wachstum als Differenz zwischen dem quantitativen Wachstum insgesamt und dem säkularen Wachstum zu bestimmen. Damit steht man vor dem Problem, genauer zu definieren, was säkulares Wachstum ist. Oft wird das Wort „säkular" als Charakteristikum nur verwendet, weil tatsächlich nicht genau bestimmt werden kann, welche Merkmale es meint, z.B. als Synonym für „durch die sozialen und gesellschaftlichen Entwicklungen der letzten 200 Jahre verursacht". Säkular meint in diesem Sinn mehr als das bloße Bevölkerungswachstum. Es bedeutet, dass bestimmte Berufe deshalb wachsen, weil ihre spezifischen Dienstleistungen im Zuge der strukturellen Entwicklung der Gesellschaft stärker benötigt werden und einen höheren Bedarf erzeugen als andere. Beispiele für solche strukturellen Entwicklungen wären Alphabetisierung, Bürokratisierung und Technisierung, die auf den Bedarf an Lehrämtern, Juristen und Ingenieuren einwirkten.

Als Indikator dieser Art säkularer Trends kann die langfristige Entwicklung einer typischen spezifischen Dienstleistung oder zentralen Institution einer Karriere genommen werden. Sie fungiert als Repräsentant der allgemeinen gesellschaftlich akzeptierten Nachfrage nach den Leistungen der Karriere. Dabei ist klar, dass wegen der Datenlage keine große Auswahl besteht. Als Indikator für diese säkulare Veränderung werden hier die folgenden ausgewählt, die in unterschiedlicher Weise den Punkten 2 – 4 der obigen Kriterien genügen:

– für den Bedarf an theologischen Leistungen die verabreichten Abendmahle (Punkt 4),
– für den Bedarf an juristischen Dienstleistungen die Zivilrechtsfälle (Punkt 3),
– für die Ansprüche an die Gesundheitsversorgung die Zahl der Krankenhäuser (Punkte 2 und 4),
– für die Ansprüche an das Bildungssystem die Zahl der höheren Schüler (Punkt 3).

Um das säkulare Wachstum zu neutralisieren, wird die Entwicklung der Anzahl der Stellen einer Karriere berechnet, die pro Einheit des jeweiligen Indikators für säkulares Wachstums zur Verfügung stehen. Steigt diese Anzahl, kann die Karriere ihren Bedarf über das säkulare Wachstum hinaus steigern.

Bei den Ingenieuren ist die Bestimmung eines Indikators der „säkularen" technischen Entwicklung schwieriger. Benennt man als den säkularen Trend hier die Verbreitung der technischen Produkte, so fließen in die Entwicklung des sekundären, industriellen Sektors der Wirtschaft sowohl die Verbreitung technischer Produkte als auch die ständigen Innovationen ein. Dagegen hat man jedoch direkt einen Indikator für das nicht säkulare Wachstum: die Anzahl der angemeldeten Patente[5], die explizit eine „Erschließung neuer Bedarfsfelder" darstellt (Punkt 5 der obigen Kriterien). Für die Ingenieure wird also umgekehrt berechnet, wie sich der Anteil dieser karrierespezifischen Leistung pro Stelle des Stellenbestands entwickelt. Mit diesen Annahmen erhält man die folgende Grafik 4 des um die säkularen Trends bereinigten Wachstums bzw. bei den Ingenieuren des direkt auf die karrierespezifischen Leistungen bezogenen Wachstums, die nunmehr ein anderes Verhältnis der Karrieren zeigt.

*Grafik 4:* Wachstum relativ zu Indikatoren des säkularen Trends

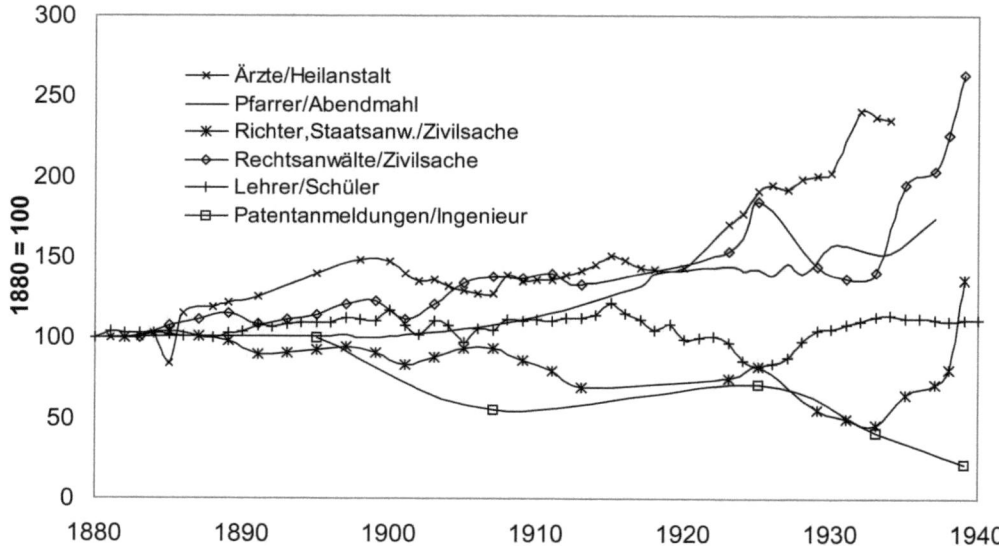

Anm. zu Grafik 4: In der Reihe der Zivilrechtsfälle wurden starke Schwankungen zwischen 1915 und 1923 und bisher unerklärliche Steigerungen der Zahlenwerte zwischen 1925 und 1931 herausgerechnet. „Ingenieure" wie in Grafik 1.

Für die Ingenieure wird deutlich, dass insbesondere bei ihnen das starke Wachstum einen säkularen Trend darstellt. Waren sie im 19. Jahrhundert noch stark an der Schaffung von angemeldeten Patenten beteiligt, so verlagerte sich ihre Tätigkeit bis zum 2. Weltkrieg von der Innovation stärker auf die Produktions- und Prozessüberwachung. Bei den Zahlen ist allerdings zu berücksichtigen, dass die Ingenieure nicht in die akademischen und Fachschulingenieure getrennt werden können, so dass der spezifische Anteil der akademischen Ingenieure an den Patenten nicht ermittelt werden kann. Der akademische Abschluss wirkte sich jedoch im Allgemeinen nicht auf die spezifischen Tätigkeiten der Ingenieure (Entwicklung oder Produktionsüberwachung), sondern eher auf die Aufstiegsmöglichkeiten in der betrieblichen Hierarchie aus (SANDER 2004).

Die Theologen haben ihren Stellenbestand relativ zu ihrer starken säkularen Schrumpfung letztlich wachsen lassen können: Es stehen mehr Theologen als früher bereit, um ihre zentrale Dienstleistung, das Abendmahl, durchführen zu können, d.h. unter Konstanthaltung der starken säkularen Bedeutungsabnahme haben sie ihre professionelle Bedeutung erhöht. Diese quantitative Entwicklung fügt sich gut ein in die Untersuchungen von Oliver JANZ, der beschreibt, wie der äußere Bedeutungsverlust der Theologie im Lauf des 19. Jahrhunderts mit einer Intensivierung der spezifisch theologischen Beschäftigungen und innerkirchlichen Beziehungen ab Ende des 19. Jahrhunderts einhergeht (JANZ 1994, S. 267f.).

Dasselbe gilt für die Ärzte: Doppelt so viele Ärzte kümmern sich am Ende des Zeitraums um den als durchschnittlich erwarteten Krankheitsstand der Bevölkerung, der natürlich durch die Erfolge in der Medizin – im Gegensatz zur Situation bei den Theologen – ebenfalls gestiegen ist. Die Lehrer dagegen haben im Laufe von 130 Jahren nichts dazu gewonnen. Die gewaltige Steigerung der Bildungsnachfrage hat nicht dazu geführt, dass im Verhältnis zu dieser Steigerung mehr Lehrer für die gestiegene Nachfrage zuständig sind. Das Lehrer-Schüler-Verhältnis im höheren Bildungssystem bleibt – bis heute übrigens – bemerkenswert konstant.

Bei den Juristen sieht man die klare Trennung zwischen dem „freien" Teil der Profession und dem beamteten Teil. Ebenso wie bei den beamteten Lehrern können trotz der stark gestiegenen Zahl der Zivilrechtsfälle die Richter diese Bedeutungssteigerung des Rechtswesens nicht in zusätzlichen Stellenbestand umsetzen. Anders dagegen bei den Rechtsanwälten. Sie erreichen, dass am Ende des Zeitraums für die gleiche Zahl Streitfälle doppelt so viele Rechtsanwälte zur Verfügung stehen wie am Anfang.

## 2.3 Das Wachstum nach Art der von der Karriere erbrachten Leistungen

Wie sind diese Unterschiede zu erklären? Offenbar ist es nicht so, dass nur die Inhalte der professionellen Tätigkeiten, also etwa die Bearbeitung juristischer Streitfälle, alleine zur Erklärung des karrierespezifischen Wachstums ausreichen. Das lässt sich an der verschiedenen Entwicklung der Juristen entweder als Richter oder als Rechtsanwälte ablesen. Neben der unterschiedlichen politischen Aufstellung der Berufsverbände soll hier der Fokus zur Beantwortung der Frage auf den Bedingungen des Arbeitsmarkts liegen. Die Professionalisierungstheorien gehen davon aus, dass sich akademische Karrieren idealtypisch auf drei verschiedene Arten in den Arbeitsmarkt integrieren:

1. Staatliche Karrieren (Beamte), „unfree professions": Hier besteht ein weitgehendes Nachfragemonopol des Staates. Es gibt keine Elastizität des Einkommens und des Stellenbestands, weil beide vom Staat, von Ländern und Kommunen politisch festgelegt werden. Dadurch besteht wenig oder keine Autonomie bei Sicherung und Verbreitung der Karriere. Die Autonomie der Profession bezieht sich nur auf die Gestaltung der Arbeitsinhalte.
2. Karrieren in wirtschaftlichen Organisationen (Angestellte): Die Absolventen müssen sich auf dem freien Arbeitsmarkt der Wirtschaft eine Stelle suchen. Soweit sie kein Monopol auf dem Arbeitsmarkt haben, sind es keine Professionen in der gebräuchlichen Definition, aber zumindest in Teilen ähnlich durch akademische Prüfungen als Eintrittsbedingungen, durch Titelschutz (oder wenigstens die ständigen Bemühungen darum), durch professionelles Ethos und durch relative Autonomie am Arbeitsplatz.
3. „free professions": Selbstständige mit wenigen oder keinen Angestellten, die individuell Experten-Dienstleistungen anbieten (the „third way": FREIDSON 2001). Ihr Arbeitsmarkt ist nur durch allgemeine Gesetze zur Gewerbeordnung und durch Verbandsabsprachen – sofern sie zustande kommen – eingeschränkt. Sie sind autonom bei der Sicherung und Verbreitung der Karriere, den Arbeitsabläufen und den Arbeitsinhalten. Schon nach Max Weber liegt die Bedeutung der freien Berufe „in der Sicherung ihrer Erwerbschancen durch Beeinflussung der Wirtschaftspolitik der politischen und anderen Verbände" (WEBER 1972:178).

Diese drei Typen verweisen aus heutiger Sicht auf die „berufliche Stellung"; im Sinn der klassischen Professionstheorie stellt nur der dritte Typ eine Profession im engsten Sinn dar.

Mit diesen Abgrenzungen lässt sich erkennen, dass die Karrieremitglieder, die ja alle eine fachlich gleiche Ausbildung haben und deren praktische Tätigkeiten sich auf dem Arbeitsmarkt ebenfalls überschneiden, doch bei den meisten Karrieren verschiedenen dieser drei beruflichen Stellungen zuzurechnen sind: Lehrer und Theologen sind nur staatliche Karrieren. Juristen sind im Staatsdienst wie auch als Rechtsanwalt oder Notar freiberuflich tätig, und es gibt auch einige Wirtschaftsjuristen in großen Firmen. Mediziner sind zum geringen Teil staatlich an Krankenhäusern angestellt und sonst überwiegend freiberuflich. Ingenieure und Chemiker sind zu einem kleinen Teil staatlich als Bauführer oder Nahrungsmittelchemiker verbeamtet, sonst zum größten Teil in der Wirtschaft angestellt, aber einige besitzen auch als Selbstständige eigene Laboratorien oder Firmen. Mit dieser Beobachtung kann man eine Neueinteilung der Personen in akademischen Karrieren vornehmen, die jetzt quer zu den Karrieren verläuft: Die Personen aus unterschiedlichen Karrieren werden jeweils in den drei verschiedenen beruflichen Stellungen zusammengezählt. Vergleicht man nun das Wachstum der drei Arten beruflicher Stellung, dann ergibt sich das Bild der Grafik 5.

*Grafik 5:* Wachstum nach Professionstyp

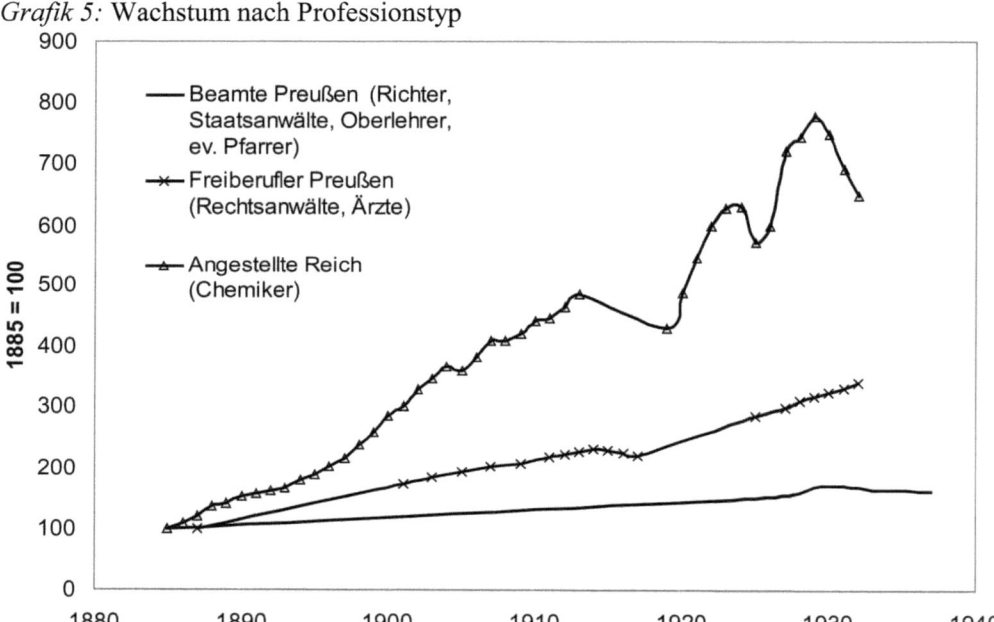

In der Grafik 5 sind alle drei beruflichen Stellungen im Jahr 1885 auf 100 gesetzt. Dadurch kann das unterschiedliche Wachstum trotz der absoluten Niveauunterschiede besser gesehen werden. Es ergibt sich ein eindeutiges Bild: die staatlichen Karrieren wachsen wenig, die free professions wachsen bis 1940 etwa auf dass Doppelte, aber die Wirtschaftskarrieren erhöhen sich noch weit darüber hinaus.

Wie ist diese Dreiteilung zu erklären? Die Daten legen folgende These nahe, die in den weiteren Ausführungen begründet wird: Die Unterschiede hängen davon ab, welche Güterart in den drei verschiedenen beruflichen Stellungen hergestellt wird. Folgende Güter entsprechen den Unterschieden in der Wachstumsdynamik:

– Die Staatsbeamten üben hoheitliche Funktionen aus. Das Gut, das sie herstellen, sind vom Staat bereit zu stellende Infrastrukturinstitutionen (Bildungseinrichtungen, Verwaltung, Sicherheit, Recht). In den modernen Staaten des Untersuchungszeitraums, die

sich vor der Bevölkerung legitimieren müssen, wächst der Umfang dieser Leistungen gleichmäßig mit der Bevölkerung an, um eine gleichberechtigte Verteilung zu diesen Leistungen aufrecht zu erhalten. Der Umfang der Arbeit in den staatlichen Karrieren steigt deshalb etwa gleichmäßig mit der Rate der Bevölkerung.
- Die Freiberufler stellen dagegen individuelle Dienstleistungen her: Sie verschaffen einzelnen Personen, ihren Klienten, Güter, die nur von diesen genutzt werden können, z.B. Gesundheit oder Recht. Selbstständige Chemiker oder Ingenieure können auch dazu gerechnet werden, wenn sie in ihren Labors oder Firmen chemische Expertisen oder technische Entwicklungen Klientenzentriert bereitstellen – im Unterschied zu großen Firmen, die für den Gütermarkt produzieren. Ihr Wachstumspotential ist zwar größer als das Bevölkerungswachstum, aber dadurch letztlich begrenzt, zum einen, weil es oft „negative" Güter sind, die man nur benötigt, wenn etwas nicht in Ordnung ist – wenn etwa alle sich gesund oder im Recht fühlen, werden nur noch wenig ärztliche oder rechtsanwaltliche Dienstleistungen nachgefragt. Zum anderen sind es im Allgemeinen echte Dienstleistungen, die eine bestimmte zeitliche Präsenz des Klienten erfordern. Sie können deshalb ihr Wachstum zwar über das Bevölkerungswachstum hinaus steigern, aber nicht weit darüber hinaus.
- Die im Wirtschaftsprozess angestellten Akademiker produzieren mit ihren Leistungen letztlich Investitions- oder Konsumgüter, die nur durch die Kaufkraft des Marktes begrenzt sind und deren Umfang im Prinzip beliebig gesteigert werden kann. Sie haben deshalb das größte Wachstumspotential, weil die Nachfrage nach ihren Leistungen nicht durch das Bevölkerungswachstum begrenzt ist – jeder kann auch drei Autos haben –, und sie die Nachfrage nach ihren Leistungen auch selbst durch erfolgreiche Tätigkeit steigern können, indem sie das Wirtschaftswachstum für ihre Produkte steigern, solange keine Marktsättigung besteht.

Damit wird klar, dass das Wachstum der Karrieren nicht in erster Linie durch den fachlichen Inhalt ihrer Tätigkeit oder durch die Art der Professionalisierung begrenzt wird, sondern durch die Art des Guts bzw. der Leistung, die die Karriere jeweils herstellt. Diese Art der Leistung hängt oft mit der Art der Professionalisierung zusammen. Dennoch ist sie es allein, so die These, die das langfristige Wachstum bestimmt. Ein Beleg dafür sind die Einzelfälle von Karrieren, bei denen die Art der Leistung und die berufliche Stellung nicht in das obige Schema passen: Das sind die Theologen in der zweiten Hälfte des betrachteten Zeitraums und die Apotheker. Beide stellen „Güter" her, die nicht – wie bei den anderen Selbstständigen bzw. den Staatsbeamten – ad personam erbracht werden oder durch die Bevölkerungszahl begrenzt sind.

Solange die Theologen die staatstragende Religion verkörpern und staatliche Funktionen erfüllen, wachsen sie wie die anderen Beamten auch. Mit der zunehmenden Trennung von Staat und Religion verändert sich ihre Leistung jedoch von einer staatlichen Funktion zu einem frei verfügbaren Gut, dessen Umfang und Wert nur durch die Nachfrage bestimmt wird. Da sie jedoch von ihrer beruflichen Stellung her weiterhin den Beamten gleichgestellt bleiben und deshalb keine wesentliche Veränderung des Stellenbestands erfahren, führt das bei einer starken säkularen Abnahme ihrer Dienste zu einer Verbesserung der Versorgung mit theologischen Dienstleistungen für die, die sie beanspruchen (s. Grafik 4: Theologen vs. Lehrer/Richter).

Die Apotheker sind wie die Ärzte und Zahnärzte Selbstständige, aber ihre Leistungen sind nicht Klientenspezifisch: Die Güter, die sie herstellen, die Arzneien, werden letztlich auf einem Gütermarkt verkauft. Wenn die Gesundheitsversorgung sich verbessert und mehr Menschen häufiger zum Arzt gehen, muss es mehr Ärzte geben, weil ein Arzt nur begrenzt mehrere Patienten auf einmal behandeln kann – es muss pro Patient ein gewisses Zeitkontingent bereit stehen. Wenn dadurch aber auch mehr Arzneimittel verlangt werden, kann ihre Produktion gesteigert werden, ohne dass der Stellenbestand der Apotheker in gleichem Maße steigen muss – ob ich die Rezeptur für 50 oder für 500 Mittel mische, macht zeitlich wenig Unterschied. Anders als bei den Ärzten würde deshalb eine Vermehrung der Apotheker als Folge der gestiegenen Gesundheitsversorgung im gleichen Maß wie bei den Ärzten zur Verarmung der Apotheker führen, weil der Markt mit Arzneien überfüllt wäre. Die Apotheker haben im Untersuchungszeitraum ihr Privileg der Vererbbarkeit der Apothekenkonzessionen bis 1894 halten können und danach durch einen schlagkräftigen Einheitsverband einen erheblichen Einfluss auf die Konzessionierung gehabt. Das ist im Licht dieser Betrachtung nur folgerichtig und stellt die Folge, nicht die Ursache dieser Umstände dar. Dadurch haben die Apotheker trotz der wachsenden Nachfrage nach Gesundheitsdienstleistungen die geringste Steigerung des Stellenbestands (s. Grafik 6).

*Grafik 6:* Gesundheitsberufe auf 10.000 Ew., Preußen

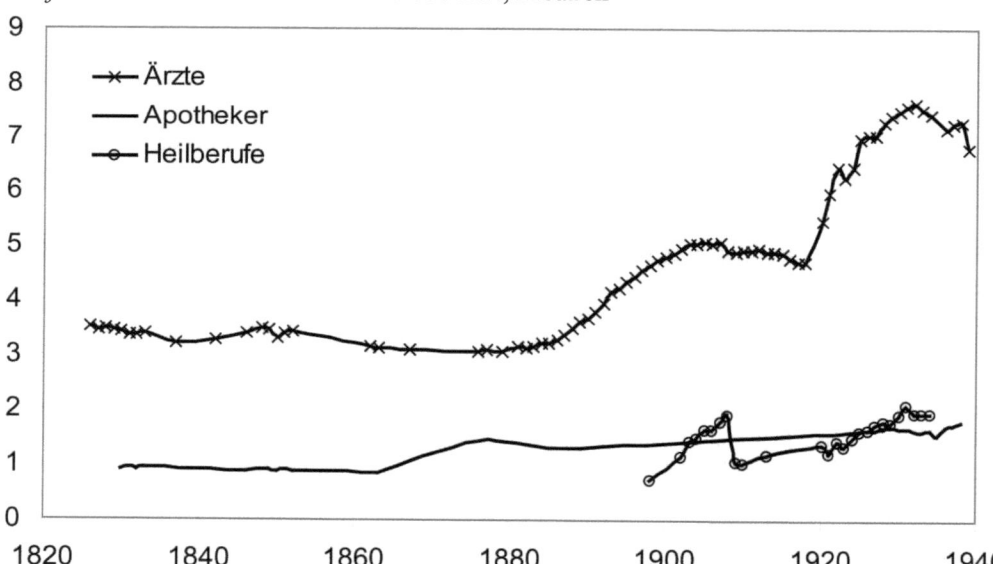

Eine dritte Beobachtung bei den Ärzten bestätigt ebenfalls die These. Vor 1869, als eine neue Gewerbeordnung für Preußen beschlossen wurde (die nachher auch für das Reich übernommen wurde), war es den akademisch gebildeten Ärzten gelungen, einen Teil der nicht akademischen Heilberufe zu verdrängen und durch ihre eigenen akademischen Stellen zu ersetzen. Durch die Aufhebung des so genannten „Kurpfuschereiverbots" 1869 erstarkte erneut die Konkurrenz der nicht akademischen Heilberufe, was jahrzehntelange Klagen der ärztlichen Berufsverbände über diesen Zustand nach sich zog (SPREE 1989, HUERKAMP 1985). Erst 1937 konnte mit Unterstützung des Naziregimes dieser Paragraf wieder geändert werden. Das Wachstum der akademischen Ärzte, das nach 1867 wegen dieser Konkurrenz zunächst 20 Jahre stagnierte, begann jedoch nach 1890 stark zu steigen und die Vergleichskarriere der Juristen wieder einzuholen, die bei der Gerichtsvertretung keine solche Konkurrenz hatten. Die Einführung der gesetzlichen Krankenkasse (1886) kann nicht der alleinige Grund dafür gewesen sein, da die Prozentsätze der Kassenpatienten an den Einnahmen der akademischen Ärzte bis in die Weimarer Republik hinein klein blieben (20% 1911, HUERKAMP/SPREE 1982, S. 111) und sich die Ärzteverbände lange Zeit den Krankenkassen widersetzten.

Als Grund kommt dagegen die Veränderung des medizinischen Guts, der Wiederherstellung von Gesundheit, in diesem Zeitraum in Frage. Die bahnbrechenden wissenschaftlichen medizinischen Erkenntnisse dieser Zeit, von Röntgen und Hygiene zu Impfungen und chemischen Pharmazeutika, wurden ausschließlich von akademischen Ärzten angewendet (HUERKAMP 1989, S. 64). Dadurch wurden die nicht akademischen Heilberufe und die akademischen Ärzte ab diesem Zeitpunkt zu Anbietern von zwei verschiedenen Gütern: Die Heilberufe boten die herkömmliche Medizin an, aber die akademischen Ärzte boten nun Methoden an, die wissenschaftlich abgesicherte Erfolgschancen vorzuweisen hatten. HUERKAMP/SPREE heben hervor, dass davor das Vertrauen der allgemeinen Bevölkerung in die akademischen Ärzte nicht höher war als in die traditionellen Heilberufe, weil deren Heilungschancen vorher nicht von den akademischen Behandlungen übertroffen wurden (1982, S. 105). Damit konnten die Ärzte ab diesem Zeitpunkt ihren Anteil am Gesundheitsmarkt erheblich steigern, wie Grafik 6 zeigt. Nicht nur die Aktivitäten der Profession selbst oder säkulare Einflüsse in Form einer Veränderung der Bedeutung von Gesundheit, sondern vor allem die Veränderung der Güterart steht auch hier hinter den Wachstumspotentialen.

Hinter der Veränderung der Qualität der Leistung steht die Veränderung des professionellen Wissens durch den naturwissenschaftlich-technischen Fortschritt. In dieser Hinsicht stellen die Mediziner den „mittleren" Fall zwischen Juristen und Lehrern auf der einen Seite und Ingenieuren und Chemikern auf der anderen Seite dar. Das Professionswissen von Juristen und Lehrern wurde nur marginal durch den naturwissenschaftlich-technischen Fortschritt verändert. Der Integration des tradierten „Erfahrungswissens" in wissenschaftliches Wissen an den modernen Universitäten standen in diesen Professionen zwar politische, aber keine inhaltlichen Schwierigkeiten entgegen. Trotz der Meinung einflussreicher Rechtsexperten wie Rudolf GNEIST und Wilhelm GRIMM beharrte das preußische Justizministerium darauf, dass das Land- und Prozessrecht weiterhin exklusiv der praktischen Ausbildung vorbehalten blieb, um die Vermittlung politisch missliebiger Inhalte ausschließen zu können (DIPPER 2000). Die Einbeziehung pädagogischer Erkenntnisse in die Lehrerausbildung erfolgte ebenfalls über die Veränderung der praktischen Ausbildungsphasen (MANDEL 1989). Für Ingenieure und Chemiker dagegen war das moderne naturwissenschaftliche Wissen, das dem technischen Fortschritt zu Grunde liegt, für die Konstituierung ihrer Karrieren zentral. Erst durch die Vermittlung dieser Art von Wissen grenzten sich akademische von traditionellen Baumeistern, Pharmazeuten etc. ab. Die Mediziner in der Mitte verfügten einerseits seit Jahrhunderten über das traditionelle Wissen, das sie aber mit den Laienmedizinern teilen mussten, bis sie dann andererseits durch die technischen Entwicklungen des 19. Jahrhunderts ihren professionellen Wissensbestand revolutionieren konnten[6].

Zu der These passt auch die Definition der professionellen Leistung, die in der neueren Professionalisierungstheorie eine Rolle spielt: Bezahlt wird der Professionelle für die Problemlösung, nicht für den Weg dahin (MIEG 2003, S. 26). Wenn das Problem aber nur jeweils für eine Person gelöst werden kann wie bei den meisten freien Berufen, ist eine Erhöhung der Problemlösungskapazität und damit des professionellen Angebots immer nur über eine Erhöhung der zu behandelnden Probleme beim einzelnen Individuum möglich. Diese sind aber letztlich nicht beliebig über die Zahl der Individuen hinaus steigerbar, weil jeder natürlich lieber keine medizinischen oder rechtlichen Probleme hat.

Eine weitere Rolle in der Professionalisierungstheorie spielen die funktionellen Äquivalente, die es zu den von Professionellen hergestellten Gütern gibt. Funktionelle Äquivalente sind Experten, Waren oder Organisationen (ABBOTT 1991). Je mehr eine professionelle Leistung standardisierbar ist, desto eher lassen sich funktionelle Äquivalente finden. Sie sind um so leichter standardisierbar, je weniger sie ein Vertrauensverhältnis zu den Klienten bzw. intensive menschliche Kommunikation voraussetzen. Am ehesten erfüllen die Ingenieurstätigkeiten die Bedingungen für funktionelle Äquivalente: sie sind zum Teil ersetzbar durch Waren, z.B. durch Messgeräte oder verlässlichere Produktionsmaschinen. Weniger funktionelle Äquivalente lassen sich für die freien Berufe finden. Sie können manchmal durch andere Experten ersetzt werden, z.B. durch Heilpersonen, juristische Laienberater oder Ratgeberliteratur. Am wenigsten funktionelle Äquivalente gibt es für staatliche Hoheitsfunktionen, da sie am meisten auf Vertrauensverhältnissen beruhen: Auf Lehrer und Richter müssen die Bürger und der Staat vertrauen können, sie können höchstens durch andere Lehrer und Richter oder andere in den entsprechenden Organisationen gleichgestellte Personen ersetzt werden. Im Umkehrschluss bedeutet aber die Standardisierbarkeit einer Tätigkeit auch die Möglichkeit, sie an vielen Orten und Gelegenheiten einsetzen zu können, während eine stark individualisierte Tätigkeit wenig übertragbar ist. Daraus folgt wiederum, dass die in der Wirtschaft angestellten Akademiker die höchsten Wachstumschancen haben, gefolgt von den freien Berufen und den Beamten.

## 3 Begrenzungen des Karrierewachstums: Bildungssystem und akademische Karrieren

Nach dem synchronen Vergleich der Karrieren und ihres absoluten Wachstums folgen im Weiteren Fragestellungen nach den dynamischen Unterschieden, d.h. Fragen der Art, welche Karriere wächst zuerst, in welchem Rhythmus wachsen die Karrieren etc.

### 3.1 Einschub: Methodik des Vergleichs von Dynamiken

Da alle Zeitreihen auf Grund der säkularen Trends, die auf die Karrieren unterschiedlich wirken, verschiedene Niveauerhöhungen erfahren, wird zum Vergleich eine statistische Maßzahl benötigt, die Wachstum und Schrumpfung auf unterschiedlichen absoluten Niveaus vergleichbar macht. Hier wird dafür die Wachstumsrate gewählt. Sie hat erstens den Vorteil, einfach interpretierbar zu sein. Zweitens stellt sie neben ihrer ursprünglichen Interpretation eine zweite bereit: als relative Zykluswerte um einen exponentiellen Trend. Dabei sind die Zyklen um einen Viertel Zyklus zeitverschoben. Für eine Zeitreihe $x_t$ gilt die Schätzung:

$$\text{Wachstumsrate}_t = (x_t - x_{t-1}) / x_t \approx \log(x_t) - \log(x_{t-1}) \quad \text{(für nicht zu große Differenzen } x_t - x_{t-1})$$

*Grafik 7a:* Zyklus relativ zu exponentiellem Trend

*Grafik 7b:* Trendber. Zyklus, Wachstumsraten(+)

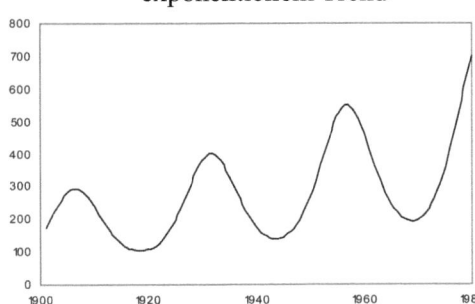
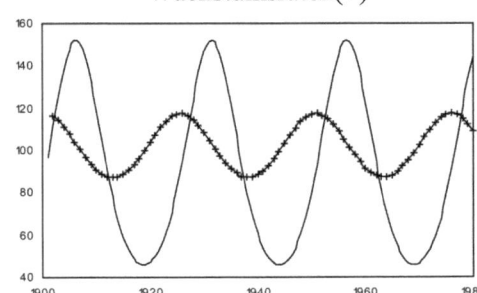

In der Grafik 7a sieht man eine Zeitreihe, die aus Wachstum mit multiplikativ überlagerten Zyklen besteht. In der Grafik 7b rechts sind erstens die relativen Zykluswerte dieser Zeitreihe nach exponentieller Trendbereinigung und zweitens die jeweilige Wachstumsrate dargestellt. Man erkennt, dass beide berechneten statistischen Reihen dieselbe Informationen über die Originalzeitreihe enthalten und sie nur um einen Viertel Zyklus in der Zeit verschoben darstellen. Deshalb sind Wachstumsraten gut geeignet, die Dynamik einer Zeitreihe darzustellen. Im Folgenden wird daher mit dem Vergleich von Wachstumsraten gearbeitet, wenn unterschiedliche Dynamiken analysiert werden sollen. Weitere komplexe Zeitreihenanalysetechniken wie Filterungen, Modellierungen oder Spektralanalysen sind auf Grund der Kürze der Zeitreihen hier oft nicht möglich und würden allenfalls die „by eye" gefundenen Einsichten statistisch absichern[7].

Vor Bildung der Wachstumsraten wurden fehlende Werte der Zeitreihen linear interpoliert. Lineare Interpolation ergibt dann Fehler, wenn über Irregularitäten wie Kriege oder Gebietsveränderungen hinweg interpoliert wird, was hier vermieden worden ist. Die Daten im und nach dem Weltkrieg sind nicht für alle Zeitreihen irregulär, z.B. nicht für die Stellenbestandsdaten, die sich ja durch Kriegseinwirkung nur gering verändern, jedoch für abgelegte akademische Prüfungen, Studierende und höhere Schüler. Mit Modellierung lässt sich idealtypisch Folgendes zeigen: Wenn die Zahl der Prüfungen in einem Zeitraum von k Kriegsjahren um den Anteil r fällt, dann wird nach Beendigung des Krieges die Prüfungszahl jedes Jahr wieder normal sein, bis genau eine Studiendauer nach Beendigung des Krieges die Prüfungskohorte um den Anteil k(1-r) erhöht ist. Ebenso wird die Zahl der Studierenden nach dem Krieg eine Studiendauerlänge lang um k(1-r) erhöht sein, wenn sie in k Kriegsjahren um den Anteil r gesunken war. Diese Erhöhung ist in der Tat bei den Daten festzustellen. Entsprechend diesem Modell wurden die Prüfungs- und Studentendaten im Zeitraum 1914 bis 1923 „normalisiert". Anschließend wurden jährliche Wachstumsraten gebildet und davon das (geometrische) Mittel über 6 Jahre gebildet. Das ist notwendig, weil Wachstumsraten starke jährliche Schwankungen aufweisen, die das Wachstum der Wachstumsraten verdecken. 6 Jahre wurden als Basis genommen, weil damit die 1. Weltkriegszeit mit einer einzigen „Stützstelle" überbrückt werden kann, die nur das letzte Jahr vor und das erste nach dem Krieg einbezieht.

## 3.2 Karrierewachstum und Wachstum des höheren Bildungssystems

Der Arbeitsmarkt von Professionen ist im Wesentlichen dadurch geschützt, dass man eine akademische Abschlussprüfung für den Berufszugang benötigt. Sie steht als letzte Prüfung am Ende eines langen Durchgangs durch das Bildungssystem. Von daher ist es nahe liegend, dass das den akademischen Karrieren vorgelagerte Bildungssystem eine Voraussetzung und Begrenzung für das Wachstum der akademischen Karrieren darstellt. Eine Überprüfung dieser Annahme kann auf Theorien der Wachstumsphasen des höheren Bildungssystems zurückgreifen, die vor allem von der Lüneburger Forschergruppe um Axel NATH entwickelt worden sind (2000, 2001). Sie geht nach der Analyse von langen Zeitreihen des höheren Bildungssystems davon aus, dass sich hier Phasen von Stagnation und Wachstum abwechseln, und zwar in einem Rhythmus von etwa einer Generation von 30 Jahren (siehe auch den Beitrag von METZ in diesem Band). Damit verbunden sei ein so genanntes „Selektionsklima", das auf alle Übergänge innerhalb des Bildungssystems gleichzeitig einwirkt und dort die Übergangsquoten und die relative Bildungsbeteiligung beeinflusst.

Diese Wachstums- und Stagnationsphasen des höheren Bildungssystems stimulieren und begrenzen das Wachstum der akademischen Karrieren, weil damit sowohl das Angebot an Abiturienten bestimmt als auch generell auf die Beteiligung an universitären Studien eingewirkt wird. Wachstumsphasen sind ein Indikator für ein „positives Selektionsklima" der Bildungsbeteiligung, in dem nicht nur die Übergangsquoten in die Gymnasien, sondern generell alle Übertritte in höhere Bildungsgänge sich gleichzeitig erhöhen (NATH/DARTENNE/OELERICH 2004). Sie beginnen auf Grund eines Mangels an Abgängern des höheren Bildungssystems, der zu Reformen und Ausbau des höheren Bildungssystems führt. Am Ende von Wachstumsphasen läuft das höhere Bildungssystem sozusagen auf vollen Touren und erreicht eine Spitze an Abgängern, die in die akademischen Karrieren strömen. Die anschließende Stagnationsphase des Bildungssystems ist deshalb gekoppelt mit einer so genannten „Breitenwachstums-Phase" der akademischen Karrieren, während der die Abgänger die säkularen und karrierespezifischen Wachstumspotentiale in allen akademischen Karrieren ausfüllen. Weil aber die Zahl der Abgänger nun stagniert, gibt es am Ende der Stagnationsphasen wiederum zu wenig Abgänger aus dem höheren Bildungssystem, und der Mechanismus beginnt von vorn (MÜLLER-BENEDICT 2002).

Diese Theorie eines langfristig wirkenden „Schwungrads" des Karrierewachstums besitzt deswegen eine Plausibilität, weil sie einen so langen zeitlichen Rahmen umfasst, dass ihre Auswirkungen weder durch Politik bearbeitbar sind noch sich von singulären historischen Ereignissen beeindrucken lassen. Es handelt sich hier um Konjunkturen von ca. 60 Jahren, nämlich 30 Jahren Wachstums- und 30 Jahren Stagnationsphasen. Und zweitens handelt es sich wegen des Umfangs der betrachteten Aggregate – das ganze höhere Bildungssystem und die Gesamtzahl an Karrieremitgliedern – um Größen, die zur Veränderung lange Zeiträume erfordern. Ein Ausbau des Bildungssystems etwa braucht lange Zeit, Schulbauten und Personalausbau etc., und die Mitgliederzahl der Karrieren ändert sich beim Ersatzbedarf im Generationenrhythmus, weil professionelle Berufe immer lebenslange Berufe sind. Aus beiden Gründen ist zu erwarten, dass es dort sehr beharrliche Bewegungen gibt, die, wenn überhaupt, dann nur sehr langfristige Konjunkturen erzeugen.

Aus der Richtung der Bildungsökonomie sind in neuester Zeit ähnliche langfristige Konjunkturen beschrieben worden. Claude DIEBOLT (2000) hat lange Zeitreihen der Bildungsausgaben für vier Länder untersucht und ist ebenfalls auf 50- bis 60jährige Zyklen gestoßen. Solche Zyklen sind als KONDRATIEFF-Zyklen bekannt, obwohl mit der Benennung leider verschiedene Theorien über die Ursachen verbunden werden. DIEBOLT deutet die Zyklen der Bildungsausgaben in der ersten Phase vom 19. Jahrhundert bis zum 2. Weltkrieg als „nachholende" Investitionen in den Bedarf einer wachsenden Wirtschaft an Akademikern, dagegen ab dem 2. Weltkrieg anders, nämlich als vorausschauende „Basisinvestitionen" zur Wachstumsförderung. Wenn man erhöhte Bildungsausgaben mit Wachstum des Bildungssystems gleichsetzt, ergibt sich auch aus DIEBOLTs Analyse, dass das Wachstum des Bildungssystems – für beide Fälle – um eine längere Phase zeitversetzt zum Wachstum der akademischen Karrieren stattfinden muss.

Um diese Behauptung einer langfristigen Aufeinanderfolge von vorangehenden Wachstumsphasen des Bildungssystems und anschließenden Wachstumsphasen der Karrieren zu analysieren, wird die Wachstumsrate des höheren Bildungssystems mit der Wachstumsrate der aufsummierten vier klassischen Karrieren verglichen. Als Indikator für den Ausbau des höheren Bildungssystems wird hier der Lüneburger Gruppe gefolgt und die Zahl der Schüler in höheren Knabenanstalten genommen (NATH 2001). Als direkte Eingangsstufe der akademischen Karrieren kämen auch die Abiturienten in Betracht. Bei der These geht es jedoch um das höhere Bildungssystem als Ganzes und das durch seine Phasen verursachte „Selektionsklima", das die Übergänge in die akademischen Studien generell erhöht, z.B. auch durch die Studienaufnahme von Personen, die schon das Abitur besitzen, aber danach nicht sofort studiert haben[8].

*Grafik 8:* Wachstumsraten sekundäres Bildungssystem und akademische Berufe

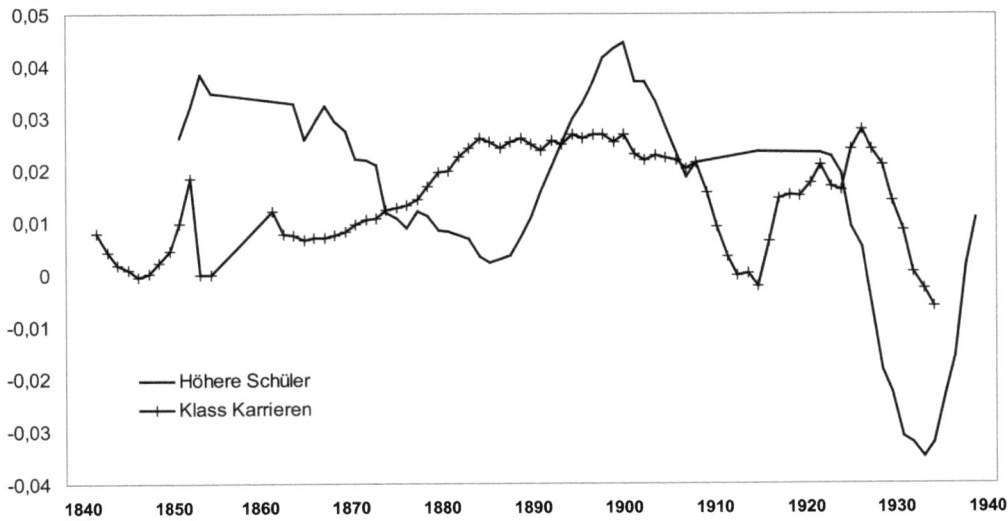

Anm. zu Grafik 8: Wegen Gebietsveränderungen 1866/67 und 1919 und wegen Weltkriegseinflüssen (nur Schülerdaten) sind in diesen Zeiträumen nur Stützpunkte berechnet. Zur Berechnung der Wachstumsraten und zur Versetzung der Maxima s. Abschnitt 3.1.

Die Daten (Grafik 8) zeigen tatsächlich einen inversen Verlauf des Wachstums des höheren Bildungssystems einerseits und der vier klassischen akademischen Karrieren andererseits. Zu berücksichtigen ist, dass in dieser Darstellung (Wachstumsraten) die Wachstumsphasen durch die „Berge" von einem mittleren Wendepunkt zum nächsten mittleren Wendepunkt und die Stagnationsphasen durch die entsprechenden „Täler" dargestellt sind. Es ergibt sich, dass die Wachstumsphasen des höheren Bildungssystems (von 1860 bis Ende der 1870er, Ende der 1890er bis Anfang der 1920er Jahre) mit Schrumpfungsphasen der Karrieren einhergingen und umgekehrt.

Dieser Befund lässt jedenfalls die Interpretation zu, dass vor einer Wachstumsphase der akademischen Karrieren eine Wachstumsphase des höheren Bildungssystems stattgefunden hat. Damit wäre sozusagen eine Limitierung des Wachstums der akademischen Karrieren bestimmt: Es kann sich – gleichgültig, ob karrierespezifisch oder säkular – nur eine Zeitlang halten, bis die Kapazität der Abgänger des höheren Bildungssystems unter die Grenze fällt, die eine Aufrechterhaltung des Wachstumsniveaus benötigen würde. In diese Betrachtung sind nur die klassischen Karrieren eingeflossen, und zwar deswegen, weil die Zeitreihen der Wirtschaftskarrieren nicht lang genug sind. Nimmt man die Chemiker und Ingenieure hinzu, ergibt sich das Bild der Grafik 9.

*Grafik 9:* Wachstumsraten, sekundäres Bildungssystem und technische Berufs

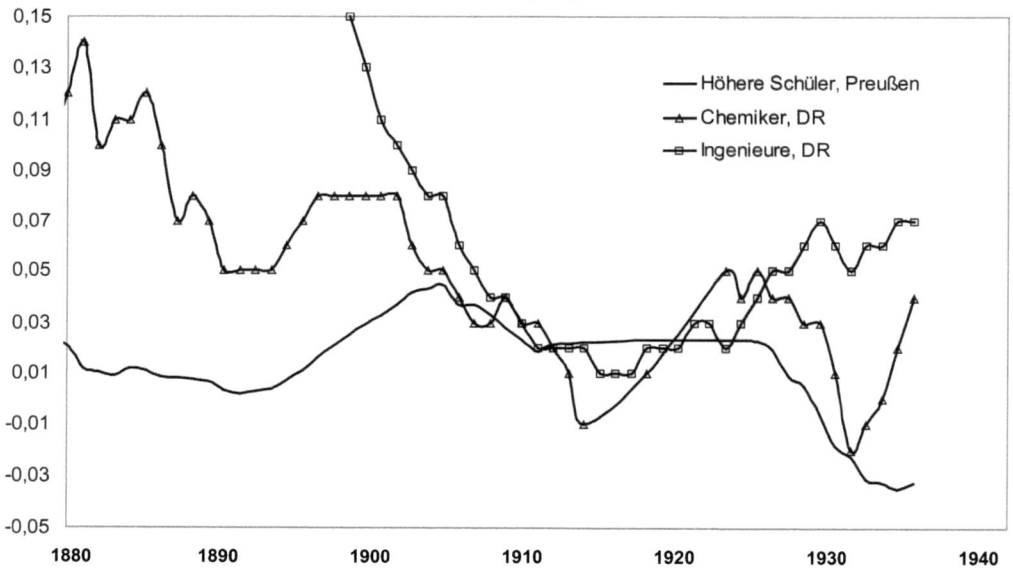

Anm. zu Grafik 9: „Ingenieure" wie in Grafik 1. Zur Berechnung der Wachstumsraten und zur Versetzung der Maxima s. Abschnitt 3.1.

Die Daten reichen nicht aus, um eindeutige Schlüsse zuzulassen. Es scheint, als ob bei den von der Wirtschaft abhängigen Karrieren noch weitere Einflüsse im Spiel sind. Die Zyklen sind kürzer, so dass sie nicht auf die Phasen des Bildungssystems passen.

## 4 Der Verlauf des Karrierewachstums: Ausdifferenzierung der Karrieren

Im Vorangehenden wurde gezeigt, dass das Wachstum der Karrieren einem Rhythmus unterliegt, der insbesondere Phasen von Breitenwachstum beinhaltet, in denen ein „Angebotsschub" an Akademikern bzw. Überfüllung mit Akademikern existiert. Es stellt sich die Frage, ob und wie diese Wachstumsphasen von den Karrieren genutzt werden, um ihre professionelle Stellung zu stärken und ihren Einfluss auf dem Arbeitsmarkt zu vergrößern. Eine Theorie dazu wurde insbesondere von Hartmut TITZE (2000) vertreten. Sie besagt, dass gerade in diesen Phasen wegen des Angebotsdrucks an Absolventen der Karrieren und der Überfüllung auf dem Arbeitsmarkt neue Berufsfelder erschlossen werden, diese Phasen also als „Katalysatoren" der Akademisierung wirken.

Die folgende Argumentation beruht auf der Periodisierung des Zeitverlaufs in Mangel- und Überfüllungsphasen der einzelnen Karrieren. Insofern ist sie leicht angreifbar, wenn man der vorgestellten Einteilung nicht zustimmt. Zum einen lässt sich diese Einteilung durch die hier auch verschiedentlich angewandten Indikatoren rechtfertigen: die steigenden und fallenden Wachstumsraten verschiedener Karrierestufen (Studierende[9], Prüfungen, Bestandszahlen). Zum anderen sind die zeitgenössischen Wahrnehmungen heranzuziehen (TITZE 1990). Die historischen wirtschaftlichen Konjunkturen sind ebenfalls oft empirisch untersucht und beschrieben worden (HOFFMANN 1965, METZ/SPREE 1981, METZ 1998[10]). Dabei lässt sich zwischen den verschiedenen Autoren keine vollständige Übereinstimmung herstellen, jedoch lassen sich immerhin längere Zeiträume abgrenzen, in denen Mangel bzw. Überfüllung vorherrscht. Unscharf sind dagegen die Angaben über die jeweiligen Umschlagpunkte von einem in den anderen Zustand, also die Grenzen der jeweiligen Zeiträume.

Professionen streben grundsätzlich zu immer größeren „Zuständigkeitsspektren", die sie oft gegenüber anderen akademischen Qualifikationsgruppen, also Absolventen benachbarter Fächer oder auch gegenüber nicht akademisch Ausgebildeten, verteidigen müssen (ABBOTT 2001). Neue Tätigkeitsfelder können erschlossen werden einmal, indem vorhandene nicht akademische Berufe durch Akademiker verdrängt werden, was oft vertikale Ausdifferenzierung genannt wird, und zweitens, indem ganz neue, bisher nicht vorhandene Betätigungsmöglichkeiten entwickelt werden, was horizontale Ausdifferenzierung heißen soll. Ein Beispiel für den ersten Fall wäre die Verdrängung der Wundärzte durch die akademischen Ärzte seit den 1820er Jahren. Hierbei waren sie zunächst erfolgreich: Bis zur Mitte des 19. Jahrhunderts waren die Wundärzte 2. Klasse verdrängt und wurden auch formal abgeschafft, ihre chirurgischen Aufgaben wurden von den Wundärzten 1. Klasse übernommen, deren Nachwuchs mit der Prüfungsordnung von 1869, der reichsweiten Vereinheitlichung des akademischen Medizinerstands, ebenfalls endete (SANDER 1989). Durch die Aufhebung des „Kurpfuschereiverbots" 1867 gelangten die akademischen Ärzte jedoch wieder in die Konkurrenz zu anderen nicht akademischen Heilberufen. Ein weiteres Beispiel hierfür ist der Ausbau der Gewerbegerichtsbarkeit zwischen 1890 und den 1920er Jahren, als die Richter und Rechtsanwälte ihr vorheriges Monopol für die Vertretung vor Gericht in der Folge mit nicht volljuristisch ausgebildeten anderen Akademikern teilen mussten, sowohl in den Gewerbegerichten, die mit Laien ohne akademische Ausbildung als Schöffen besetzt wurden, als auch mit Diplomingenieuren, Chemikern und Physikern als Patentanwälten.

Ein Beispiel für den zweiten Fall ist die „Innere Mission", die zwar schon seit der Reformation existierte, aber um 1840 insbesondere von Wichern als neue kirchliche Bewegung ins Leben gerufen wurde. Sie gehörte dann zunehmend zum Aufgabengebiet aller Pfarrer und ersetzte die Armenfürsorge nach und nach durch Jugend- und Frauenarbeit und Sozialarbeitsähnliche Aufgaben mit kirchlicher Mission. Indem sie wichtiges Thema der kirchlichen Veranstaltungen und Ziele wurde, machte sie einen neuen Aufgabenbereich aus, der auch institutionelle Veränderungen nach sich zog. Ein weiteres Beispiel ist die Geburtsheilkunde. Obwohl mit den Hebammen seit alters her eine Berufsgruppe existierte, die für Geburten zuständig war, wurde ab den 1890er Jahren die Überwachung der Geburten durch akademische Ärzte übernommen, und die Hebammen verloren ihr Monopol. Dadurch erweiterten die Ärzte ihr Betätigungsfeld um eine weitere zentrale Funktion. Dabei bedeuten neue Berufsfelder nicht immer eine Verdrängung früherer nicht akademischer Berufe. Im Fall der Geburtshilfe beispielsweise ist die Etablierung der Frauenheilkunde in der Geburtshilfe nicht mit einem Rückgang der Hebammen verbunden, sondern durch die verbesserte Gesundheitsfürsorge werden nun beide zusammen bei einer Geburt zuständig (LOETZ 1993). Ebenso führte die Innere Mission nicht zur Verdrängung von nicht akademischen kirchlichen Berufen, sondern im Gegenteil wurde dadurch die Diakonissenausbildung verstärkt, wogegen so gut wie keine eigenständigen Pfarrstellen entstanden (Fliegende Blätter 1877, S. 67.)

Beide Wege führen letztlich zu einer fachlichen Differenzierung der beruflichen Tätigkeiten. Den Anfang einer fachlichen Differenzierung festzustellen, ist auf mehreren Ebenen möglich. Zunächst kann es neue Tätigkeiten für die Berufstätigen geben, die zusätzlich zum vorhandenen Kanon von denselben Personen angeboten werden. Dann kann es dazu kommen, dass sich Spezialisten etablieren, die ausschließlich die neuen Tätigkeiten anbieten, so dass dadurch ein neuer Beruf entsteht. Schließlich kann es auch Titel und Titelschutz für diese neuen Tätigkeiten geben. Und nicht zuletzt können sie dann auch als eigene Fächer in die akademische Ausbildung einfließen. Die Reihenfolge kann aber auch genau anders herum ablaufen.

Als Beispiel für den ersten Fall können viele Facharztspezialisierungen dienen, deren spätere Fachgebiete zunächst von allen Medizinern behandelt werden. Die Augenheilkunde wurde nach der Erfindung des Augenspiegels zunächst einfach in den allgemeinen Kanon der Tätigkeiten der Wundärzte aufgenommen. In der Prüfungsordnung von 1869 wurde die ophtalmiatrische ebenso wie die chirurgische Prüfung Teil der allgemeinen Ausbildung. Als Spezialist wies man sich aus durch eine Zweitapprobation, die nur zusätzlich zur allgemeinen Approbation möglich war. Erst 1908 wurden Spezialgebiete für Kassenärzte zugelassen und erst 1924 die einzelnen Facharztgruppen und ihre Ausbildungs- und Approbationsbedingungen fixiert. Ebenso ging die in den 1960er Jahren geschaffene Konstruktion der Fachanwälte von bestehenden berufspraktischen Spezialisierungen auf der Basis entsprechender Segmentierungen des Arbeitsmarktes aus. Vorher konnte sich unter den Rechtsanwälten jedermann einen Tätigkeitsschwerpunkt auf die Visitenkarte schreiben. Die so in Einzelfällen ohne formale Unterfütterung erfolgte Fachspezialisierung konnte sich nur in bestimmten Situationen, z.B. bei Anwälten in Großstädten mit einer Handels- und Gewerbekammer, durchsetzen (SIEGRIST 1996).

Ein Beispiel für den anderen Weg ist die Elektrotechnik, die als Fach schon von Anfang an ein eigenständiger Teil der Ingenieursausbildung an den THs war und ab Mitte der 1870er Jahre in einen elektrotechnischen Studiengang mündete. Dieser Studiengang stellte eine, in diesem Fall von den Professoren der Technischen Hochschulen ausgehende Anpassung an den technischen Fortschritt und die Erweiterung der Märkte dar. Erst seit Mitte der 20er Jahre wurden aber spezielle „Elektroingenieure" auf dem Arbeitsmarkt gesucht. Grundsätzlich entfalteten bei den technischen Experten die Studienfachrichtungen erst nach dem Ersten Weltkrieg eine nachweisbare Relevanz auf dem Arbeitsmarkt (SANDER 2004, PIEPER 2005).

Die fachlichen Differenzierungen sollten der Theorie entsprechend nur in den Überfüllungsphasen verstärkt auftreten. Es wäre schön, wenn die Datenlage dazu eine Prüfung zulassen würde. Es ist es jedoch aus den genannten Gründen sehr schwer, einen Zeitpunkt festzulegen, ab dem gesagt werden könnte, jetzt hat eine Differenzierung stattgefunden. Wie an den Beispielen zu sehen ist, hat ein Niederschlag in Berufsordnungen einen Vorlauf von bis zu 70 Jahren, oder eine Differenzierung in der Prüfungsordnung schlägt sich Jahrzehnte lang nicht auf dem Arbeitsmarkt nieder. Trotz dieser Interpretationsschwierigkeiten sind im folgenden Schaubild 1 einige fachliche Differenzierungen zusammengefasst und den Einteilungen der Wachstumsphasen aus der Literatur gegenübergestellt. Aus den wenigen hier zu Verfügung stehenden Ereignissen lässt sich erkennen, dass man die fachlichen Ausdifferenzierungen und Ausweitungen der Berufsfelder in zwei Gruppen einteilen kann. Beide Gruppen fallen sowohl für die klassischen Karrieren als auch für die Wirtschaftskarrieren in verschiedene Wachstumsphasen. Kursiv gesetzt sind die Differenzierungen, die in Mangelphasen erfolgten, diejenigen in Überfüllungsphasen entsprechend normal gesetzt.

*Schaubild 1:* Fachliche Differenzierung der Karrieren im Vergleich mit der Arbeitsmarktlage, Preußen und Deutsches Reich 1835-1945

| | Überfüllungs- und Mangelphasen: Sp. 2-5 | Juristen | Mediziner | Oberlehrer | ev. Theologen | Überfüllungs- und Mangelphasen: Sp. 7, Wirtschaftskonjunkturen | Ingenieure |
|---|---|---|---|---|---|---|---|
| | 1 | 2 | 3 | 4 | 5 | 6 | 7 |
| 1 | 1835-1850 Überfüllung | | Erste Fachspezialisierungen (Augenspiegel) | | „Rauhes Haus", Innere Mission | | |
| 2 | Mangel | *Prüfungswesen reformiert* | *Wundärzte 2. Klasse abgeschafft* | *1865: Fächerspezialisierung in der Prüfung* | *1866: Schullehrerseminarkurse Pflicht* | 1875-1885 Überfüllung | 1870-1880: Gründung der TH mit von vornherein breitem Fächerspektrum |
| 3 | 1885-1900 Überfüllung | | | | 1890er Jahre: Einrichtung Jugendpastoren | 1885-1905 Mangel | *1870er-1890er: Elektrotechnik wird als zusätzliches Abschlussfach an allen neun "alten" TH eingeführt* |
| 4 | Mangel | *1913: Aufwertung der wirtschaftswiss. Teilfächer in den Staatsprüfungen* | *1908: Festlegung der Einzelgebiete der Spezialärzte; Relevanz für die Prüfungsinhalte* | *1905/1908: Frauen zur Prüfung pro fac. doc. zugelassen* | | 1905-1935 Überfüllung | 1920er Jahre: Studienfachrichtungen entfalten Relevanz auf dem Arbeitsmarkt |
| 5 | 1920-1935 Überfüllung | 1920er Jahre: Ausbau des Arbeits- und Sozialrechts bewirkt zunehmende berufsprakt. Spezialisierung | 1924: Facharztbezeichnungen festgelegt | | | | |
| 6 | | | | | | 1935-1945 Mangel | *1938: Fächerspektrum der Mittel/Fachschulen wird deutlich erweitert* |

In den Mangelphasen kommt es zu einer Ausdifferenzierung bzw. Ausweitung akademischer Tätigkeiten „von oben", d.h. durch Änderungen im akademischen Prüfungs- und Berechtigungswesen. In Mangelphasen kann man unterstellen, dass das staatliche Interesse und das Interesse der Berufsverbände darin konvergieren, akademische Karrieren attraktiver zu machen und die akademische Basis auszubauen. Das kann sowohl durch Fachspezialisierung in den akademischen Prüfungen als auch durch Anhebung von Berufen auf akademisches Niveau bzw. Ausweitung der akademischen Tätigkeiten auf bisher nicht akademische Bereiche geschehen, etwa durch die Öffnung des höheren Lehramts für die Frauen 1905. Vornehmlich vom Staat ging z.B. die Reform der Fächer an den Technischen Mittelschulen im Jahr 1938 aus. Aus ein bis drei Fachrichtungen wurden acht. Von publizistischer Propaganda untermalt versuchte das nationalsozialistische Regime hiermit die Attraktivität der mittleren Ingenieursausbildung zu erhöhen, um einen bereits erkennbaren Mangel womöglich auch im Hinblick auf kriegswirtschaftliche Erfordernisse abzuwenden.

In den Überfüllungsphasen kommt es dagegen zu einer Ausdifferenzierung „aus den Karrieren" heraus: Es werden neue Bedarfsfelder erfunden, oder die im Studium schon vorhandenen Spezialisierungsmöglichkeiten entfalten nun erst Relevanz auf dem Arbeitsmarkt als Spezialistentätigkeiten, so die „Innere Mission" für die Theologen in den 1840er Jahren und die beruflichen Spezialisierungen bei den Juristen, Medizinern und Ingenieuren in den 1920er Jahren. Zur Stützung dieser Aufteilung könnten Gegenbeispiele dienen: Spezialisierungen halten sich nicht, wenn sie nicht in das Muster passen, d.h. in der falschen Phase versucht werden. Die „Verwaltungsingenieure", die 1908 an der Berliner Universität eingeführt werden, und Wirtschaftsingenieure, die in den 20er Jahren, also in Überfüllungszeiten, als Studiengänge eingeführt werden, können sich nicht auf dem Arbeitsmarkt durchsetzen.

Damit wird deutlich, dass die These der Ausdifferenzierung akademischer Tätigkeiten allein durch den Druck der Überfüllung nicht aufrechterhalten werden kann. Vielmehr erfolgte die Ausdifferenzierung sowohl in Mangel- als auch in Überfüllungsphasen, aber auf unterschiedliche Weise. Auch wenn die Zuordnung der Ausdifferenzierungsarten zu bestimmten Phasen hier angezweifelt werden kann, ist jedoch klar, dass beide Arten zum Wachstum der Karrieren beitragen. Beide erhöhen den zukünftigen Bedarf an akademischem Personal, sofern die Tätigkeitsspektren tatsächlich erweitert werden. Zudem bewirkt eine in einer Prüfungsordnung festgeschriebene Ausdifferenzierung eine Unterscheidung dieser Spezialisierung auf dem Arbeitsmarkt. Dadurch hat der Klient dort dann die Wahl zwischen einem Spezialisten oder – wie vorher – dem Generalisten, der das spezielle Feld auch beherrscht. Weil unter diesen Umständen der Spezialist vorgezogen wird, bewirken die fachlichen Differenzierungen darüber hinaus langfristig eine Selbstverstärkung der Nachfrage. Wachstum findet also durch die Ausdifferenzierung und Ausweitung akademischer Tätigkeiten statt; beides wird sowohl durch Mangel- als auch durch Überfüllungsphasen gefördert, allerdings durch verschiedene Akteure.

Unumstritten dürfte sein, dass insbesondere für die technischen und medizinischen Berufe Erfindungen eine wichtige Rolle für die Ausdifferenzierung von Berufstätigkeiten spielen. In den beiden geschilderten Fällen Augenärzte (Augenspiegel) und Elektrotechnik (Elektromotor) beruhte die Spezialisierung letztlich auf Erfindungen. Aber die Erfindungen setzten sich offenbar nicht sofort in Spezialisierungen und Wachstum um, sondern benötigten lange Zeit, um auf dem Arbeitsmarkt sichtbar zu werden. Das gilt schon für den wirtschaftlichen Effekt allgemein: Die Zeitreihe von Erfindungen in Form von Patenten läuft dem Wirtschaftswachstum etwa 10 bis 30 Jahre voraus (METZ/WATTELER 2002, S. 101).

## 5 Austausch der Karrieren

Als letztes Moment für ein Wachstum von Karrieren wird hier der Austausch betrachtet. Austausch zwischen akademischen Berufen kann nur in begrenztem Maße stattfinden. Zum einen kann durch die Studienfachwahl das Angebot bestimmter Berufe erhöht oder gesenkt werden. Dadurch kann auf Arbeitsmarktlagen mittelfristig reagiert werden. Zum anderen können auf dem Arbeitsmarkt bestimmte akademische Berufstätigkeiten durch Personen mit anderen Abschlüssen ausgeführt werden, wenn eine Tätigkeit durch eine andere substituierbar ist. Beide Möglichkeiten sichern das Wachstum einer Profession, insbesondere wenn ein Mangel an Absolventen sichtbar wird.

### 5.1 Austausch durch Studienfachwahl

Die Theorie der „Akademikerzyklen" (TITZE 1990) zeigt, dass die Auswahl zwischen verschiedenen Studienfächern nicht beliebig erfolgt, sondern in Abhängigkeit von der sozialen Herkunft. Demnach gibt es sozial eher exklusive Karrieren wie Jura und Medizin, die entsprechend als sozial benachbart gelten können, und „Aufstiegskarrieren" wie das höhere Lehramt, über die neue soziale Schichten akademisiert werden. Die höheren sozialen Schichten werden deshalb in ihrer Fachwahl eher zwischen den exklusiven Karrieren wählen, wenn sich die Arbeitsmarktlage dieser Fächer verändert. Grafik 10 zeigt diesen Austausch.

Die Wachstumsraten und damit die zyklische Entwicklung der Berufseinsteiger – bestandene erste Prüfungen – für Juristen und Mediziner verlaufen erstaunlich invers zueinander. Das legt die Vermutung nahe, dass diese beiden Karrieren eine gemeinsame Wachstumsdynamik haben, aber dabei sich gegenseitig substituieren. Der gemeinsame Kern könnte nach den obigen Ergebnissen ihre Verankerung im Bildungsbürgertum sein, genauer in seiner speziellen Gruppe der free professions, Rechtsanwälte und freiberufliche Ärzte. Beide teilen die Ressourcen der Bildungspatente und der Erfahrung der professionellen Selbstständigkeit. Indem sie jeweils die besseren Marktchancen auswählen, garantieren sie insgesamt eine stetige generationelle Weitergabe ihres bildungsbürgerlichen Milieus.

*Grafik 10:* Wachstumsraten bestandene 1. Staatsprüfung

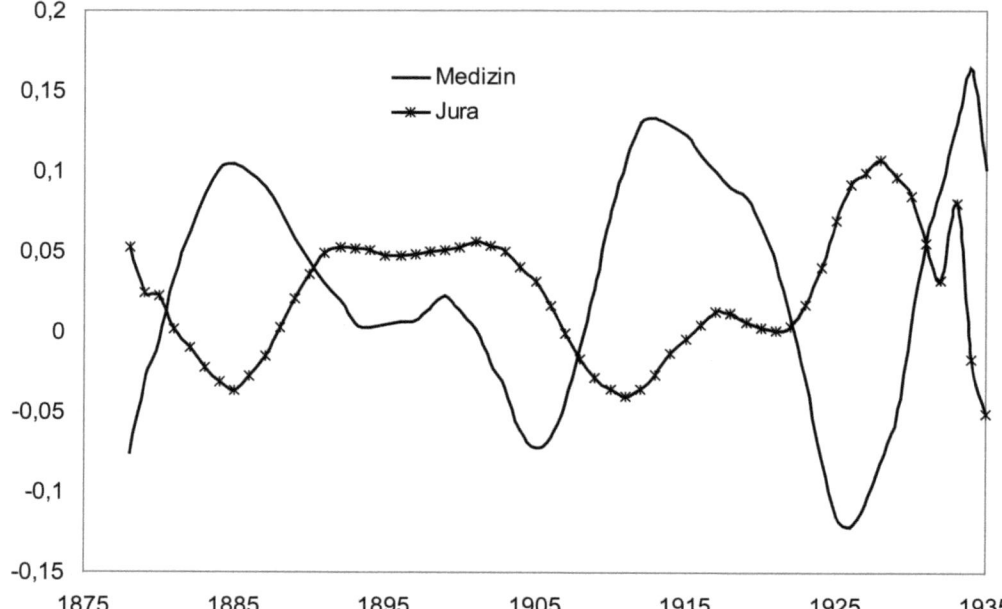

Anm. zu Grafik 10: Wachstumsraten der bestandenen 1. Staatsprüfungen. Zur Berechnung der Wachstumsraten und zur Versetzung der Maxima s. Abschnitt 3.1. Zeitreihen vor der Berechnung der Wachstumsraten mit gleitendem Durchschnitt Länge 5 Jahre geglättet.

Die unteren sozialen Schichten dagegen werden ihren Anteil in den Aufstiegskarrieren dann erhöhen, wenn die Berufsaussichten gut sind. Für das höhere Lehramt ist das schon oft nachgewiesen worden (TITZE 1990, S. 154f.). Die soziale Herkunft der Ingenieure an den Technischen Hochschulen ist fast so exklusiv wie die der Juristen, wogegen die Mittel- und Fachschulingenieure eindeutige Aufstiegskarrieren darstellen. Das zeigt für 1907 die Berliner Großindustrie-Umfrage von Reinhold JÄCKEL: Je nach Zuordnung der kleineren Selbständigen zum Bürgertum kamen 28 bis 55 Prozent der Hochschulingenieure und nur 12 bis 24 Prozent der Mittelschulabsolventen aus einem bürgerlichen Elternhaus; aus dem Arbeitermilieu stammten dagegen 10,4 Prozent der Mittel- und nur 1,3 Prozent der Hochschulingenieure. Die verbleibenden Anteile sind den mittelständischen Schichten der Angestellten, mittleren und unteren Beamten zuzurechnen (JÄCKEL 1908, S. 26 f). Da die Ingenieure aus den technischen Mittel- und Fachschulen mit den akademischen Ingenieuren auf dem selben Arbeitsmarkt konkurrieren, kann man die Ingenieure aus den Fachschulen als Ingenieure mit sozial eher unterer Herkunft und die von den Technischen Hochschulen als Ingenieure mit sozial eher oberer Herkunft ansehen.

Die Grafik 11 zeigt, dass sich die soziale Herkunft aller Ingenieurstudenten von Anfang des 20. Jahrhunderts, an dem noch Mangel herrscht, bis zum 1. Weltkrieg nach unten verschob und danach bei konstanter Überfüllung wieder nach oben. Also lässt sich auch bei den Ingenieuren wenigstens für diesen Zeitraum nachweisen, dass das Wachstum nach einer Mangelsituation mit einer Ausweitung der sozialen Basis in die unteren sozialen Schichten einhergeht und umgekehrt in der Überfüllung die soziale Basis wieder exklusiver wird.

*Grafik 11:* Anteil Studenten technischer Berufe

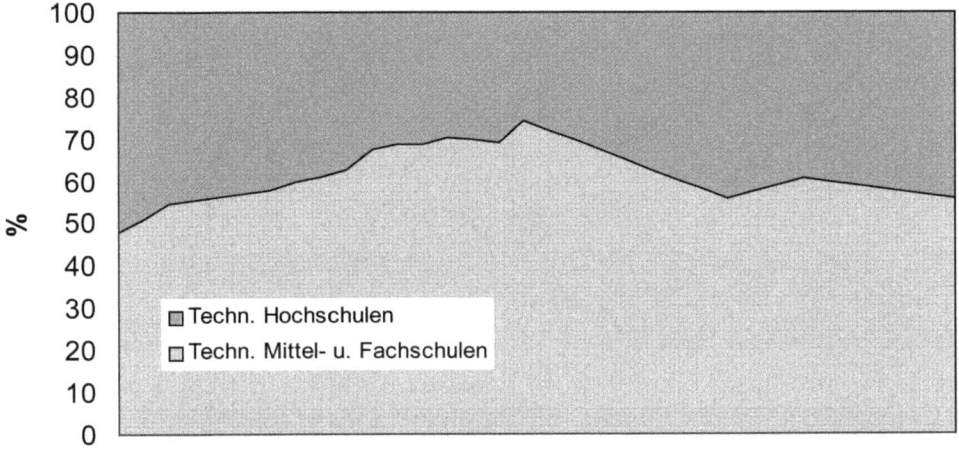

## 5.2 Weitere Dimensionen von Austausch

Damit sich Karrieren direkt auf dem Arbeitsmarkt substituieren können, müssen sie von der Tätigkeit her stark benachbart sein. Für die klassischen Karrieren war bis zum 2. Weltkrieg weder eine horizontale noch eine vertikale direkte Substituierbarkeit gegeben; sie waren Lebenszeitkarrieren ohne die Möglichkeit zu wechseln. Nach dem 2. Weltkrieg änderte sich das durch eine Vielzahl neuer akademischer Berufe wie Psychologen, Politologen, Soziologen, Volks- und Betriebswirtschaftler, die z.B. einen Teil der vorher den Juristen vorbehaltenen Positionen ebenfalls einnehmen können. Der Anteil der hier behandelten vier klassischen Karrieren an allen Fächern der Universitäten betrug 1940 noch über 60%, 1990 dagegen nur noch 20%. Allgemein tritt die Fachspezialisierung gegenüber der Vermittlung genereller Kompetenzen zurück (TEICHLER 2003, S. 216), so dass sich die Substituierbarkeit erhöht. Substituierbarkeit traf vorher nur auf alle Arten von Ingenieuren zu, die sich auf dem Arbeitsmarkt noch nicht nach Ausbildungsschwerpunkt, z.B. Elektrotechnik vs. Maschinenbau, unterschieden, sondern nur nach der betrieblichen Praxis. Statistiken über die verschiedenen Fachrichtungen der Ingenieure auf dem Arbeitsmarkt sind deshalb bis kurz vor Beginn des 2. Weltkriegs selten. Erst Mitte der 20er Jahre begannen die Verbände und das Reichsarbeitsamt, fachspezifische Prognosen für den Arbeitsmarkt der Ingenieure zu stellen (SANDER 2005).

Ein weiterer Austausch erfolgte zwischen Apothekern und Chemikern. Die strikte Konzessionierung der Apotheken führte dazu, dass der Apothekernachwuchs das neu geschaffene Examen für Nahrungsmittelchemiker zusätzlich ablegte, um seine Arbeitsmarktchancen zu erweitern. Dabei handelte es sich aber nur um eine geringe Anzahl Fälle, meist approbierte Assistenten an den Universitäten. Die direkte Substituierbarkeit ist bis auf diese einzelnen Fälle bei akademischen Karrieren nicht möglich gewesen.

Gibt es weitere Austauschmöglichkeiten zwischen den Karrieren? Der Vergleich der Entwicklung der Studentenzahlen an den Universitäten insgesamt gegenüber der Entwicklung an den Technischen Hochschulen in der Grafik 12 gibt Anlass für diese Frage.

*Grafik 12:* Wachstumsraten klassische und Ingenieursstudiengänge

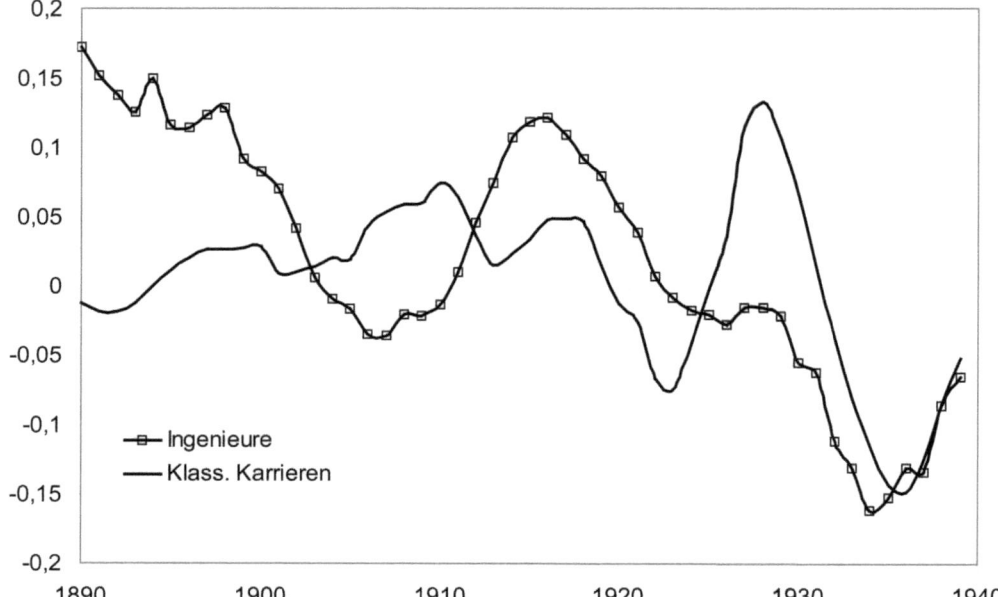

Anm. zu Grafik 12: Ingenieure ohne Chemie. Da Chemie sowohl an THs als auch an Universitäten studiert werden konnte, wurden hier für den Vergleich die Chemie-Studierenden an THs nicht berücksichtigt. Die Zeitreihe der TH-Studierenden einschließlich der Chemiker weist aber sehr ähnliche Wachstumsraten auf. Vor Berechnung der Wachstumsraten Zeitreihen geglättet (5-jähriger gleitender Durchschnitt). Zur Berechnung der Wachstumsraten und zur Versetzung der Maxima s. Abschnitt 3.1.

Man sieht in Grafik 12, dass auch hier die Entwicklung invers verläuft, zumindest bis in die Mitte der Weimarer Republik. Das könnte zum einen durch eine ebensolche alternative Studienfachwahl wie die zwischen Jura und Medizin bewirkt sein: In der Überfüllung der klassischen universitären Karrieren würden sich die Studierenden den Ingenieurwissenschaften zuwenden und umgekehrt. Das ist jedoch unwahrscheinlich, da die Studenten an den Technischen Hochschulen durchweg nur ca. 1/5 der Universitätsstudierenden ausmachen und die beiden Tätigkeitsspektren der TH- und der Universitätsabsolventen doch sehr verschieden sind. Eher folgen die Ingenieurstudenten den Wirtschaftskonjunkturen, vielleicht den „KUZNETS"-Zyklen von 15 bis 20 Jahren Dauer (METZ/SPREE 1981), und diese verlaufen im betrachteten kurzen Zeitraum bis zum ersten Weltkrieg zufälligerweise invers zu den Überfüllungszyklen der klassischen akademischen Karrieren. Diese haben ihrerseits, weil sie auch die Altersstrukturwellen beinhalten, eine Länge von über 30 Jahren (MÜLLER-BENEDICT 2002). Unter diesen Bedingungen würde der Umschlag in eine gemeinsame Konjunktur ab Mitte der 20er Jahre, der auch als eine Ursache für die miserable Lage aller – der technischen und der klassischen – Akademiker am Ende der Weimarer Republik und damit auch für ihre Hinwendung zum Nationalsozialismus angesehen wird, ein historischer Zufall sein, der sich aus den unterschiedlichen Zyklenlängen beider Studententeilmengen ergibt, die dazu führen, dass die Überfüllungen der technischen und der klassischen Studienfächer gerade um 1930 koinzidieren.

## 6 Zusammenfassung und Folgerungen

In diesem Beitrag wurde das quantitative Wachstum von 6 akademischen Karrieren im Zeitraum 1850 bis 1940 unter verschiedenen Aspekten vergleichend betrachtet. Das erste Ergebnis sind die unterschiedlichen Wachstumskapazitäten für staatliche Funktionen wahrnehmende oder Dienstleistungen und Güter produzierende akademische Berufe. Diese Unterschiede kann man auch heute bei neu entstehenden akademischen Berufen erwarten. Insbesondere lässt sich daraus eine Herausforderung für die bestehenden staatlichen und freien Berufe durch ihre Abhängigkeit vom heutigen und kommenden Bevölkerungsrückgang vorhersagen. Das zweite Ergebnis, die Begrenzung eines allgemeinen Akademikerwachstums durch ein stagnierendes Bildungssystem, haben wir gerade heute wieder vor Augen. Es ist ein für historische Analysen geradezu unwahrscheinliches Ergebnis, dass ein solcher Mechanismus schon seit 200 Jahren wiederholt beobachtet werden kann. Zuletzt in den 1960er Jahren, scheint heute wieder die Ausweitung des Bildungssystems dringend notwendig zu sein, um in der Zukunft genug akademisch Gebildete zu erhalten. Ein drittes Ergebnis betraf die günstigen und ungünstigen Zeiten für Fachspezialisierungen. Als ein heutiges Einzelbeispiel kann man die Psychologen nennen, die sich in der Mangelphase um 1980 durch Zusammenschluss mit den Ärzten gegenüber den nicht akademischen Psychotherapeuten durchsetzen können, aber erst 1999 am Ende der Überfüllung auf dem Arbeitsmarkt den Ärzten gleichgestellt werden (HEISIG/LITTEK 2003). Das vierte Ergebnis, der Austausch zwischen akademischen Karrieren, wird in nächster Zeit wieder ein wichtiges Thema des akademischen Arbeitsmarkts werden, wenn die Bachelorabschlüsse mit den Masterabschlüssen derselben Fachrichtung konkurrieren werden. Die Erfahrungen, die die Ingenieure damit vom Anfang ihrer Karriere an bis zum 2. Weltkrieg machten, sind nicht ermutigend für die Masterabschlüsse, vor allem, weil die soziale Selektivität, die die damaligen akademischen Ingenieure wenigstens in ihrem Selbstverständnis von den Konkurrenten trennte, heute nicht mehr vorhanden ist.

## Anmerkungen

Ich danke Tobias Sander und Jörg Janssen für ihre Vorarbeit zu Teilen dieses Beitrags und Peter Lundgreen für die genaue Durchsicht des Manuskripts.

1 Die Daten werden voraussichtlich im Laufe des kommenden Jahres (2007) im Internet verfügbar sein, u.a. über die HISTAT-Datenbank des ZHSF (Zentrum für Historische Sozialforschung) Köln.
2 Das gilt übrigens auch für das ganze Projekt der quantitativen historischen Bildungsforschung (s. Müller-Benedict in Vorber.).
3 Die Zahl der „Chemiker in der Industrie" ist bis 1912 eine Hochrechnung der Einwicklung der Chemiker bei der BASF, für die bis 1914 Daten vorliegen, auf die Gesamtzahl der Chemiker, für die ab 1913 Daten für das Deutsche Reich vorliegen. Einzelne Daten aus anderen Unternehmen zeigen, dass die Chemiker bei BASF keine Ausnahme darstellen.
Die Zahl der „akademischen Ingenieure in Preußen" ist durch zwei Faktoren aus den Daten der in den Berufs- und Betriebsstättenzählungen des Statistischen Reichsamts nur vereint vorhandenen Ingenieuren aus Technischen Hochschulen und Mittel- und Fachschulen geschätzt: Faktor 5/13 für den durchschnittlichen Anteil der Studierenden an Technischen Hochschulen an Studierenden aus beiden Institutionen inklusive Berücksichtigung unterschiedlicher Studiendauerlänge (zur genauen Dynamik s.u. Grafik 11), und Faktor 0,4 für den durchschnittlichen Anteil Studierender an preußischen vs. an nicht-preußischen Technischen Hochschulen, zusammen also ein Faktor von 0,15 auf die Zahlen aus

der Berufszählung. Dabei wird vorausgesetzt, dass die Aufteilung der Studierenden in etwa der Aufteilung der im Beruf Stehenden langfristig repräsentiert.
4 Die Zahlen beruhen auf den amtlichen Berufszählungen, bei denen zu unterschiedlichen Zeitpunkten verschiedene Berufe wie Geometer, Architekten, Bautechniker u.a. mit eingehen und unklar ist, inwieweit z.b. beamtete Ingenieure, Ingenieure ohne entsprechende akademische Ausbildung etc. mit einbezogen wurden.
5 Die Zahlen wurde der Abbildung 16 aus METZ/WATTELER 2002, S.107 entnommen. An der Tendenz ändert sich nichts, wenn stattdessen die erteilten Patente p.a. oder Chemische Patente/Chemiker genommen werden.
6 Dazu gehört auch die Beendigung der „naturphilophischen" Richtung der Medizin. Auf den jährlichen Versammlungen der deutschen Naturforscher und Ärzte standen sich ab 1825 die „Naturphilosophen" und die „Physiker" gegenüber. Die „ganzheitliche" Lehre der Naturphilosophie wollte die Forschung auf die Erklärung der natürlichen Phänomene beschränken. Die Praktiker unter „gelehrten" Ärzten bestanden auf der Anwendbarkeit der Forschungsergebnisse. Der Druck des wissenschaftlichen Nachwuchses lenkte die Entwicklung im Sinne des Fortschritts in Richtung Anwendung. So wurden auf den Versammlungen der Naturforscher und Ärzte sieben Sektionen eingerichtet: „Anatomie und Physiologie" und „Medizin als Heilkunde" mit den Fächern Chirurgie, Geburtshilfe, Psychiatrie und Innere Medizin. Bis zur 66. Versammlung der deutschen Naturforscher in Wien 1894 stieg die Anzahl der Sektionen auf 41. Davon gehörten nun bereits 25 der medizinischen und nur noch 16 der naturphilosophischen Gruppe an (LAMPE 1975, S. 45).
7 Die statistische Absicherung ist natürlich wichtig, wenn die Ergebnisse Zweifel aufwerfen. S. dazu den Beitrag von R. METZ in diesem Band zur statistischen Analyse der These von NATH im folgenden Abschnitt.
8 Die Abiturientenzahlen schwanken erheblich mehr als die Schülerzahlen. Dadurch, dass ein Abgang aus den höheren Schulen auch ohne Abitur, z.B. mit dem „Einjährigen", durchaus lohnend war, spiegeln sich in den Abiturientenzahlen neben den Studienaussichten auch die wirtschaftlichen Konjunkturen wider. Die Zeitreihen der Wachstumsraten der Abiturienten und auch die der Studierwilligen zeigen aber, leicht zeitversetzt, dieselben Schwingungen wie die der Schülerzahlen.
9 Daten der Studierenden wurden immer den Datenhandbüchern der Deutschen Bildungsgeschichte entnommen (TITZE 1987, 1994)
10 Metz/Spree (1981:363f) datieren wie folgt: (jeweils Minimum zu Minimum): 1867-1880, 1880-1895, 1895-1914; Metz (1998: 162 (Grafik 14)) (sog. „Trendphasen"): 1850-1880, 1880-1900, 1900-1930.

## Literatur

ABBOTT, A. (1991): The System of Professions. An Essay on the Divisions of Expert Labour. – 2. Aufl. – Chicago.
APEL, H. J./HORN, K.-P./LUNDGREEN, P./SANDFUCHS, U. (Hrsg.) (1999): Professionalisierung pädagogischer Berufe im historischen Prozeß. – Bad Heilbrunn.
BÖLLING, R. (1983): Sozialgeschichte der deutschen Lehrer. Ein Überblick von 1800 bis zur Gegenwart. – Göttingen.
DIEBOLT, C. (2000): Die Erfassung der Bildungsinvestitionen im 19. und 20.Jahrhundert. Deutschland, Frankreich, Großbritannien und Spanien im Vergleich. In: Zeitschrift für Erziehungswissenschaft, Jg. 3, S. 517-538.
DIPPER, C. (Hrsg.) (2000): Rechtskultur, Rechtswissenschaft, Rechtsberufe im 19. Jahrhundert. Professionalisierung und Verrechtlichung in Deutschland und Italien. – Berlin.
Fliegende Blätter des Rauhen Hauses zu Horn bei Hamburg 1877.
FREIDSON, E. (2001): Professionalism, the Third Logic. On the Practice of Knowledge. – Chicago.
HEIDENREICH, M. (1999): Berufskonstruktion und Professionalisierung. Erträge der soziologischen Forschung, in: APEL, H. u.a. (Hrsg.), S. 35-58.
HEISIG, U./LITTEK, W. (2003): Der schwierige Weg zur Profession. Zur Lage der niedergelassenen Psychologischen Psychotherapeuten im Jahr 2 der neuen Zeit. In: Psychotherapeutenjournal, 2, S. 7-19.
HOFFMANN, W. G. (1965): Das Wachstum der deutschen Wirtschaft. – Berlin.
HUERKAMP, C. (1985): Der Aufstieg der Ärzte im 19. Jahrhundert. – Göttingen.

HUERKAMP, C. (1989): Ärzte und Patienten. Zum strukturellen Wandel der Arzt – Patientenbeziehung vom ausgehenden 18. bis zum frühen 19. Jahrhundert. In: LABISCH, A./SPREE, R. (Hrsg.): Medizinische Deutungsmacht im sozialen Wandel des 19. und frühen 20, Jahrhunderts. – Bonn, S. 57-73.
HUERKAMP, C./SPREE, R. (1982): Arbeitsmarktstrategien der deutschen Ärzteschaft im späten 19. und frühen 20. Jahrhundert. Zur Entwicklung des Marktes für professionelle ärztliche Dienstleistungen. In: PIERENKEMPER, T., TILLY, R. (Hrsg.): Historische Arbeitsmarktforschung. Entstehung, Entwicklung und Probleme der Vermarktung von Arbeitskraft. – Göttingen, S. 77-120.
JÄCKEL, R. (1908): Statistik über die Lage der technischen Privatbeamten in Groß-Berlin. – Jena.
JANZ, O. (1994): Bürger besonderer Art. Evangelische Pfarrer in Preußen 1850-1914. – Berlin.
JARAUSCH, K.H. (1990): The unfree professions. German lawyers, teachers and engineers, 1900-1950. – Oxford.
LAMPE, H. (1975): Die Entwicklung und Differenzierung von Fachabteilungen auf den Versammlungen von 1828 bis 1913 : Bibliographie zur Erfassung der Sektionsvorträge mit einer Darstellung der Entstehung der Sektionen und ihrer Problematik. – Hildesheim.
LOETZ, F. (1993): Vom Kranken zum Patienten : „Medikalisierung" und medizinischeVergesellschaftung am Beispiel Badens 1750-1850. – Stuttgart.
LUNDGREEN, P. (1999): Berufskonstruktion und Professionalisierung in historischer Perspektive. In: APEL, H. u.a. (Hrsg.), S. 19-34.
LUNDGREEN, P. (2000): Bildung und Bürgertum. In: LUNDGREEN, P. (Hrsg.): Sozial und Kulturgeschichte des Bürgertums. Eine Bilanz des Bielefelder Sonderforschungsbereichs. – Göttingen.
LUNDGREEN, P. (2002): Akademisierung, Professionalisierung, Verwissenschaftlichung. In: Geschichte in Wissenschaft und Unterricht, Jg. 53, S. 678-687.
LUNDGREEN, P./GRELON. A. (Hrsg.) (1994): Ingenieure in Deutschland, 1770-1990. – Frankfurt.
MANDEL, H. H. (1989): Geschichte der Gymnasiallehrerbildung in Preußen-Deutschland: 1787-1987. – Berlin.
METZ, R. (1998): Trend, lange Wellen, Strukturbrüche oder Zufall: Was bestimmt die langfristige Entwicklung des deutschen Bruttoinlandsprodukts? In: SCHREMMER, E. (Hrsg.): Wirtschafts- und Sozialgeschichte. Gegenstand und Methode. Vierteljahrschrift für Sozial- und Wirtschaftsgeschichte: Beiheft 145. – Stuttgart, S. 117-164.
METZ, R./SPREE, R. (1981): Kuznets-Zyklen im Wachstum der deutschen Wirtschaft während des 19. und frühen 20. Jahrhunderts. In: PETZINA, D./van ROON, G.: Konjunktur, Krise, Gesellschaft. Wirtschaftliche Wechsellagen und soziale Entwicklung im 19. und 20. Jahrhundert. – Stuttgart, S. 343-376.
METZ, R., WATTELER, O. (2002): Historische Innovationsindikatoren. Ergebnisse einer Pilotstudie. In: Historische Sozialforschung – HSR, Bd. 27, S. 4-129.
MIEG, H.: (2003): Problematik und Probleme der Professionssoziologie. In: MIEG, H./PFADENHAUER, M. (Hrsg.): Professionelle Leistung – Professional Performance. – Konstanz, S. 11-46.
MÜLLER-BENEDICT, V./NATH, A./TITZE, H. (1985): Universitätsbesuch und akademischer Arbeitsmarkt im 19. und 20. Jahrhundert. In: Zeitschrift für Pädagogik: 19. Beiheft, S. 68-76.
MÜLLER-BENEDICT, V. (2002): Ist Akademikermangel unvermeidbar? Eine Analyse einer Tiefenstruktur des Bildungssystems. In: Zeitschrift für Erziehungswissenschaft, Jg. 5, S. 672-691.
MÜLLER-BENEDICT, V. (in Vorber.): Quantitative Methoden. In: CARUSO, M./GROPPE, C./HORN, K.-P./ KLUCHERT, G./MIETZNER, U. (Hrsg.): Handbuch der historischen Erziehungswissenschaft.
NATH, A. (2000): Bildungswachstum und soziale Differenzen. Gibt es Anlass zum Bildungspessimismus? In: SCHLÖMERKEMPER, J. (Hrsg.): Differenzen. Über die politische und pädagogische Bedeutung von Ungleichheiten im Bildungswesen. Die Deutsche Schule: 6. Beiheft. – Weinheim, S. 63-86.
NATH, A. (2001): Die Perioden des modernen Bildungswachstums. In: APEL, H.-J./KEMNITZ, H./ SANDFUCHS, U. (Hrsg.): Das öffentliche Bildungswesen. Historische Entwicklung, gesellschaftliche Funktionen, pädagogischer Streit. – Bad Heilbrunn, S. 14-48.
NATH, A./DARTENNE, C.M./OELERICH, C. (2004): Der historische Pygmalioneffekt der Lehrergenerationen im Bildungswachstum von 1884 bis 1993. In: Zeitschrift für Pädagogik, Jg. 50, S. 539-564.
OEVERMANN, U. (2002): Wissenschaft als Beruf. In: Studienstiftung des Deutschen Volkes (Hrsg.): Jahresbericht 2002 – Fakten und Analysen. – Frankfurt am Main 2003, S. 20-38.
PERKIN, H. (1989): The Rise of Professional Society. England since 1880. – London.
PERKIN, H. (1996): The Third Revolution. Professional Elites in the Modern World. – London.
ROSE, K. (1973): Grundlagen der Wachstumstheorie. – Göttingen.

RÜSCHEMEYER, D. (1980): Professionalisierung. Theoretische Probleme für die vergleichende Geschichtsforschung. In: Geschichte und Gesellschaft, Jg. 6, S. 311-325.
SANDER, S. (1989): Handwerkschirurgen. Sozialgeschichte einer verdrängten Berufsgruppe. – Göttingen.
SANDER, T. (2004): Krise und Konkurrenz. Zur sozialen Lage der Ingenieure und Techniker in Deutschland 1900-1933. In: Vierteljahrschrift für Sozial- und Wirtschaftsgeschichte, Jg. 91, S. 422-451.
SANDER, T. (2005): Die doppelte Defensive. Lage, Mentalitäten und radikalkonservative Politik der Diplom-Ingenieure in Deutschland 1900-1933. In: Zeitschrift für Geschichtswissenschaft, Jg. 53, S. 301-322.
SIEGRIST, H. (1988): Die Professionen und das Bürgertum. In: SIEGRIST, H. (Hrsg.): Bürgerliche Berufe. Zur Sozialgeschichte der freien und akademischen Berufe im internationalen Vergleich. – Göttingen, S. 11-50.
SIEGRIST, H. (1996): Advokat, Bürger und Staat. Sozialgeschichte der Rechtsanwälte in Deutschland, Italien und der Schweiz (18.-20. Jh.). 2 Bde. – Frankfurt a. M.
SPREE, R. (1989): Kurpfuscherei – Bekämpfung und ihre sozialen Funktionen während des 19. und zu Beginn des 20. Jahrhunderts. In: LABISCH, A./SPREE, R. (Hrsg.): Medizinische Deutungsmacht im sozialen Wandel des 19. und frühen 20, Jahrhunderts. – Bonn, S. 103-121.
TEICHLER, U. (2003): Hochschule und Arbeitswelt. Konzeptionen, Diskussionen, Trends. – Frankfurt/M.
TITZE, H. (1987): Datenhandbuch zur Deutschen Bildungsgeschichte. Teil I: Universitäten, Bd. 1: Das Hochschulstudium in Preußen und Deutschland 1820-1944. Unter Mitarbeit von H.G. Herrlitz, V. Müller-Benedict und A.Nath. – Göttingen.
TITZE, H. (1990): Der Akademikerzyklus. Historische Untersuchungen über die Wiederkehr von Überfüllung und Mangel in akademischen Karrieren. – Göttingen.
TITZE, H. (1994): Datenhandbuch zur Deutschen Bildungsgeschichte. Teil I: Universitäten, Bd. 2: Die deutschen Einzeluniversitäten. Unter Mitarbeit von H.G. Herrlitz, V. Müller-Benedict und A.Nath. – Göttingen.
TITZE, H. (2000): Wie lernen die Generationen? In: Zeitschrift für Erziehungswissenschaft, Jg. 3, S. 131-144.
WEBER, M. (1972): Wirtschaft und Gesellschaft. – 5. Aufl. – Tübingen.

*Anschrift des Verfassers*: Prof. Dr. Volker Müller-Benedict, Universität Flensburg, Auf dem Campus 1, 24943 Flensburg. E-Mail: vbenedi@uni-flensburg.de/www.zml.uni-flensburg.de

Ulrich G. Herrmann

# Schulische Berufsbildung für die weibliche Jugend 1900-1938

**Zusammenfassung**
Die über den Handwerks- und Industriekorporatismus organisierte betriebliche Berufsausbildung war der weiblichen Jugend in Deutschland zu Beginn des 20. Jahrhunderts weitgehend verschlossen. Im Kontext der Entstehung der Frauenerwerbstätigkeit und des Ausbaus berufsfachlicher Arbeitsmärkte für Frauen entwickelten sich deshalb schulische Berufsausbildungswege als Ersatz für die fehlende Lehre. Der Beitrag richtet den Blick auf die Institutionalisierung der schulisch organisierten Berufsbildung für die weibliche Jugend in Preußen nach 1900. Gestützt auf Ergebnisse des DFG-Forschungsprojekts „Datenhandbuch zur deutschen Bildungsgeschichte: Band IV: Das Berufsbildende Schulsystem in Deutschland 1815-1945" werden im Anschluss an eine Analyse des Entwicklungsstands des beruflichen Mädchenschulwesens um die Jahrhundertwende zwei Entwicklungslinien nachgezeichnet, die den weiteren Ausbau- und Differenzierungsprozess des beruflichen Schulangebots für die weibliche Jugend prägten: die Ausdifferenzierung von Handelsschulen und die Herausbildung eines eigenständigen haushaltungsschulischen Ausbildungsangebots. Dabei wird deutlich, dass ohne diese beiden Entwicklungsprozesse die Geschichte des vollzeitschulischen Berufsausbildungssystems, des Berufsfachschulsystems, nicht zu verstehen ist.

*Schlüsselwörter*: Berufsbildendes Schulsystem in Preußen-Deutschland; Schulische Berufsausbildung für die weibliche Jugend; Handelsschulen; Haushaltungsschulen; Berufsfachschulen

**Summary**
*Vocational training schools for female adolescents 1900-1938*
At the beginning of the 20$^{th}$ century young women in Germany had almost no access to industrial training as arranged through the corporatism of craft and industry. Thus, in the context of women's rising labour force participation and the expanding labour market for women, off-the-job training at school emerged as a substitute for the lack of apprenticeship. This contribution focuses on the institutionalisation of school vocational training for young women in Prussia after 1900. Based on findings of the DFG-research project "Data Handbook on the History of Education in Germany. Vol. IV: The Vocational School System in Germany 1815-1945" the situation of the vocational school system for girls by the turn of the century is examined as a starting-point for two developments which determined the subsequent expansion and differentiation process of the vocational school system for female adolescents: the emergence of commercial schools and the establishment of domestic science schools. As the analysis makes clear, the history of full-time specialized vocational schools in Germany (Berufsfachschulen) cannot be understood unless these developments are taken into account.

*Keywords*: system of vocational education in Prussia-Germany; vocational training schools for female adolescents; commercial vocational schools; domestic science schools; Berufsfachschulen

# 1 Fragestellung

Im historischen Kontext der Entstehung der Frauenerwerbstätigkeit und des Ausbaus von berufsfachlichen Arbeitsmärkten für Frauen nimmt der folgende Beitrag die Institutionalisierung der schulisch organisierten Berufsbildung für die weibliche Jugend in Preußen nach 1900 in den Blick. Der Ausdifferenzierungsprozess schulischer Berufsbildung für Mädchen war mit einer spezifischen Problematik behaftet: Der historische Bezugspunkt der Ausbildungsberuflichkeit über den Industrie- und Handwerkskorporatismus fehlte. Im Zuge der Institutionalisierung von berufsbildenden Schulangeboten für die weibliche Jugend entstand insofern ein Substitutionsbereich (MAYER 1999, S. 39f., 46, 49). Dessen Aufgabenfeld changierte zwischen der berufsfachlichen Ausbildungsfunktion selbst, der Bereitstellung von Unterrichtsangeboten zur Förderung der allgemeinen Bildung sowie der Vorbereitung der Mädchen auf familiale Funktionen. Ein solches Funktionsspektrum konnte nur von schulischen Institutionen bearbeitet werden. Aufgrund ihrer engen Ausrichtung auf die betriebliche Lehre und das Prinzip der Ausbildungsberuflichkeit boten sich hierfür weder Fortbildungsschulen und Berufsschulen noch Fachschulen an. Der Ausgestaltungsprozess schulischer Berufsbildungsinstitutionen für Mädchen erfolgte daher in erheblichem Umfang durch berufsfachschulisch organisierte Bildungsgänge. Als Berufsfachschulen firmierten seit dem Erlass des Reichsministeriums vom 29. Oktober 1937 „zur Vereinheitlichung der Benennung der Berufs- und Fachschulen" offiziell solche Einrichtungen, die im Gegensatz zu den berufsbegleitenden Berufsschulen und den an eine Berufsausbildung anschließenden Fachschulen Aufgaben der Berufsvorbereitung und -ausbildung übernahmen (REM 1937; GRÜNER 1983; HARNEY u. a. 2006). Die nachfolgenden Ausführungen sollen zeigen, dass die Geschichte des vollzeitschulischen Berufsvorbildungs- und Berufsausbildungssystems, des Berufsfachschulsystems, nicht ohne die wesentlich im Typus der Berufsfachschule erfolgende Institutionalisierung schulischer Berufsbildung für die weibliche Jugend nach 1900 zu verstehen ist.

In der einleitenden Kommentierung zur 1924 veröffentlichten preußischen Schulstatistik von 1921 konstatierte das Statistische Landesamt in Berlin hinsichtlich der Frequentierung der Berufs- und Fortbildungsschulen, „daß der bei weitem größte Teil der jugendlichen Personen im Alter von 14-18 Jahren, die keine mittlere, höhere oder Fachschule besuchen, die also für eine Berufsschulpflicht in Frage kommen, gegenwärtig Berufsschulen noch nicht besucht" (Preußisches Statistisches Landesamt 1924, S. 58*). Nicht ohne Schätzwerte auskommenden Berechnungen zufolge lautete das überschlägige Ergebnis, „daß noch nicht einmal 30% aller Personen, die von der Berufsschulpflicht erfaßt werden müßten, tatsächlich Berufs- und Fortbildungsschulen besuchen" (ebd.). Neben einem beträchtlichen Stadt-Land-Gefälle und eklatanten Unterschieden zwischen den Berufsabteilungen stach die geschlechtsspezifische Diskrepanz hervor. „In der Tat besucht fast die Hälfte der männlichen Personen tatsächlich die Schule, während es von den weiblichen Personen noch nicht einmal ein Zehntel ist" (ebd.). Nach überschlägigen Berechnungen des Statistischen Landesamts in Berlin für das Jahr 1926 hatte sich die Quote der die Berufs- und Fortbildungsschulen besuchenden Mädchen der berufsschulpflichtigen Altersjahrgänge in Preußen auf etwa 23 Prozent erhöht. Für die Knaben errechnete das Landesamt einen Wert von inzwischen über 80 Prozent (Preußisches Statistisches Landesamt 1931, S. 63*). Nach eigenen Berechnungen dürfte der Prozentsatz für die Mädchen gegen Ende der 1930er Jahre in etwa dem Wert des Jahres 1926 entsprochen haben.

Wie sehr sich der Entwicklungsstand des beruflichen Schulwesens in Preußen noch in der Weimarer Republik gegenüber einer systematischen Kategorisierung von Organisations- und Funktionsmustern und einer eindeutigen Typisierung der verschiedenen Schularten sperrte, deutete das Statistische Landesamt mit einer Fußnote an, in der es hieß: „Überhaupt ist die Grenze zwischen Berufs- und Fachschulen häufig fließend" (Preußisches Statistisches Landesamt 1924, S. 58*). Für keinen anderen Sektor des beruflichen Schulwesens erscheint dieser Befund derart zutreffend und zugleich so lange gültig wie für jenes Schulangebot, das in der Etikettierungspraxis des preußischen Ministeriums für Handel und Gewerbe seit Anfang des 20. Jahrhunderts am häufigsten unter der Bezeichnung „Fach- und Fortbildungsschulen für die weibliche Jugend" firmierte und damit bereits terminologisch auf unscharfe Grenzziehungen verwies. Organisatorische und funktionale Schnittmengen zwischen Berufs- und Fachschulebene, wie sie etwa bei den Handwerker- und Kunstgewerbeschulen noch in der Weimarer Republik anzutreffen sind, lassen sich für die beruflichen Mädchenschulen mindestens bis 1910 nicht einmal grob vermessen, weil es in diesem Bereich sowohl an entsprechenden Definitionen zur Typisierung schulischer Angebote als auch an jedwedem Kategorisierungs- und Zuordnungssystem mangelte. Beides gab es in einer der Systematik des allgemeinbildenden Schulwesens vergleichbaren Form auch später nicht. Und doch lassen sich noch vor dem Ersten Weltkrieg anfängliche Ausdifferenzierungsprozesse als frühe Weichenstellungen für nachfolgende Strukturierungsversuche im berufsbildenden Mädchenschulwesen ausmachen. Es sind vor allem zwei Entwicklungslinien, die den weiteren Ausbau- und Differenzierungsprozess des beruflichen Schulangebots für Mädchen prägten und die im folgenden unter Heranziehung von Auswertungsergebnissen des DFG-Forschungsprojekts „Datenhandbuch zur deutschen Bildungsgeschichte: Band IV: Das Berufsbildende Schulsystem in Deutschland 1815-1945" datengestützt skizziert werden: Die Ausdifferenzierung kaufmännischer Schulen für Mädchen sowie die Herausbildung eines eigenständigen haushaltungsschulischen Bildungsangebots. Zunächst aber richtet sich der Fokus auf jenes eingangs erwähnte Konglomerat beruflicher Bildungsanstalten, das den Entwicklungsstand des beruflichen Mädchenschulwesens am Ende des 19. Jahrhunderts markiert und Ausgangspunkt der nach der Jahrhundertwende einsetzenden Strukturentwicklungen ist.

## 2 Bestandsaufnahme 1901

Mit einer in dieser Form singulären Erhebung bemühte sich das preußische Ministerium für Handel und Gewerbe zur Jahrhundertwende um eine erste Bestandsaufnahme im Bereich des beruflichen Schulangebots für Mädchen. Die „Uebersicht über die öffentlichen und privaten gewerblichen Fortbildungs- und Fachschulen für Mädchen in Preußen. Nach dem Stande vom 1. Juni 1901" (Ministerialblatt 1902, S. 100f.) präsentierte für Preußen eine Gesamtzahl von 603 ganz überwiegend, nämlich zu 85 Prozent privaten Schulen. Mehr noch als die Verteilung der Schulen dokumentiert die der Schülerinnen auf die preußischen Provinzen das Ausmaß der regionalen Konzentration. Brandenburg und die Rheinprovinz als die beiden herausragenden Zentren stellten in je spezifischer Konstellation zusammen annähernd zwei Drittel der registrierten Schülerinnen, Brandenburg allein 54 Prozent der Schülerinnen in öffentlichen, die Rheinprovinz mehr als ein Drittel der

Schülerinnen in privaten Anstalten. Auf der Aggregationsebene der Regierungsbezirke wird dann vollends deutlich, dass es sich um ein Schulangebot weniger städtischer Agglomerationsräume handelte. Neben dem Stadtkreis Berlin als unangefochtenem Spitzenreiter mit gut 28 Prozent aller, der Hälfte der auf öffentliche und mehr als einem Fünftel der auf private Schulen entfallenden Schülerinnen profilierte sich der Regierungsbezirk Düsseldorf als Zentrum insbesondere des privaten Schulangebots (Abbildungen 1-4).

*Abb. 1:* Fortbildungs- und Fachschulen für Mädchen – Preußische Provinzen
Anteile der Provinzen an den Schulen im Staat Preußen, 1901

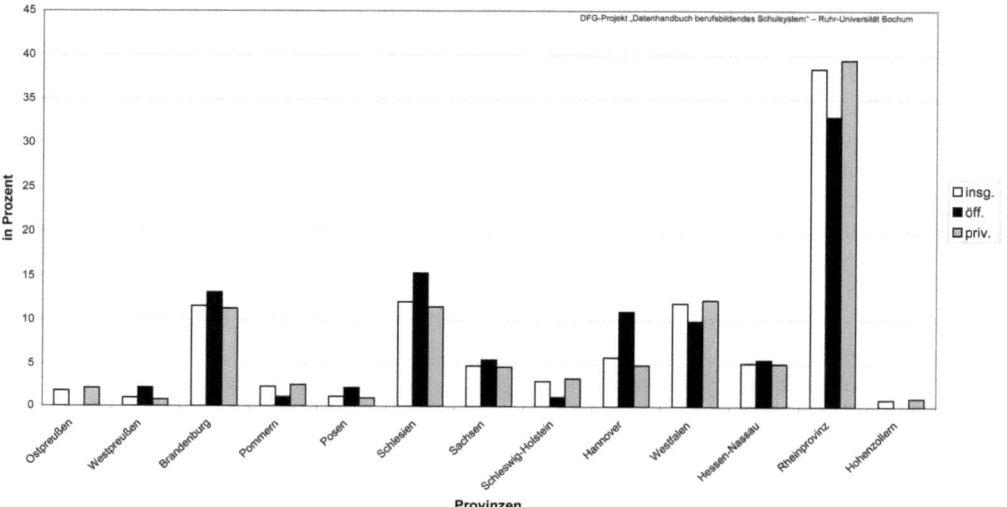

*Abb. 2:* Fortbildungs- und Fachschulen für Mädchen – Preußische Provinzen
Anteile der Provinzen an den Schülerinnen im Staat Preußen, 1901

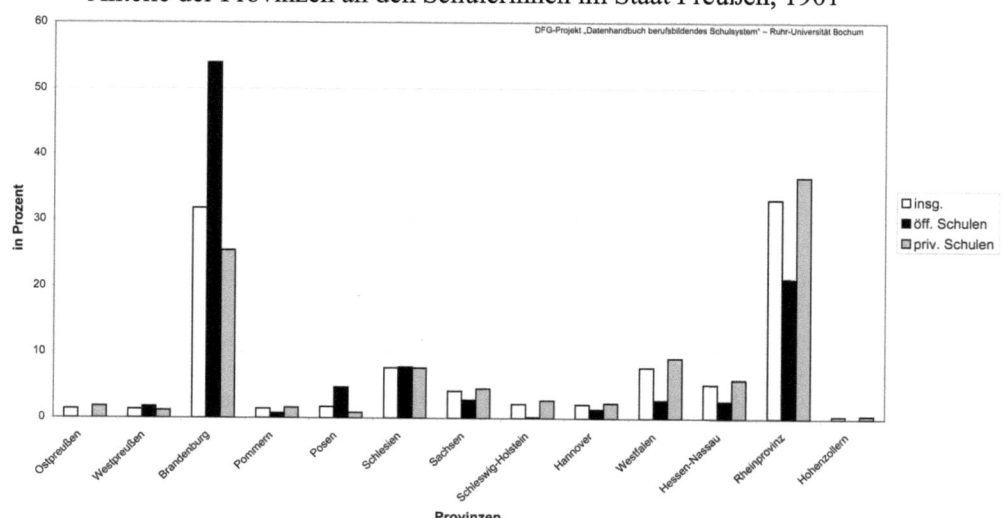

*Abb. 3:* Fortbildungs- und Fachschulen für Mädchen – Preußische Regierungsbezirke Schulen, 1901

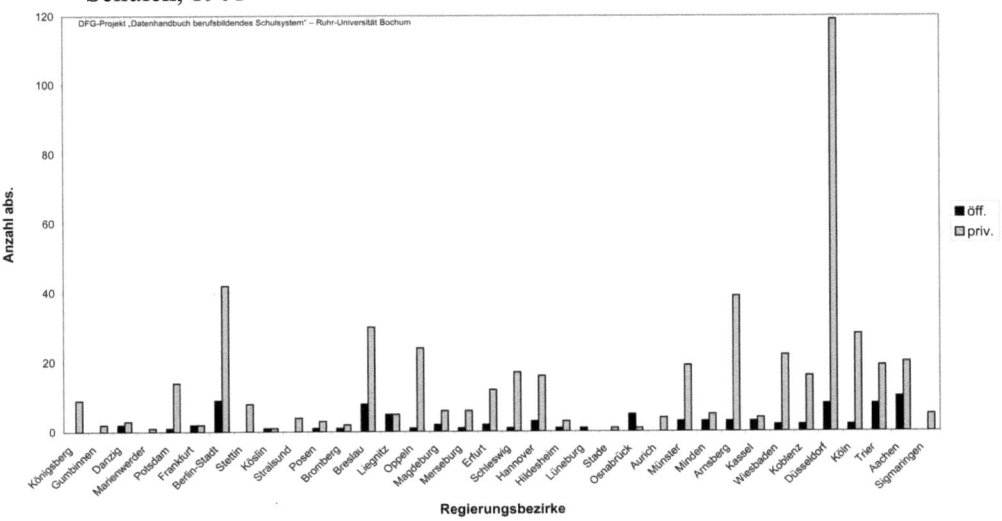

*Abb. 4:* Fortbildungs- und Fachschulen für Mädchen – Preußische Regierungsbezirke Schülerinnen, 1901

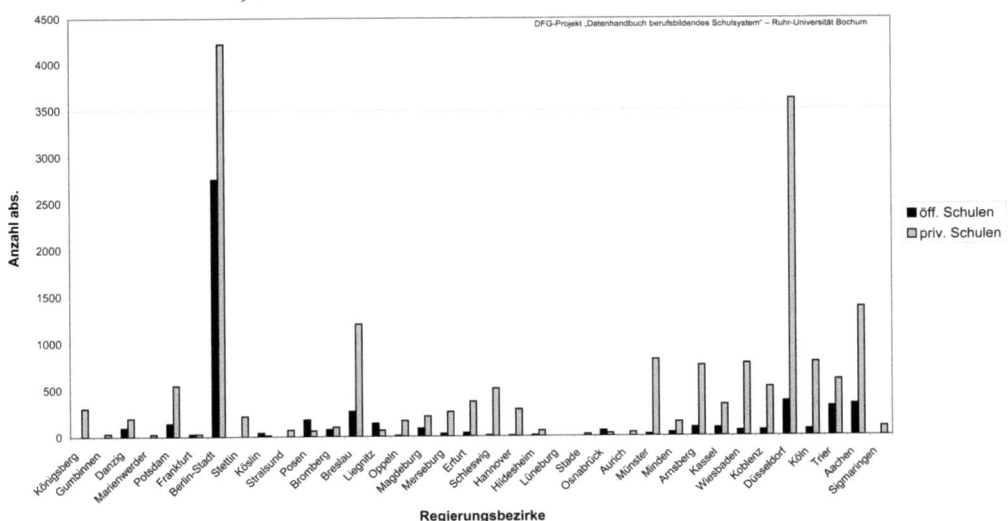

So deutlich der zu Beginn des 20. Jahrhunderts erfasste Bestand an Schulen quantitativ von privaten Einrichtungen dominiert wurde, so schnell verlor sich gerade deren Spur. Die rund 600 privaten „gewerblichen Fortbildungs- und Fachschulen für Mädchen" des Jahres 1901 gerieten durchweg aus dem Blick. Man kann davon ausgehen, dass im berufsbildenden weit mehr noch als im allgemeinbildenden Schulbereich weder der Erhebungsaufwand noch die erwartbare Validität der Angaben eine weitere Erfassung gerechtfertigt erscheinen ließ. Eine für das Jahr 1912 vorgelegte „Übersicht über die in Preußen vorhandenen Fach- und Fortbildungsschulen zur gewerblichen und hauswirtschaftlichen Ausbildung der weiblichen Jugend" wertete das Landesgewerbeamt als Bestätigung für die Aussichtslosigkeit einer Totalerhebung: „Die Ermittlung der vorhandenen Anstalten ist deshalb so erschwert, weil viele Anstalten von Vereinen, geistlichen Orden und gewerblichen Unternehmern unterhalten werden, die glauben, daß sie einer Anzeigepflicht an die Schulaufsichtsbehörde nicht unterliegen" (V. Verwaltungsbericht 1914, S. 260).

Im Fokus der Aufmerksamkeit blieb hingegen die 1901 auf rund 90 Anstalten veranschlagte Gruppe der sogenannten „öffentlichen Schulen". Von 1903 an bis zum Winterhalbjahr 1916/17 lieferte die amtliche Statistik jährliche Schullisten mit der Bezeichnung jeder einzelnen Anstalt und der Zahl ihrer Schülerinnen. Die Dokumentation dieser selten mehr als 110 Anstalten umfassenden Schulgruppe erfolgte unter wechselnden Überschriften und so sperrigen Titeln wie: „Mädchen-Fortbildungsschulen, die vom Staate unterstützt werden" oder „Handels-, Gewerbe- und Haushaltungsschulen für Mädchen, welche Staatsanstalten sind oder aus Staatsmitteln Zuschüsse erhalten" und schließlich „Staatliche und vom Staate unterstützte Fach- und Fortbildungsschulen für die weibliche Jugend" (Statistisches Jahrbuch 1904-1917; Ministerialblatt 1906-1917). Nur drei dieser Schulen befanden sich vor dem Ersten Weltkrieg tatsächlich in staatlicher Trägerschaft. Die Staatsanstalten in Posen, Potsdam und Rheydt fungierten aufgrund ihres herausgehobenen Organisations- und Ausbildungsniveaus als Vorbildschulen, als Entwicklungs- und Erprobungsstätten für neue Konzepte sowie als Ausbildungsseminare für Gewerbeschullehrerinnen.[1] Eine vergleichbare Sonderstellung als Schule und Seminar nahm vor 1914 nur eine Handvoll weiterer Schulen in Berlin, Kassel und Königsberg ein.[2] Als Ausnahmen bestätigten diese wenigen Schulen den durchgängig geringen Aussagewert scheinbar typisierender Bezeichnungen wie Gewerbeschule, Handelsschule und Haushaltungsschule. Die Mehrzahl der Anstalten gleich welcher Bezeichnung dürfte beispielsweise hauswirtschaftlichen Unterricht erteilt haben. Im Verwaltungsbericht des Landesgewerbeamts für 1907 hieß es: „Unter gewerblichem Unterricht ist sowohl Koch- und Haushaltungsunterricht als auch Unterricht in der Wäscheanfertigung, im Schneidern, in den Kunsthandarbeiten, im Zeichnen usw. verstanden" (II. Verwaltungsbericht 1908, S. 111). Und im Blick auf die Unmöglichkeit einer auch nur einigermaßen aussagekräftigen Typisierung der Mädchenschulen ergänzte das Landesgewerbeamt: „Eine weitergehende Einteilung ist zurzeit nicht möglich, da, wie schon die vielseitigen Namen, die oft noch nicht einmal mit dem Charakter der Schule übereinstimmen, beweisen, die Ziele der Ausbildung noch zu ungleich sind. Deshalb ist es auch vorläufig nicht durchführbar, näher auf die Organisation einzugehen, man müßte denn jede Schule einzeln beschreiben, was dem Rahmen dieses Berichts nicht entspräche" (ebd.). Insonderheit die Attribute „gewerblich" und „hauswirtschaftlich" waren, wenn nicht austauschbar, so doch hochgradig beliebig in ihrer Verwendung. Im Blick auf die „zahlreichen Haushaltungs-, Gewerbe- und hauswirtschaftlichen Fortbildungsschulen" hieß es im IV. Verwaltungsbericht des Königlich Preußischen Landesgewerbeamts (1912, S. 220): „Die Namen werden sehr willkürlich gewählt und bedeuten oft dieselbe Schulgattung."

Als Ausdruck der regionalen, organisatorischen und curricularen Uneinheitlichkeit des schulischen Bildungsangebots spiegelte die unscharfe Begrifflichkeit das Fehlen einer nach klaren organisatorischen und curricularen Vorgaben gestalteten Pflichtfortbildungsschulebene für Mädchen. In der bildungspolitischen Berichterstattung wurde dieser strukturimmanente Zusammenhang mit Blick auf die Normierungs- und Systematisierungsdefizite der Bildungseinrichtungen wiederholt thematisiert: „Auch hinsichtlich der

Fach- und Fortbildungsschulen für die weibliche Jugend sind organisatorische Maßnahmen nicht zu verzeichnen. Die Entwickelung des gesamten Mädchengewerbeschulwesens ist mehr oder weniger von der Gestaltung der künftigen Fortbildungsschulen abhängig. Sie müssen die Unterlage bilden, auf der sich die Fachschulen aufbauen. Zur zielbewußten Organisation der letzteren wird man deshalb erst dann übergehen können, wenn man sich über die Einrichtung der Fortbildungsschulen klar geworden ist und bereits einige Erfahrungen bei ihrem Betriebe gesammelt hat" (IV. Verwaltungsbericht 1912, S. 218). Noch vor dem Ersten Weltkrieg wurde durch eine Änderung der Reichsgewerbeordnung die Fortbildungsschulpflicht auf die gewerblichen gelernten und ungelernten Arbeiterinnen ausgedehnt.[3] Ab 1919 schließlich konnten alle aus der Volksschule entlassenen Mädchen zum Besuch der Fortbildungsschule verpflichtet werden, neben den Arbeiterinnen also insbesondere die Hausangestellten und die Haustöchter.[4] Zur tatsächlichen Durchsetzung der Fortbildungsschulpflicht aber bedurfte es weiterhin entsprechender Ortsstatute.

Aufgrund der wenig aussagekräftigen Schulbezeichnungen lässt sich die Entwicklung des beruflichen Schulangebots für die weibliche Bevölkerung in Preußen nach 1900 zunächst am verlässlichsten anhand der Gesamtzahlen der Schulen und Schülerinnen nachzeichnen (Abbildungen 5 und 6). Deutlicher noch als die Verlaufskurve der Schulen zeigt die Entwicklungslinie der Schülerinnen ein abruptes Ende der im Verlauf der ersten Dekade erkennbaren Expansion. Der plötzliche Einbruch nach 1910 ist erklärbar und verweist auf den ersten der beiden eingangs erwähnten Ausdifferenzierungsprozesse.

*Abb. 5:* Fach- und Fortbildungsschulen für Mädchen – Staat Preußen
Schulen, 1903/04-1916/17

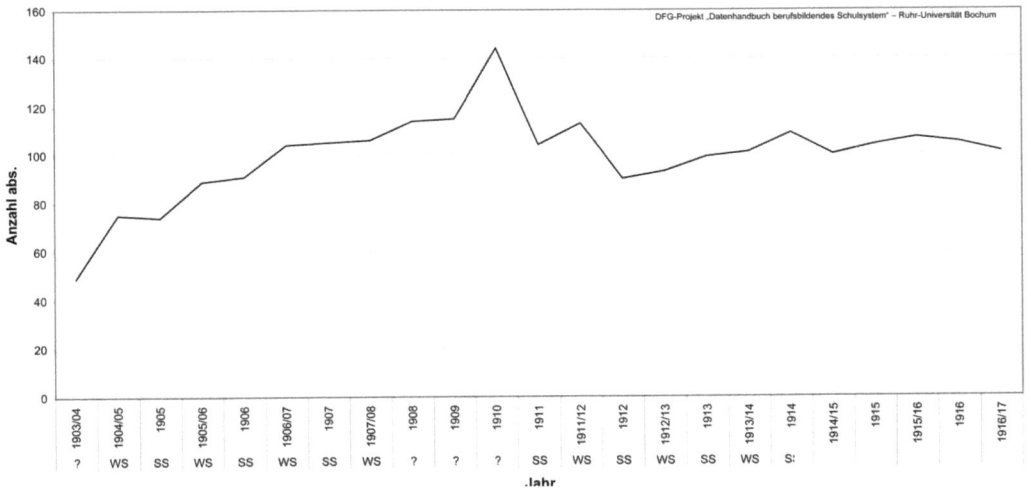

1903/04 Mädchenfortbildungsschulen, 1904/05-1910 Handels-, Gewerbe- und Haushaltungsschulen, 1911-1916/17 Fach- und Fortbildungsschulen (ohne die kaufmännischen)

Abb. 6: Fach- und Fortbildungsschulen für Mädchen – Staat Preußen
Schülerinnen, 1903/04-1916/17

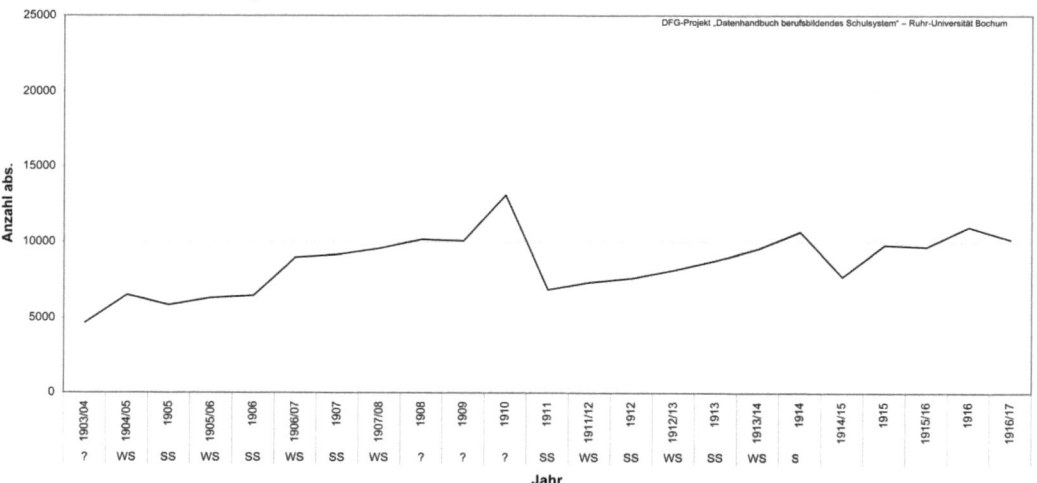

## 3 „Kaufmännische Tagesschulen"

Innerhalb des unsortierten Gemenges von „Fach- und Fortbildungsschulen für die weibliche Jugend" und gleichsam außerhalb der Erfassungsparameter der amtlichen Schulstatistik hatte sich bis 1910 eine Gruppe von Schulen und Schulabteilungen mit kaufmännischem Unterrichtsschwerpunkt herauskristallisiert, die sich aufgrund ihres Anforderungsprofils und durch erhöhte Wochenstundenzahlen bis hin zum vollzeitschulischen Bildungsangebot vom Niveau kaufmännischer Fortbildungsschulen mehr oder minder deutlich abhoben. In den statistischen Veröffentlichungen des preußischen Ministeriums für Handel und Gewerbe wurden diese Schulen ab 1911 nicht mehr dem Bereich der „Fachund Fortbildungsschulen für die weibliche Jugend" zugeordnet, sondern unter den einigermaßen opaken Titel „kaufmännische Tagesschulen mit mehr als 12 Stunden wöchentlichen Unterricht" rubriziert (Ministerialblatt 1912, S. 159ff.) Rechnet man nun diese Schulen der um sie reduzierten Kategorie der verbliebenen Fach- und Fortbildungsschulen hinzu, dann zeigt vor allem die Frequenzentwicklung die Stetigkeit der Expansion an (Abbildung 7).

Tatsächlich handelte es sich bei den „kaufmännischen Tagesschulen" um die ersten statistisch erfassten Handels- und Höheren Handelsschulen Preußens. Dass beide Begriffe über Jahre hinweg nur in den variierenden Namen der einzelnen Anstalten, nicht aber als Schultypenbezeichnungen in der amtlichen Statistik Verwendung fanden, mag mit dem hohen Anteil von Einrichtungen erklärt werden können, die anderen Schulen, kaufmännischen Fortbildungsschulen zumal, als Abteilungen angegliedert waren. Eine vergleichsweise hohe Inkorporationsquote kennzeichnete den institutionellen Zuschnitt des Handels- und Höheren Handelsschulangebots noch am Ende der 1930er Jahre.[5] Ein weiteres Motiv für die eher zurückhaltende Etikettierung könnte das aufkommende Konkurrenzverhältnis der von Schülerinnen dominierten Handels- und Höheren Handelsschulen gegenüber den während der beiden ersten Jahrzehnte des 20. Jahrhunderts überwiegend von Jungen besuchten kaufmännischen Fortbildungsschulen gewesen sein. Den 1916 vom preußischen Ministerium für Handel und Gewerbe erlassenen „Bestimmungen über Einrichtung und Lehrpläne der öffentlichen Handelsschulen und höheren Handelsschulen" zufolge sollten solche Schulen nur dort errichtet werden, „wo die kaufmännische Fortbildungsschule für Knaben und Mädchen den geltenden Anforderungen gemäß eingerichtet ist und ihr Bestehen und Aufbau durch die Errichtung einer Handelsschule (höheren Handelsschule) nicht gefährdet wird" (VI. Verwaltungsbericht 1922, S. 77f.).

*Abb. 7:* Fach- und Fortbildungsschulen für Mädchen – Staat Preußen
Schülerinnen, 1903/04-1916/17

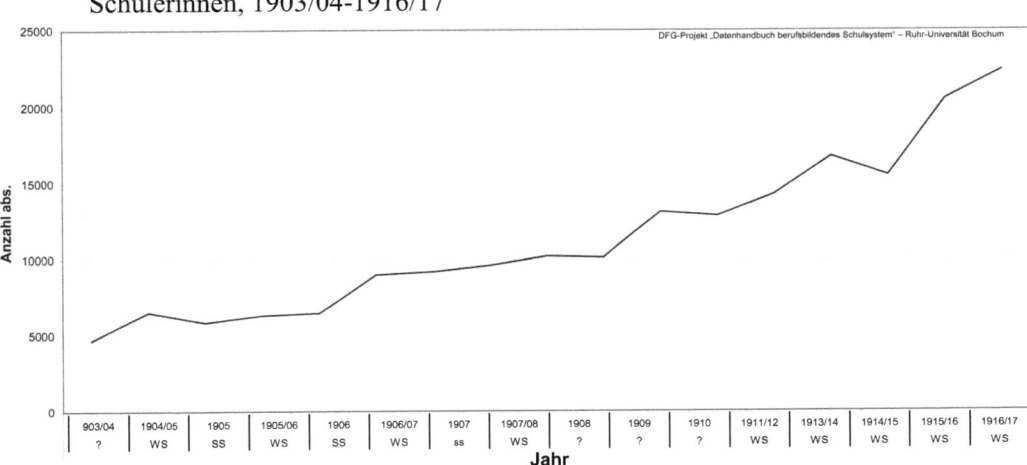

1903/04 Mädchenfortbildungsschulen, 1904/05-1910 Handels-, Gewerbe- und Haushaltungsschulen; 1911-1916/17 Fach- und Fortbildungsschulen Kfm. Tagesschulen (HS/HHS)

Aus der ministeriellen Vorgabe, die Pflichtstundenzahl der Handelsschule so zu bemessen, „daß das Ziel der Pflichtfortbildungsschule mindestens erreicht wird" (ebd., S. 56), darf man schließen, dass sich die Mehrzahl der Handelsschulen in ihrem Anforderungsprofil zunächst nicht von den Fortbildungsschulen abhob. Handelsschulen mit einjährigem Kursus wurde im Gegenteil bescheinigt, nicht mit Sicherheit dem Leistungsniveau eines auf drei Jahre angelegten Fortbildungsschulbesuchs entsprechen zu können. Nach den „Bestimmungen" von 1916 sollten daher möglichst alle Absolventen einjähriger Handelsschulen durch Ortsstatut bis zum Ende ihrer Fortbildungsschulpflicht zur Teilnahme an einem Ergänzungsunterricht während der Hälfte der für die Pflichtfortbildungsschule festgesetzten Stunden verpflichtet werden. Da überdies die als „Berechtigung" der Handelsschule geltende Befreiung vom Besuch der Pflichtfortbildungsschule an den erfolgreichen Abschluss eines Handelsschullehrgangs von drei Halbjahren gekoppelt wurde, begnügten sich zu Anfang der 1920er Jahre nur noch wenige öffentliche Handelsschulen mit einem einjährigen Kursus (ebd., S. 56f., 81).

Die in der amtlichen Zuordnung zunächst kaum erkennbaren Handels- und Höheren Handelsschulen waren von Beginn an eine Domäne der Mädchen (Abbildungen 8-10). Den während der Kriegsjahre ungebrochenen Zulauf führte das Landesgewerbeamt darauf zurück, „daß die Schulen auch im Kriege nicht bloß lebensfähig waren, sondern eine bedeutende Aufgabe zu erfüllen hatten: die in den Schulen ausgebildeten Kontoranfängerinnen hatten sehr bald in Geschäft und Büro Stellen auszufüllen, die bisher männliche Kräfte, die zum Heeresdienst einberufen wurden, versehen hatten" (VI. Verwaltungsbericht 1922, S. 55). Nach dem Ersten Weltkrieg übertraf der Anteil der Jungen erstmals die 20-Prozent-Marke und stieg innerhalb weniger Jahre auf gut 40 Prozent. Aber auch im weiteren Verlauf der 1920er und 1930er Jahre stellten die Mädchen die Mehrheit, in den Höheren, nur über einen mittleren Schulabschluss erreichbaren Handelsschulen weit deutlicher noch als in den Handelsschulen, die lediglich Volksschulbildung voraussetzten. Wie sehr insbesondere die Höheren Handelsschulen auf eine vornehmlich weibliche Klientel zugeschnitten waren, verdeutlichten die seit 1916 geltenden Aufnahmebedingungen. Die Befähigung für den Eintritt in eine Höhere Handelsschule konnte auf verschiedene Weise nachgewiesen werden: durch das Einjährig-Freiwilligen-Zeugnis, mit dem erfolgreichen Besuch der Obersten Klasse einer zehnklassigen höheren Mädchenschule, durch die Reife für die dritte Klasse der Studienanstalt, mit dem Abschlusszeugnis des Lyzeums oder durch ein Zeugnis, das den erfolgreichen Besuch einer als vollentwickelt anerkannten Mittelschule oder einer neunklassigen höheren Mädchenschule in Verbindung mit guten Leistungen im Fach Deutsch und in einer Fremdsprache belegte. Insofern auch „der Nachweis einer gleichwertigen Ausbildung" genügte und es darüber hinaus zulässig war, „die Aufnahme auf einzelne dieser Gruppen zu beschränken", eröffnete sich den Höheren Handelsschulen bei der Zusammenstellung ihrer Klientel potentiell ein beträchtlicher Gestaltungsspielraum (ebd., S. 82). Gegen Ende der 1930er Jahre lag der Mädchenanteil aller Anstalten des Handelsschulsektors deutlich über 60 Prozent, in den Höheren Handelsschulen sogar bei annähernd 80 Prozent.

*Abb. 8:* Handelsschulen und Höhere Handelsschulen – Staat Preußen
Schüler nach Geschlecht, 1911-1938

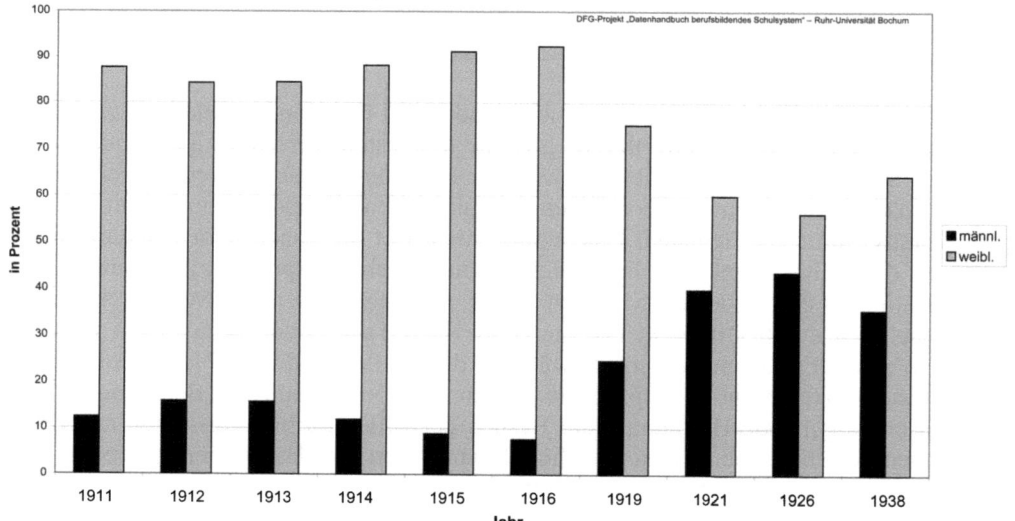

*Abb. 9:* Handelsschulen – Staat Preußen
Schüler nach Geschlecht, 1911-1938

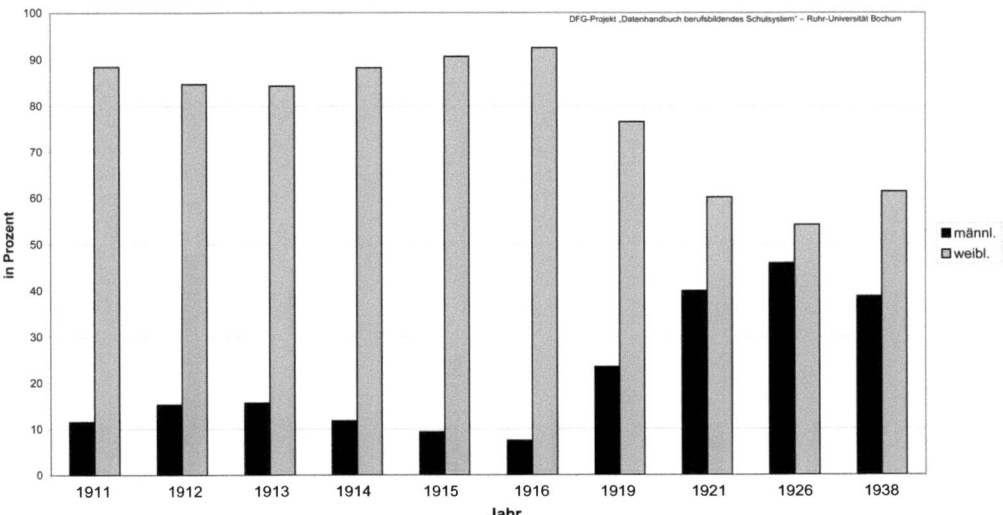

*Abb. 10:* Höhere Handelsschulen – Staat Preußen
Schüler nach Geschlecht, 1911-1938

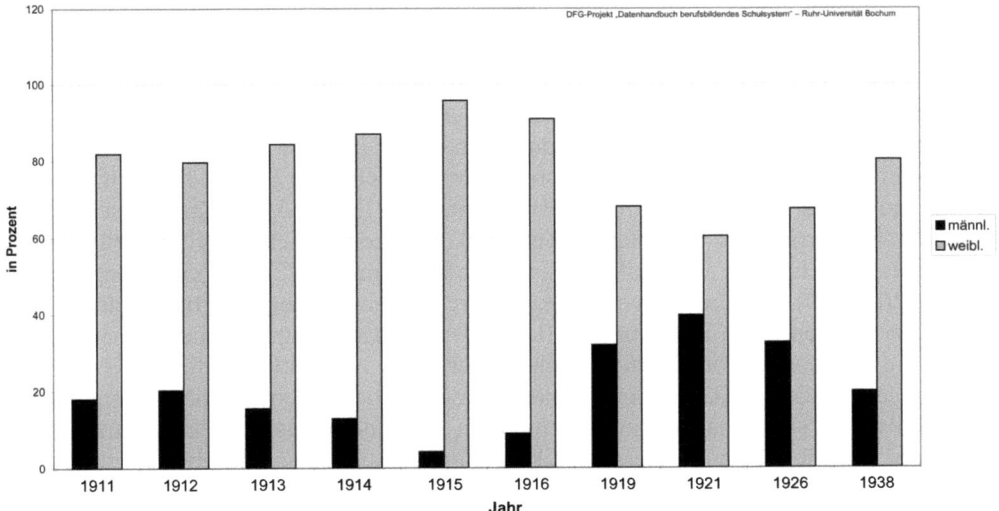

Welchen Stellenwert die Mädchen auch im Unterbau des kaufmännischen Schulbereichs erreichten, zeigt der Entwicklungsverlauf der Schülerinnenquote in den kaufmännischen Fortbildungs- bzw. Berufsschulen (Abbildung 11). Beginnend mit unbedeutenden Anteilen von weniger als 10 Prozent in den ersten Jahren nach der Jahrhundertwende, steigerten die Mädchen ihre Quote im Verlauf des Ersten Weltkriegs auf über 40 Prozent. Seit dem Ende der 1920er Jahre stellten sie auch in den kaufmännischen Berufsschulen die Mehrheit – mit einem ähnlich hohen Anteil wie in den Handelsschulen.

*Abb. 11:* Kaufmännische Fortbildungsschulen (Berufsschulen) insg. – Staat Preußen Schüler nach Geschlecht, 1905-1938

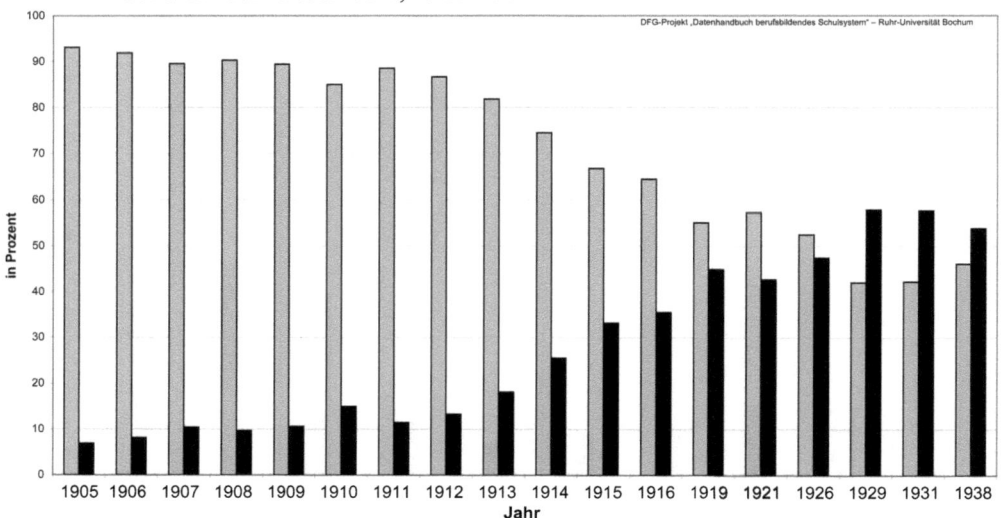

## 4 „Haushaltungsschulen"

Ein zweiter für die Strukturentwicklung des beruflichen Mädchenschulwesens bedeutsamer Ausdifferenzierungsprozess war die Herausbildung eines eigenständigen haushaltungsschulischen Bildungsangebots. Der schon vor 1900 geführte Streit über den zeitlichen Umfang und den angemessen Ort des hauswirtschaftlichen Unterrichts wurde kurz vor dem Ersten Weltkrieg zumindest formal entschieden. Ein Erlass des Ministers für Handel und Gewerbe vom 6. November bestimmte 1913, „daß der hauswirtschaftliche Unterricht bei Errichtung von kaufmännischen und gewerblichen Pflichtfortbildungsschulen für Mädchen als verbindliches Fach aufzunehmen ist" (V. Verwaltungsbericht 1914, S. 263, 269). Ein Jahr zuvor hatte das preußische Landesgewerbeamt drei unterschiedliche Konzeptionen ausgemacht: die Forderung nach einem allein der beruflichen Ausbildung dienenden Fortbildungsschulangebot ohne hauswirtschaftlichen Unterricht, den entgegengesetzten Wunsch nach einem ausschließlich hauswirtschaftlichen Fortbildungsschulwesen sowie das auf zwei Schularten setzende Modell des konsekutiven Besuchs einer als selbständige Tagesschule konzipierten hauswirtschaftlichen Fortbildungsschule und einer gewerblichen Fortbildungsschule gleich der für die männliche Jugend. (IV. Verwaltungsbericht 1912, S. 219) Die Bestimmung des Jahres 1913 bot eine Kompromisslösung an, die zum einen der schulpolitisch an Einfluss gewinnenden Doktrin von der Tätigkeit der Hausfrau und Mutter als Beruf folgte und zum anderen der Tatsache Rechnung trug, „daß an die Einrichtung obligatorischer hauswirtschaftlicher Schulen mit vollem Tagesunterricht zur Zeit nicht gedacht werden könne" (ebd., S. 233).

Innerhalb des verbliebenen Konglomerats von „Fortbildungs- und Fachschulen für die weibliche Jugend" jedoch entwickelten sich zumeist als „Haushaltungsschulen" bezeichnete Einrichtungen dieser Art als Wahlschulen. Ihre Attraktivität bestand nicht zuletzt darin, dass ihr halbjähriger Besuch vom hauswirtschaftlichen Unterricht der gewerblichen oder kaufmännischen Pflichtschule befreite und infolgedessen eine stärkere Konzentration auf den berufsfachlichen Unterricht ermöglichte. Ungleich länger als bei den Handelsschulen vollzog sich der zeitversetzt erfolgende Ausdifferenzierungsprozess der Haushaltungsschulen weitgehend außerhalb des Beobachtungsfeldes der amtlichen Schulstatistik. Immerhin registrierte das Handels- und Gewerbeministerium im Jahre 1918 insgesamt 30 und sieben Jahre später eine Gesamtzahl von 35 sogenannten „anerkannten" Haushaltungsschulen (vgl. VI. Verwaltungsbericht 1922, S. 104f.; VII. Verwaltungsbericht 1926, S. 169f.), die als einjährige Tagesschulen den höchsten Entwicklungsstand markierten. Im Zuge einer ersten Systematisierung des gesamten beruflichen Mädchenschulwesens erhielten die Haushaltungsschulen Mitte der 1920er Jahre einen definierten Ort als Schultyp innerhalb der Kategorie der so genannten „Hauswirtschaftlichen Fachschulen", die sich zusammen mit den „Gewerblichen Fachschulen" zu dem vom Berufsschulsektor abgehobenen Bereich der „Fachschulen für die weibliche Jugend" formierten.

Ihre Zuordnung zum Fachschulbereich war keineswegs selbstverständlich. Noch zu Beginn der 1920er Jahre wurden die Haushaltungsschulen als eigenständige Schulkategorie von den Fachschulen abgegrenzt. Oberhalb der Fortbildungs- oder Berufsschulebene ließen sich demzufolge „zwei Gruppen unterscheiden, solche, die im wesentlichen für den Beruf der Hausfrau und Mutter, und solche, die für einen Erwerbsberuf auf hauswirtschaftlichem oder gewerblichem Gebiete vorbereiten. Erstere werden fast durchweg als Haushaltungsschulen bezeichnet und für letztere ist der Name Fachschulen gerechtfertigt" (VI. Verwaltungsbericht 1922, S. 100). Nach dem Einteilungsschema des Landesgewerbeamts erfüllten die Haushaltungsschulen zwei Aufgaben: „Zunächst werden sie von solchen Mädchen besucht, die sich vor dem Eintritt in einen gewerblichen Beruf hauswirtschaftliche Kenntnisse aneignen wollen, damit sie von diesem Unterricht in der Pflichtschule ganz oder teilweise befreit sind und mehr Zeit auf ihre berufliche Förderung verwenden können. In diesem Falle sind die Schulen als Ersatz- oder Vorschulen anzusprechen" (ebd., S. 103). Warum die Haushaltungsschulen in dieser Funktion für die Schülerinnen der Handelsschulen von besonderem Interesse waren, ließ das preußische Landesgewerbeamt in seinem VI. Verwaltungsbericht 1922 (S. 57) erkennen: „Durch die Erlasse vom 6. November 1913 und vom 13. Juli 1915 war bestimmt worden, daß der hauswirtschaftliche Unterricht auch bei den kaufmännischen Pflichtfortbildungsschulen für Mädchen als verbindliches Fach aufzunehmen sei. Sollte die Handelsschule vom Besuch der Fortbildungsschule befreien, so mußte auch in ihrem Lehrplan der hauswirtschaftliche Unterricht vorgesehen sein, es sei denn, daß die Schülerinnen Gelegenheit hatten, ihn vorher zu genießen." Da der in der Volksschule erteilte hauswirtschaftliche Unterricht nicht als Ersatz angesehen wurde, konnten Handelsschülerinnen den ihnen in den „Bestimmungen" von 1916 auferlegten hauswirtschaftlichen Unterricht der Handelsschule im Umfang von mindestens 240 Stunden nur durch den halbjährigen Besuch einer anerkannten Haushaltungsschule umgehen (ebd., S. 81).

Weitergehende Zielsetzungen verfolgte die als einjährige Ganztagsschule konzipierte zweite Form der Haushaltungsschule. Sie diente „der gründlichen Vorbereitung auf den schwierigen und verantwortungsvollen Beruf der Hausfrau und Mutter. Die oft aufgestellte Forderung, daß alle Mädchen ohne Ausnahme eine solche Schule durchmachen müßten, scheitert an der Aufbringung der hohen Kosten solcher Anstalten. Unentgeltlich kann der Unterricht nicht erteilt werden, es muß vielmehr ein nicht geringes Schulgeld erhoben werden. Hierzu werden nur Mädchen aus bemittelten Kreisen in der Lage sein" (ebd., S. 104). Aus Sicht des Landesgewerbeamts positionierten sich Haushaltungsschulen mit einjährigem Ganztagsschulbetrieb im Grenzbereich zum allgemeinbildenden Schulsystem: „Schulen der zweiten Form sind mit den Frauenschulen zu vergleichen, die einen Aufbau auf die Lyzeen oder höheren Mädchenschulen darstellen" (ebd.; vgl. NEGHABIAN 1993). Die Ausbildung für Erwerbsberufe mit hauswirtschaftlicher Ausrichtung blieb wie die Ausbildung für gewerbliche Berufe den Fachschulen vorbehalten. Zielsetzungen unterschiedlicher Reichweite bestimmten die Ausbildung: „Im ersten Falle sollen entweder Mädchen für die gewöhnlichen praktischen Arbeiten im Haushalt vorbereitet, also zu Dienstmädchen, oder wie man heute sagt, zu Hausangestellten herangezogen werden, oder es soll die Ausbildung dahin führen, daß die Mädchen Stellen als verständige und umsichtige Helferinnen oder Vertreterinnen der Hausfrau, oder schließlich als Leiterinnen für wirtschaftliche Großbetriebe, Heime, Krankenanstalten, Erziehungshäuser usw. übernehmen können. Als Berufsbezeichnung für die beiden letzten Aufgaben hat sich der Name Hausbeamtin eingebürgert" (VI. Verwaltungsbericht 1922, S. 105).

Nur wenige Jahre später hatte sich die Zuordnungssystematik nicht unwesentlich verändert. „Abweichend von der bisherigen Übung sind die Haushaltungsschulen zu den Fachschulen, d.h. zu den Schulen gerechnet worden, die eine berufliche Ausbildung übermitteln. Diese Änderung ist dadurch begründet, daß sich die Auffassung, die Tätigkeit der Hausfrau und Mutter auch als Beruf anzugehen, allgemeinere Geltung verschafft hat. Bei der Unterteilung der hauswirtschaftlichen Fachschulen muß aber unterschieden werden, ob die Ausbildung für den häuslichen Beruf oder für den Erwerbsberuf geschehen soll. Bei der Ausbildung für den häuslichen Beruf handelt es sich um einzelne Fächer oder um geschlossene Lehrgänge (Haushaltungsschulen), bei der Ausbildung für den Erwerbsberuf nur um geschlossene Lehrgänge (Fachschulen für Hausgehilfinnen oder Haushaltpflegerinnen)" (VII. Verwaltungsbericht 1926, S. 150).

Sowohl das auf den „Beruf des Weibes" als Hausfrau und Mutter ausgerichtete Berufskonzept für die Frauen des Bürgertums als auch das für die Frauen der unteren Sozialschichten entwickelte Erwerbskonzept verlor im Verlauf der zweiten Hälfte des 19. Jahrhunderts seine ursprüngliche Schichtenbindung. Die schichtenübergreifende Generalisierung beider Konzepte erfolgte in sich gleichsam gegenläufig ergänzenden Transformationsprozessen. Mit der Durchsetzung des bürgerlichen Familienmodells und seines Weiblichkeitsentwurfs als Leitbild und mit der zunehmenden Erosion des bürgerlichen Modells der sozialen Absicherung der Frau durch standesgemäße Heirat erweiterte sich die Geltung der beiden Konzepte auf jeweils diejenigen gesellschaftlichen Schichten, für deren Lebenswelt sie zunächst nicht entworfen worden waren (vgl. MAYER 1999, S. 41ff.). Die beiden Konzepte fusionierten zu einem doppelseitigen, auf familial-häusliche und erwerbsberufliche Funktionen gleichermaßen bezogenen Berufsentwurf, der die Differenz der Tätigkeitsbereiche und deren Spannungsverhältnis gewissermaßen durch die Verdoppelung des Theorems vom häuslichen Beruf in die Erwerbstätigkeit hinein zu überbrücken suchte. Seine idealtypischen Ausformungen fand dieser Entwurf auf der Arbeitsmarktebene in Erwerbsberufen wie denen der „Hausgehilfin" und „Haushaltpflegerin" oder im Erwerbsbereich der Kinder- und Krankenpflege, auf der Ebene der schulischen Berufsbildungseinrichtungen in Gestalt der Haushaltungsschulen bzw. hauswirtschaftlichen Fachschulen.

Die 1926 vom preußischen Ministerium für Handel und Gewerbe vorgelegte „Übersicht über die Organisation der Fachschulen für die weibliche Jugend" (Verwaltungsbericht 1926, S. 148f.; vgl. ALBRECHT 1922, S. 388f.) verdeutlicht die den hauswirtschaftlichen Schulen in der Organisationsform gestufter Lehrgänge zugewiesene Doppelfunktion einer Ausbildung „für den häuslichen Beruf" und „für den Erwerbsberuf" (Abbildung

12). Die Verortung der Haushaltungsschulen verweist zugleich auf die noch immer erheblichen Abgrenzungsprobleme und die daraus resultierenden funktionalen Schnittmengen zwischen den Schularten und den Schulebenen. Entsprechend den 1924 vom preußischen Minister für Handel und Gewerbe erlassenen Bestimmungen über Einrichtung und Lehrplan der öffentlichen Haushaltungsschulen" (Erlass vom 17. April 1924, VII. Verwaltungsbericht 1926, S. 165ff.) erstreckte sich der Unterricht der Haushaltungsschulen auf die Fächer Lebens- und Berufskunde, Bürgerkunde, Haushaltungskunde, Deutsch, Kochen in Verbindung mit Nahrungsmittellehre und hauswirtschaftlicher Buchführung, Hausarbeit, Waschen und Plätten, Nadelarbeit und Zeichnen sowie Gesundheitslehre, häusliche Säuglings-, Kinder- und Krankenpflege. In Abhängigkeit von den örtlichen Verhältnissen konnte das Curriculum darüber hinaus um die Fächer Gartenbau und Blumenpflege, Erziehungslehre und Kindergartenunterweisung, Einführung in die soziale Arbeit mit praktischer Betätigung, Turnen und Singspiele erweitert werden. Die Lehrprogramme der halbjährigen und der einjährigen Haushaltungsschulen sollten sich nicht durch die Unterrichtsfächer, sondern durch die Intensität von deren Behandlung unterscheiden. Gemäß ihrer formalen Kategorisierung dienten beide Haushaltungsschulvarianten der „Ausbildung für den häuslichen Beruf", zugleich aber auch als Unterstufen oder Vorschulen von weiterführenden Lehrgängen „für den Erwerbsberuf" (VII. Verwaltungsbericht 1926, S. 148, 154ff.). Auf der halbjährigen Haushaltungsschule baute die gleichfalls halbjährige „Fachschule für Hausgehilfinnen" auf.[6] Mit dem einjährigen Lehrgang der Haushaltungsschule war die erste Hälfte des in der „Fachschule für Haushaltpflegerinnen" fortzusetzenden schulischen Ausbildungswegs absolviert.[7]

Neben der Einführung von Mindestanforderungen für Ausstattung und Personal öffentlicher Haushaltungsschulen sowie der Festlegung von staatlichen Genehmigungs- und Anerkennungsrechten waren es insbesondere die den Haushaltungsschulen verliehenen Berechtigungen, die das Handels- und Gewerbeministerium zu der Erklärung veranlassten, mit den Bestimmungen von 1924 werde „bezweckt, den Haushaltungsschulen für den hauswirtschaftlichen Beruf die gleiche Bedeutung zu geben, wie sie die Handelsschulen oder höheren Handelsschulen für den kaufmännischen Beruf bereits besitzen" (VII. Verwaltungsbericht 1926, S. 150). Die Berechtigungen bestätigten die Mehrfachfunktion der Haushaltungsschule. Der erfolgreiche Besuch des halbjährigen Kursus ersetzte weiterhin den hauswirtschaftlichen Unterricht in den kaufmännischen und gewerblichen Berufsschulen, die Absolvierung des zweiten Halbjahres befreite vom Besuch der hauswirtschaftlichen Berufsschule. In dieser Funktion blieben die Haushaltungsschulen Ersatzschulen. Und in dieser Eigenschaft standen die Haushaltungsschulen aus Sicht des preußischen Landesgewerbeamts seit den frühen 1920er Jahren in einem doppelten Bezug zu den Handelsschulen: Zum einen konnten sie die Handelsschule vom hauswirtschaftlichen Unterricht entlasten und so zu einer stärker berufsfachlichen Ausrichtung des Lehrkanons beitragen. Zum anderen schienen sie die Chance zu bieten, Schülerinnen vom Besuch einer Handelsschule abzulenken. Beide Aspekte bestimmten die Empfehlung des Landesgewerbeamts, den hauswirtschaftlichen Pflichtunterricht tunlichst außerhalb der Handelsschulen zu organisieren: „Wenn man die Wahl hat, ob man Einrichtungen schaffen soll, bei denen der hauswirtschaftliche Unterricht vor dem Besuch der Handelsschule erteilt wird, oder zu gleicher Zeit mit dem kaufmännischen Unterricht stattfindet, so ist das erstere vorzuziehen. Erstens ist es dann möglich, die Zahl der Unterrichtsstunden über 240 hinaus zu erhöhen, was im Interesse der guten Ausbildung durchaus erwünscht ist, und zweitens gelingt es häufig bei vielen Mädchen, Liebe und Lust für einen Beruf hervorzurufen, der sich an die hauswirtschaftliche Tätigkeit anschließt. Dagegen ist auch vom Standpunkte der Kaufmannschaft nichts einzuwenden, da im Handel jetzt wieder ein Überangebot weiblicher Hilfskräfte vorhanden ist, während es auf anderen Gebieten an gut vorgebildeten Mädchen fehlt" (VI. Verwaltungsbericht 1922, S. 58).

*Abb. 12:* Struktur der „Fachschulen für die weibliche Jugend" in Preußen 1925

| Hauswirtschaftliche Fachschule | | | | | Gewerbliche Fachschule | | |
|---|---|---|---|---|---|---|---|
| I. Ausbildung für den häuslichen Beruf | | | II. Ausbildung für den Erwerbsberuf | | I. Ausbildung für den häuslichen Beruf | II. Ausbildung für den Erwerbsberuf | |
| 1. Einzelfächer | 2. Geschlossene Lehrgänge | | Geschlossene Lehrgänge | | Einzelfächer | Geschlossene Lehrgänge | |
| ¼ - 2 Jahre „nach Bedarf mit 2-4 Wochenstunden für jedes Fach in einzelnen oder mehreren Unterrichtsgegenständen zu belegen." | Haushaltungsschule ½ jährig | Haushaltungsschule 1jährig | Fachschule für Hausgehilfinnen ½ jährig als Aufbau auf der ½ jährigen Haushaltungsschule | Fachschule für Haushaltpflegerinnen als Aufbau auf der 1 jährigen Haushaltungsschule | ¼ - 2 Jahre „nach Bedarf mit 2-4 Wochenstunden für jedes Fach in einzelnen oder mehreren Unterrichtsgegenständen zu belegen." | 1-3 Jahre | |
| | | | | | | a) für Schneiderinnen | b) für Putzmacherinnen |
| | | | | | | c) für Wäschenäherinnen | d) für Kunststickerinnen |
| Fächer | Fächer | | | | Fächer | Fächer | |
| Kochen und Anrichten | Lebens- und Berufskunde, Bürgerkunde, Haushaltungskunde | | | | Handnähen und Ausbessern | a) Schneidern und Schnittzeichnen | Verzierungsarbeiten (für a, b, c) |
| Krankenkost | Deutsch | | | | Maschinennähen und Wäscheanfertigung | b) Putzmachen | Zeichnen |
| Backen | Kochen in Verb. mit Nahrungsmittellehre und hauswirtschaftlicher Buchführung | | | | Schneidern | c) Wäscheanfertigung und Schnittzeichnen | Materialkunde |
| Einmachen | Hausarbeit, Waschen und Plätten | | | | Putzmachen | d) einfache Handarbeiten, Kunsthandarbeiten | Gesundheitspflege |
| Tischdecken, Bedienen | Nadelarbeit und Zeichnen | | | | Kunsthandarbeiten | | Lebens- und Berufskunde |
| Waschen und Plätten | Gesundheitslehre, häusliche Säuglings-, Kinder- und Krankenpflege | | | | Zeichnen | | Bürgerkunde |
| Hausarbeiten | Gartenbau und Blumenpflege | | | | | | Deutsch, Rechnen, Buchführung |
| Häusl. Säuglings-, Kinder- und Krankenpflege | Erziehungslehre und Kindergartenunterweisung | | | | | | Kochen und Hausarbeiten |
| | Einführung in die soziale Arbeit mit prakt. Betätigung | | | | a und b: handwerksmäßige Ausbildung mit Anrechnung auf Lehrlingsbildung | | |
| | Turnen und Singspiele | | | | Fortbildungslehrgänge für Gesellinnen und Meister | | |

Absolventinnen der einjährigen Haushaltungsschule erwarben darüber hinaus die Berechtigung „zum Entritt in ein Seminar für technische Lehrerinnen oder in andere Lehrgänge zur Ausbildung von Lehrerinnen der Hauswirtschaftskunde oder der weiblichen Handarbeiten" sowie ferner den Nachweis der sogenannten „fachlichen Berufsschulung", der angehenden „Haushaltpflegerinnen" und „Wohlfahrtspflegerinnen" als Beleg für eine ausreichende hauswirtschaftliche Vorbildung abverlangt wurde (Erlass vom 17. April 1924, VII. Verwaltungsbericht 1926, S. 168). Hinzu kam der „Nachweis der hauswirtschaftlichen Ausbildung für den Eintritt in ein selbständiges Kindergärtnerinnen- oder Hortnerinnenseminar", der durch den erfolgreichen Besuch einer anerkannten Haushaltungsschule erbracht werden konnte – eine aufgrund der Ressortverteilung bemerkenswerterweise vom Minister für Wissenschaft, Kunst und Volksbildung erteilte Berechtigung.[8]

Das Ausbildungsspektrum der Haushaltungsschulen erstreckte sich also von fortbildungs- bzw. berufsschulischen Ersatzleistungen bis hin zur Anbindung an die Lehrerinnenbildungsanstalten. Entsprechend unzureichend wurde die (berufsfachschulische) Zwischenstellung der Haushaltungsschulen durch deren Kategorisierung als „hauswirtschaftliche Fachschulen" abgebildet. Wie fließend die Grenzen zwischen den bis dahin eingeführten Schultypenkategorien noch in der Weimarer Republik tatsächlich waren, dokumentiert nicht zuletzt das im Bereich der „Ausbildung für den häuslichen Bedarf" unter dem Titel „Einzelfächer" firmierende Lehrangebot, das in einem individuell bestimmbaren Zeitrahmen zwischen drei Monaten und zwei Jahren „nach Bedarf mit 2-4 Wochenstunden für jedes Fach in einzelnen oder mehreren Unterrichtsgegenständen zu belegen" war (VII. Verwaltungsbericht 1926, S. 148). Die Aufrechterhaltung eines Unterrichtsangebots, das gewissermaßen Weiterbildungsfunktionen auf Berufsschulniveau erfüllte und dabei die Konzeption eines geordneten Curriculums bewusst konterkarierte, verteidigte das Handels- und Gewerbeministerium folgendermaßen: „Die Möglichkeit des Besuches von Einzelfächern ist für solche Mädchen und Frauen wichtig, die sich neben ihren Hausfrauen- und Berufspflichten bestimmte, für den Haushalt wichtige Kenntnisse aneignen wollen" (ebd., S. 150). Ein Unterrichtsprogramm gleichen Zuschnitts boten die so genannten „Gewerblichen Fachschulen",[9] die auf diese Weise dokumentierten, dass die Kategorien „gewerblich" und „hauswirtschaftlich", „häuslicher Beruf" und „Erwerbsberuf", „Berufsschule" und Fachschule" nur über eine vergleichsweise geringe Trennschärfe verfügten. In ihrem erwerbsberuflich ausgerichteten Unterrichtsangebot verwiesen die Gewerblichen Fachschulen exemplarisch auf die eingangs skizzierte spezifische Problematik der fehlenden korporatistischen Ausbildungsberuflichkeit. Die Lehrgänge für Schneiderinnen und Putzmacherinnen boten eine handwerksmäßige Ausbildung, die regulär im Umfang von bis zu zwei Jahren auf eine Meisterlehre angerechnet wurde. Schülerinnen, die nach zweijährigem Besuch der Gewerblichen Fachschule keine Lehrstelle fanden, durften auch während des dritten Lehrjahres in der Schule ausgebildet werden (VI. Verwaltungsbericht 1922, S. 106; VII. Verwaltungsbericht 1926, S. 158). Die Lehrgänge für Wäschenäherinnen und Kunststickerinnen dienten einer ausschließlich schulischen Berufsausbildung.

## 5 Bilanz

In einem ersten Fazit lassen sich vier Entwicklungsmerkmale hervorheben, die den Institutionalisierungsprozess der schulisch organisierten Berufsbildung für die weibliche Jugend in Preußen nach 1900 in besonderer Weise prägten:

*Erstens*: Im beruflichen Schulsektor der Mädchen blieben die Grenzen zwischen fortbildungs- bzw. berufsschulischen und fachschulischen Einrichtungen auch während der Weimarer Republik fließend.

*Zweitens*: Erwartungsstereotypen eher zuwiderlaufend begann der Ausdifferenzierungs- und Typisierungsprozess eines beruflichen Schulangebots für Mädchen oberhalb der Pflichtschulebene nicht in den geschlechtsspezifisch zugeschriebenen „häuslichen" oder „hauswirtschaftlichen" Tätigkeitsfeldern, sondern im Bereich der kaufmännischen Berufsbildung.

*Drittens*: Zeitversetzt entwickelte sich mit der Herausbildung der Haushaltungsschulen ein Schulangebot, das Haushalt und Familie als Beruf definierte und zugleich durch die Verdoppelung dieses Theorems in die Erwerbstätigkeit hinein geprägt wurde.

*Viertens*: Die Entwicklung beruflicher Schulangebote für Mädchen oberhalb des Niveaus der Fortbildungs- und Berufsschulen zeigte frühzeitig eine starke Tendenz zu vollzeitschulischen Organisationsformen.

Am Ende der 1930er Jahre stellten die Haushaltungsschulen nach den Handels- und Höheren Handelsschulen das zweitstärkste Kontingent derjenigen berufsbildenden Schulen, die nach dem Erlass des Reichsministeriums für Wissenschaft, Erziehung und Volksbildung zur „Vereinheitlichung der Benennung der Berufs- und Fachschulen" von 1937 der neuen Schultypenkategorie „Berufsfachschulen" zugeordnet wurden (HARNEY u.a. 2006). Für den Staat Preußen notierte die Statistik 1938 eine Gesamtzahl von 595 Berufsfachschulen, von denen die Gruppe der Handels- und Höheren Handelschulen und die Haushaltungsschulen zu annähernd gleichen Teilen insgesamt fast 90 Prozent ausmachten (vgl. Reichsstelle für Schulwesen 1941, S. 367ff.). Die Dominanz der Mädchen in beiden Schularten führte zu einem entsprechend hohen Anteil von Schülerinnen im Berufsfachschulsektor überhaupt (Abbildung 13). Zu mehr als 70 Prozent waren es Schülerinnen, die 1938 in Preußen Berufsfachschulen besuchten (vgl. Reichsstelle für Schulwesen 1941, S. 367ff.). Das berufsbildende Schulangebot für Mädchen oberhalb der Berufsschulebene war am Ende der 1930er Jahre ganz überwiegend ein vollzeitschulisch organisiertes Berufsfachschulangebot. Noch am Ende des 20. Jahrhunderts lag der Anteil der Schülerinnen in den Berufsfachschulen in Deutschland bei 64 Prozent (Bundesministerium für Bildung und Forschung 2001, S. 320).[10]

*Abb. 13:* Berufsbildendes Schulsystem – Staat Preußen
Schüler der Berufsschulen, Berufsfachschulen und Fachschulen
nach Geschlecht, 1938

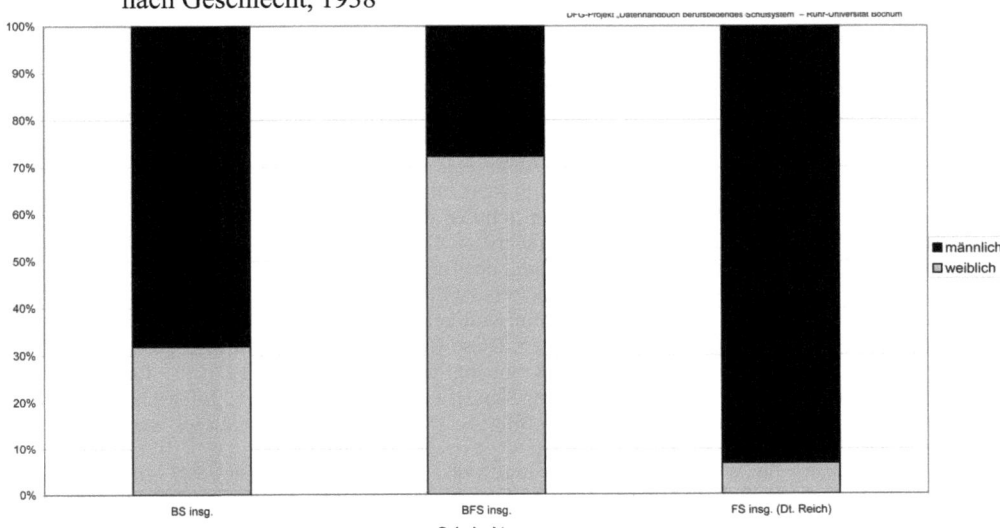

## Anmerkungen

1 Über den herausgehobenen Status dieser drei zwischen 1897 und 1904 verstaatlichten Einrichtungen informierte der I. Verwaltungsbericht des Königlich Preußischen Landesgewerbeamts (1906, S. 76): „Sie sollen für die übrigen Anstalten der Monarchie vorbildlich sein und namentlich gute Lehrerinnen für die anderen Schulen und für den eigenen Bedarf ausbilden, denn es hat sich gezeigt, daß die Ausbildung von Lehrerinnen in den Privatanstalten den steigenden Anforderungen nicht mehr genügt. Die drei Anstalten sind gleichmäßig organisiert und zerfallen in Haushaltungs-, Gewerbe- und Handelsschule. Außerdem ist mit ihnen ein Seminar für die Ausbildung von Handarbeits-, Koch-, Hauswirtschafts- und Gewerbeschullehrerinnen verbunden, und es wird den Schülerinnen auch Unterricht allgemein bildender Art (Literatur- und Kunstgeschichte, Vorträge aus den Gebieten der vaterländischen Geschichte, Volkswirtschaftslehre, der Gesetzeskunde, der Erziehungslehre, der Gesundheits- und Ernährungslehre, der Kinder- und Krankenpflege usw., Turnen und Gesang) erteilt."
2 Das Recht zur Ausbildung von Gewerbeschullehrerinnen besaßen außer den drei Staatsanstalten ab 1909 in Berlin der Lette-Verein, das Pestalozzi-Fröbelhaus II sowie die Viktoria-Fortbildungsschule; in Kassel der Frauenbildungs-Verein; in Königsberg die Ostpreußische Mädchengewerbeschule. Vgl. III. Verwaltungsbericht 1910, S. 237.
3 Durch die Novelle vom 27. Dezember 1911 wurde der § 120 der Reichsgewerbeordnung erweitert. Gelernte und ungelernte Arbeiterinnen konnten seit dem 1. April 1912 der Fortbildungsschulpflicht durch Ortsstatut unterstellt werden (vgl. V. Verwaltungsbericht 1914, S. 260).
4 „Durch die Verordnung des Reichsministeriums für die wirtschaftliche Demobilmachung vom 28. März 1919 kann die Schulpflicht nunmehr auf alle aus der Volksschule entlassenen Mädchen ausgedehnt werden. Damit treten zu den beiden zuvor genannten Gruppen der gewerblichen Arbeiterinnen noch weitere Gruppen, insbesondere die Hausangestellten und die Haustöchter." (VI. Verwaltungsbericht 1922, S. 100)
5 Etwas mehr als 60 % der Handelsschulen und drei Viertel der Höheren Handelsschulen waren 1938 an Berufsschulen angeschlossen (vgl. Reichsstelle für Schulwesen 1941, S. 240ff.).
6 Die Prognose des Handels- und Gewerbeministeriums für die weitere Entwicklung solcher Schulen fiel Mitte der 1920er Jahre denkbar ungünstig aus: Ihre Zahl sei „bedauerlicherweise noch sehr gering" und der erforderlichen finanziellen Aufwendungen wegen auch künftig nur begrenzt steige-

rungsfähig. Insofern also „Fachschulausbildung immer nur für einen geringen Prozentsatz der Hausangestellten durchführbar" sein werde und die Schulen nicht in der Lage sein würden, „eine nennenswerte Zahl von Hausgehilfinnen auszubilden", gewänne „die hauswirtschaftliche Lehre um so mehr an Bedeutung" (VII. Verwaltungsbericht 1926, S. 155). Vorarbeiten zur Einführung einer hauswirtschaftlichen Ausbildung, „die der Meisterlehre in einem Handwerk verglichen werden kann", wurden entsprechend begrüßt (ebd., S. 154).

7 Über das Unterrichtsangebot für „Haushaltpflegerinnen" urteilte das Handels- und Gewerbeministerium 1926 durchweg positiv: „Die Ausbildung der Hausangestellten mit gehobener Schulbildung für verantwortungsvolle leitende Stellen in Haushaltungen und in hauswirtschaftlichen Großbetrieben (Haushaltpflegerinnen) war leichter durch Bestimmungen zu regeln, als die Ausbildung der Hausgehilfinnen, weil diese Schicht beruflich tätiger Frauen zahlenmäßig viel geringer ist. Die Ausbildung konnte daher in erforderlichem Maße von den Schulen übernommen werden" (VII. Verwaltungsbericht 1926, S. 156). Die 1923 erlassenen „Vorschriften über die staatliche Prüfung von Haushaltpflegerinnen" waren nicht zuletzt auf eine Steigerung des Berufsprestiges angelegt. Die Bezeichnung des Berufs sollte dessen Gleichwertigkeit im Verhältnis zu den übrigen pflegerischen Frauenberufen ausdrücken: „Der irreführende Name ‚Hausbeamtin' soll bei dieser Gelegenheit beseitigt und durch die Bezeichnung ‚Haushaltpflegerin' ersetzt werden. Diese Bezeichnung ist gewählt in Anlehnung an die Berufsbezeichnungen ‚Säuglingspflegerin', ‚Krankenpflegerin', ‚Jugendpflegerin', ‚Landpflegerin', ‚Wohlfahrtspflegerin'" (Erlaß des Ministers für Handel und Gewerbe vom 18. Juli 1923. Abgedruckt in: VII. Verwaltungsbericht 1926, S. 182-189, hier: S. 182). Zur Geschichte dieses Berufsfeldes Ute LANGE-APPEL 1993.

8 Erlaß des Ministers für Wissenschaft, Kunst und Volksbildung vom 7. Mai 1925. In: Zentralblatt 1925, S. 172f.; vgl. Erlaß des Ministers für Handel und Gewerbe vom 25. Juni 1925. Abgedruckt in: VII. Verwaltungsbericht 1926, S. 169.

9 „Auch hier", so das Handels- und Gewerbeministerium im VII. Verwaltungsbericht 1926 (S. 157), „ist wie bei den hauswirtschaftlichen Fachschulen Mädchen und Frauen, die sich neben ihren Hausfrauen- und Berufspflichten Kenntnisse für die häusliche Betätigung aneignen wollen, Gelegenheit gegeben, sich in Einzelfächern, im Zeichnen und in den verschiedenen Zweigen der Handarbeiten auszubilden. Auch hier wird bei der Dauer der Lehrgänge und bei der Auswahl des Lehrstoffs auf die praktischen Bedürfnisse besondere Rücksicht genommen."

10 Seit dem Jahre 2002 liegt der Anteilswert knapp unter der 60-Prozent-Marke. Vgl. Bundesministerium 2006, S. 786.

## Quellen und Literatur

I. Verwaltungsbericht 1906 = I. Verwaltungsbericht des Königlich Preußischen Landesgewerbeamts 1905. – Berlin.
II. Verwaltungsbericht 1908 = II. Verwaltungsbericht des Königlich Preußischen Landesgewerbeamts 1907. – Berlin.
III. Verwaltungsbericht 1910 = II. Verwaltungsbericht des Königlich Preußischen Landesgewerbeamts 1909. – Berlin.
IV. Verwaltungsbericht 1912 = II. Verwaltungsbericht des Königlich Preußischen Landesgewerbeamts 1912. – Berlin.
V. Verwaltungsbericht 1914 = II. Verwaltungsbericht des Königlich Preußischen Landesgewerbeamts 1914. – Berlin.
VI. Verwaltungsbericht 1922 = VI. Verwaltungsbericht des Königlich Preußischen Landesgewerbeamts 1920. – Berlin.
VII. Verwaltungsbericht 1926 = VII. Verwaltungsbericht über das gewerbliche Schulwesen und die Gewerbeförderung in Preußen. Erstattet zur Vorlage an das Landesgewerbeamt vom Ministerium für Handel und Gewerbe 1926. – Berlin.

ALBRECHT, E. (1922): Frauenfachschulen. In: KÜHNE, A. (Hrsg.): Handbuch für das Berufs- und Fachschulwesen. – Leipzig, S. 385-394.
Bundesministerium für Bildung und Forschung (Hrsg.) (2001): Berufsbildungsbericht 2001.

Bundesministerium für Bildung und Forschung (Hrsg.) (2006): Berufsbildungsbericht 2006.
GRÜNER, G. (Hrsg.) (1983): Quellen und Dokumente zur schulischen Berufsbildung 1945-1982. – 1. Halbband. – Köln.
HARNEY, K./HERRMANN, U. G./GROßEWINKELMANN, J./SCHWANKL, C./FELDMANN, H./PEETERS, K. (2006): Die Klassifizierung von Schulen als Mittel der Schulsteuerung und lokalen Profilbildung. In: Zeitschrift für Pädagogik, 52. Jg., H. 1, S. 108-126.
Ministerialblatt 1902 = Königliches Ministerium für Handel und Gewerbe (Hrsg.) (1902): Ministerial-Blatt der Handels- und Gewerbe-Verwaltung. – Zweiter Jahrgang 1902. – Berlin.
Ministerialblatt 1906-1917 = Königliches Ministerium für Handel und Gewerbe (Hrsg.) (1906-1917): Ministerial-Blatt der Handels- und Gewerbe-Verwaltung. – 6. Jahrgang 1906-17. Jahrgang 1917. – Berlin.
LANGE-APPEL, U. (1993): Von der allgemeinen Kulturaufgabe zur Berufskarriere im Lebenslauf. Eine bildungshistorische Untersuchung zur Professionalisierung der Sozialarbeit. – Frankfurt a. M.
MAYER, C. (1999): Entstehung und Stellung des Berufs im Berufsbildungssystem. In: HARNEY, K./ TENORTH, H.-E. (Hrsg.): Beruf und Berufsbildung. Situation, Reformperspektiven, Gestaltungsmöglichkeiten. Zeitschrift für Pädagogik, 40. Beiheft. – Weinheim/Basel, S. 35-60.
NEGHABIAN, G. (1993): Frauenschule und Frauenberufe. Ein Beitrag zur Bildungs- und Sozialgeschichte Preußens (1908-1945) und Nordrhein-Westfalens (1946-1974). – Köln/Weimar/Wien.
Preußisches Statistisches Landesamt (Hrsg.) (1924): Das Schulwesen in Preußen 1921 im Staate, in den Provinzen und Regierungsbezirken. Bearbeitet vom Preußischen Statistischen Landesamte. (Preußische Statistik. Bd. 272) – Berlin.
Preußisches Statistisches Landesamt (Hrsg.) (1931): Das Schulwesen in Preußen 1926 im Staate, in den Provinzen und Regierungsbezirken. Bearbeitet vom Preußischen Statistischen Landesamte. (Preußische Statistik Bd. 295) – Berlin.
Reichsstelle für Schulwesen: Wegweiser durch das gewerbliche Berufs- und Fachschulwesen des Deutschen Reiches. Schuljahr 1938. Im Auftrage des Reichsministeriums für Wissenschaft, Erziehung und Volksbildung bearbeitet von der Reichsstelle für Schulwesen Berlin. Langensalza/Berlin//Leipzig 1941.
REM 1937 = Schreiben des Reichs- und Preußischen Ministers für Wissenschaft, Erziehung und Volksbildung an die Unterrichtsverwaltungen der Länder vom 29. Oktober 1937, BARCH, R 4901 – 6694, Bl. 155.
Statistisches Jahrbuch 1904-1917 = Statistisches Jahrbuch für den Preußischen Staat. 1. bis 14. Jg. Hrsg. vom Königlichen Statistischen Bureau (ab 3. Jg. 1905 hrsg. vom Königlichen Statistischen Landesamt). – Berlin. 1904-1917.
Zentralblatt 1925 = Zentralblatt für die gesamte Unterrichts-Verwaltung in Preußen. Hrsg. in dem Ministerium für Wissenschaft, Kunst und Volksbildung. 67. Jg. 1925, Heft 10. – Berlin.

*Anschrift des Verfassers*: PD Dr. Ulrich G. Herrmann, Ruhr-Universität Bochum, Institut für Pädagogik, Universitätsstraße 150, D-44801 Bochum. E-Mail: Ulrich.Herrmann@ ruhr-uni-bochum.de

Peter Lundgreen/Jana Scheunemann

# Geschlechtsspezifische Berufsbildung und Arbeitsmarktchancen 1950-2000

**Zusammenfassung**
Die große Bildungsexpansion der Nachkriegszeit hat die traditionelle Chancenungleichheit zwischen den Geschlechtern beseitigt. Betrachtet man allerdings die fachlichen Richtungen beim Besuch von beruflichen Schulen und Hochschulen, so zeigen sich deutliche und stabile geschlechtsspezifische Muster, die auf „Männerberufe" und „Frauenberufe" verweisen. Der Aufsatz zeichnet diese Segregation für die Bildungsbeteiligung nach und verfolgt sie anschließend auf dem Arbeitsmarkt für Berufsanfänger.

*Schlüsselwörter*: Bildungschancen; Ausbildungspräferenzen; Männer und Frauenberufe

**Summary**
*Vocational/professional training and job opportunities by gender 1950-2000*
After the Second World War, the great educational expansion has brought to an end the traditional inequality of opportunities between the sexes. However, if enrolment at vocational schools, colleges and universities is broken down by fields of study, distinct and persistent patterns are to be seen which are genderspecific and point to "male or female occupations". The paper spells out this segregation by studying in detail the participation in education and consequently the occupational structure of male and female graduates entering the labour market.

*Keywords*: inequality; preferences for fields of study; male vs. female occupations

Die Stellung junger Frauen im Bildungssystem, aber auch anschließend im Beschäftigungssystem hat sich seit den 1950er Jahren tiefgreifend verändert. Verglichen mit den gleichaltrigen Männern, ist die traditionelle Chancenungleichheit beim Zugang zu Ausbildungsgängen deutlich abgebaut, ja überwunden worden. Gleichzeitig haben verbesserte Bildungschancen ganz neue Möglichkeiten für weibliche Berufsanfänger auf dem Arbeitsmarkt eröffnet. Allgemeine Aussagen dieser Art sind in ihrer Tendenz nicht neu. Das in Arbeit befindliche Göttinger Datenhandbuch „Berufliche Schulen und Hochschulen in der Bundesrepublik Deutschland, 1949-2001" erlaubt indessen, diese Prozesse – jedenfalls im Bildungssystem – mit Hilfe von Daten, die jetzt als Zeitreihen vorliegen, minutiös nachzuzeichnen. Das soll im Folgenden mit unterschiedlichen Fragestellungen geschehen sowie ergänzt werden durch eine Betrachtung des Arbeitsmarktes für Berufsanfänger. Der Aufsatz gliedert sich demgemäß in zwei Teile: (1) Die Bildungschancen der Geschlechter an beruflichen Schulen und Hochschulen. (2) Die Arbeitsmarktchancen weiblicher und männlicher Berufsanfänger.

## 1 Bildungschancen

Der erste Teil, den komparativen Bildungschancen gewidmet, nimmt zwei Perspektiven ein, die man tunlichst scharf unterscheiden sollte:

1. Die *Partizipation* von Frauen und Männern an beruflichen Ausbildungsgängen. Hier geht es um die geschlechtsspezifischen Beteiligungsraten, den relativen Schul- und Hochschulbesuch; ferner um die Anteilsquoten, die Geschlechterprofile an Schulen und Hochschulen, Profile, die sich verschieben, wenn sich die Beteiligungsraten der beiden Geschlechter unterschiedlich verändern.
2. Die *Präferenzen* von Frauen und Männern bei der Wahl von alternativen fachlichen Ausbildungsgängen. Hier geht es nicht mehr um die Höhe der Bildungsbeteiligung, sondern um die geschlechtsspezifischen Verteilungsmuster über die wählbaren Alternativen (Berufs- oder Fachrichtungen), um das Ausmaß an Segregation bei der Berufsvorbereitung für „Männerberufe" oder „Frauenberufe", wenn man die Präferenzen vergleicht.

### 1.1 Partizipation

Betrachtet man die geschlechtsspezifischen Beteiligungsraten im Bildungssystem, so findet man im Sektor der beruflichen Schulen seit 1949 eine fast konstante Männer-Frauen-Relation von 55:45. Im Bereich des Hochschulwesens hat sich dagegen die Beteiligung der Frauen am Studium in den letzten 50 Jahren stark geändert. Die Entwicklung zeigt hier den Abbau der Bildungsbenachteiligung für Frauen. Charakteristische Besuchsquoten werden im Folgenden vorgestellt.

#### 1.1.1 Relativer Schul- und Hochschulbesuch

Der relative Schul- bzw. Hochschulbesuch ist ein Indikator, der die Partizipation auf relevante Altersjahrgänge bezieht. Die demographische Komponente wird also herausgerechnet. Im Bereich des relativen *Hochschulbesuchs* lässt sich die Bildungsexpansion exemplarisch anhand der 22-jährigen Studierenden seit den 1950er Jahren bei beiden Geschlechtern erkennen (Abbildung 1). Hierbei nimmt die Bildungsbeteiligung der weiblichen Studierenden stärker zu als die der männlichen Studierenden. Aufgrund dieser Entwicklung – zu der die Tendenz beiträgt, dass Frauen relativ mehr jüngere Studierende stellen – überholen die Frauen die Männer an den Hochschulen (ohne Fachhochschulen) seit 1996. Rechnet man die Fachhochschulen ein, so liegt dieser Zeitpunkt im Jahre 1999.

Ein zentraler Befund bei der Betrachtung des relativen Schulbesuchs im *beruflichen Schulwesen* ist die zeitliche Verschiebung größerer Anteile der Schüler zu älteren Jahrgängen. In Abbildung 2 zeigt sich diese Verschiebung des Besuchsalters im Anstieg des relativen Schulbesuchs der 18-jährigen Schüler an beruflichen Schulen. Ebenso zeigt sich ein charakteristisches Partizipationsmuster: Während die Berufsschulen, das Berufsgrundbildungsjahr und das Berufsvorbereitungsjahr anteilig von mehr Männern als Frauen besucht werden, verhält es sich bei den beruflichen Vollzeitschulen umgekehrt, da dort zu den so genannten „Frauenberufen" ausgebildet wird (vgl. 1.2).

*Abb. 1:* Relativer Hochschulbesuch der 22-Jährigen, 1952-2002

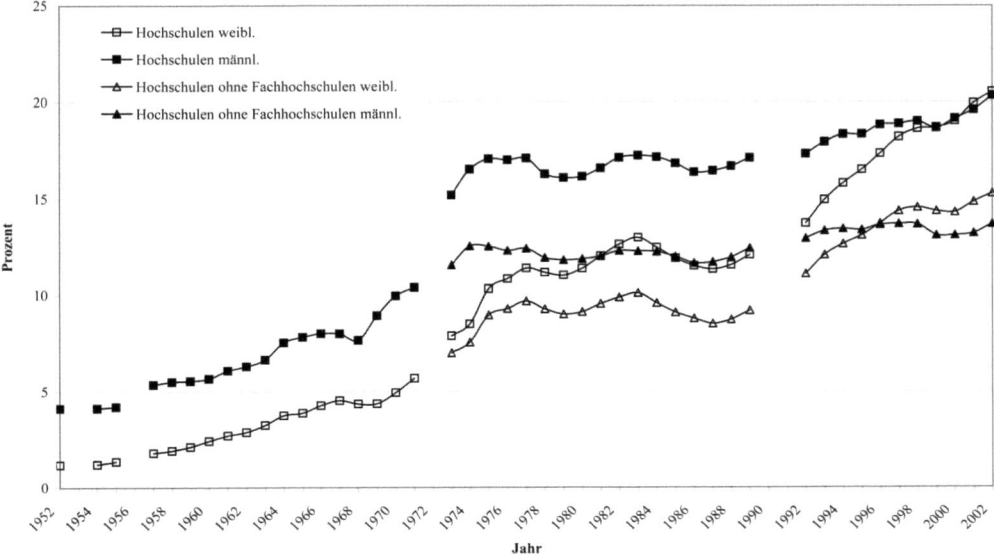

*Abb. 2:* Relativer Schulbesuch der 18-Jährigen an beruflichen Schulen, 1952-2002

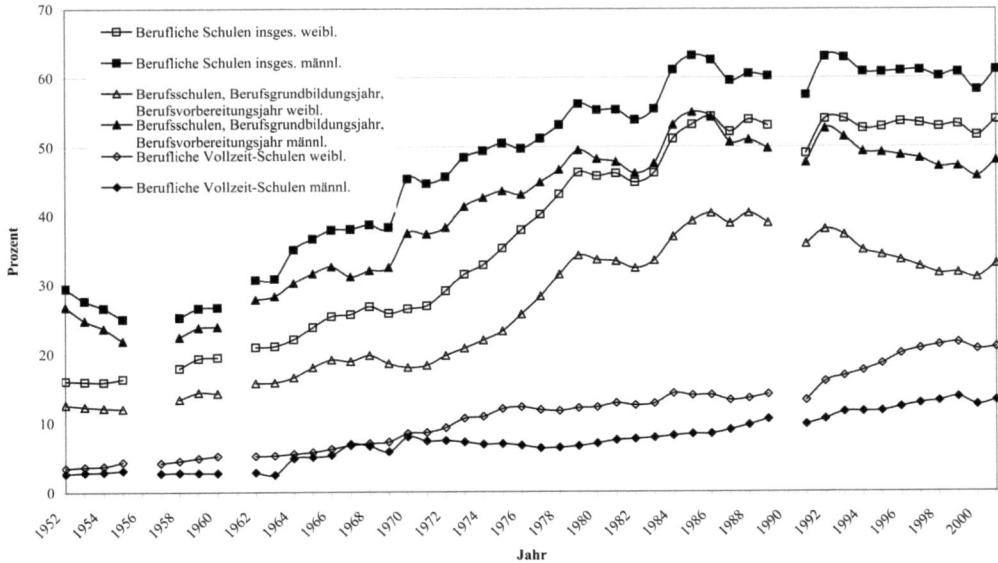

## 1.1.2 Geschlechterprofile an Bildungseinrichtungen

Um die Partizipation an Bildungsinstitutionen differenziert darzustellen, berechnen wir neben dem relativen Schul- und Hochschulbesuch den Frauenanteil nach Schul- bzw. Hochschularten. Diese Betrachtung führt zu Geschlechterprofilen der einzelnen Bildungseinrichtungen, eine rechnerische Folge der männlichen und weiblichen Bildungsbeteiligung. Im Bereich der *beruflichen Schularten* bleibt der Anteil der weiblichen Schüler bei den Berufsschulen, den Berufsfachschulen und den Schulen des Gesundheitswesens auf konstantem Niveau (Abbildung 3). Bei den Beruflichen Oberschulen[1] ist ein Anstieg des Frauenanteils zu verzeichnen. Bei den Fachschulen zeigt sich eine wechselnde Zu- und Abnahme des Frauenanteils, die sich durch die Ausgliederung der Schulen des Gesundheitswesens (1966) und der Fachhochschulen (1971) erklärt. An den Berufsschulen, Fachschulen und Beruflichen Oberschulen liegt der Frauenanteil unter 50%, an den Berufsfachschulen und insbesondere den Schulen des Gesundheitswesens deutlich über 50%.

*Abb. 3:* Der Anteil der weiblichen Schüler nach Schularten, 1949-2001

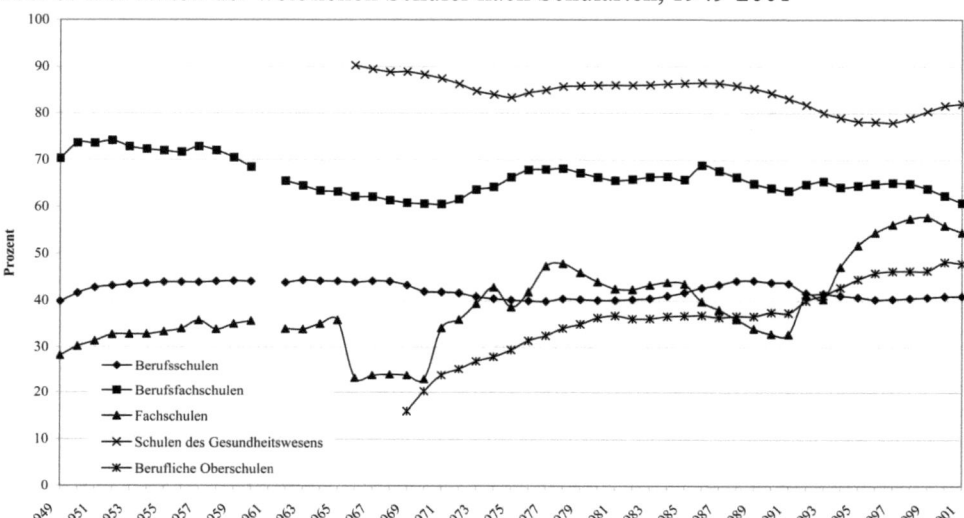

*Abb. 4:* Der Anteil der weiblichen Studierenden nach Hochschularten, 1949-2001

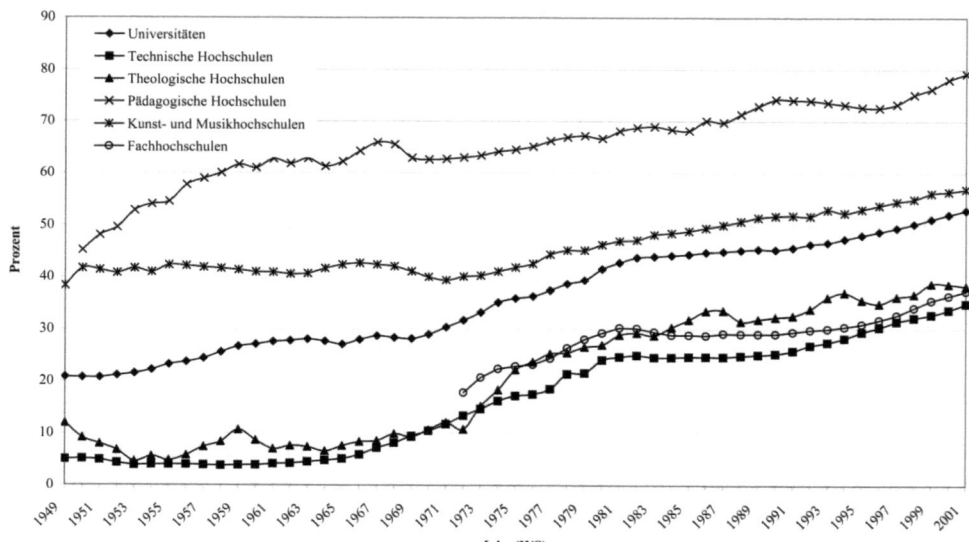

Auch das *Hochschulwesen* weist geschlechtstypische Profile auf (Abbildung 4). Dem Muster des relativen Hochschulbesuchs entsprechend (vgl. Abbildung 1), steigen die Frauenanteile an allen Hochschularten, übersteigen schließlich bei Universitäten (1997) sowie Kunst- und Musikhochschulen (1987) die 50%-Linie. Einen Sonderfall stellen die Pädagogischen Hochschulen dar, an denen der Frauenanteil stets über 50% liegt und schließlich 80% erreicht, in einer Zeit, in der diese Hochschulart nur noch in Baden-Württemberg existiert.

## 1.2 Präferenzen

Neben den Beteiligungsraten, die zu Partizipationsmustern führen, sind es vor allem die Fachpräferenzen, die unser Interesse beanspruchen. Wir fragen hier nach dem geschlechtsspezifischen Wahlverhalten zwischen alternativen beruflichen bzw. fachlichen Richtungen, nach dem Ausmaß der Segregation zwischen „Frauenberufen" und „Männerberufen" im Spiegel der Berufsausbildung. Diese Frage ließe sich einmal als Wahl zwischen den verschiedenen Schul- und Hochschularten verfolgen. Das soll hier zurückgestellt werden, denn derartige Präferenzen sind nur das nachgelagerte, das statistische Ergebnis der berufsbezogenen Ausbildungsorientierung und spiegeln eher die historisch überkommene Institutionalisierung von Ausbildungsalternativen. Unsere Betrachtungseinheiten sind demgegenüber Berufsbereiche und Berufsgruppen bzw. Fächergruppen und Fächer, denen die Präferenz von jungen Frauen und Männern gilt.

### 1.2.1 Berufliche und fachliche Präferenzen

Das größte Ausmaß an geschlechtsspezifischer Segregation bei der Berufswahl und der darauf bezogenen Wahl von Ausbildungsgängen besteht nach wie vor bei den Präferenzraten für „Technik" im weitesten Sinne – eine ultrastabile Tradition. Über alle beruflichen Schularten summiert (Abbildung 5), zeigt sich das in dem spiegelbildlichen Kontrast zwischen Ausbildungsgängen für Fertigungsberufe und Technische Berufe einerseits (Präferenz der Männer ca. 70%) sowie für Dienstleistungsberufe andererseits (Präferenz der Frauen 80%). Auf der akademischen Ebene wiederholt sich der Kontrast bei den Ingenieurwissenschaften (vgl. Abbildung 9), wenn auch abgemildert: Präferenz der Männer bis zu 30%, der Frauen nur etwa 7%, wenn man die Fachhochschulen einrechnet; ohne die Fachhochschulen erreichen die Werte 20% bzw. 4%.

Welches sind die berufsbezogenen Alternativen, die gewählt werden, insbesondere von Frauen? Betrachten wir die *nicht-akademische* Ausbildung für Dienstleistungsberufe an beruflichen Vollzeitschulen (Abbildung 6), so lassen sich zwei Befunde unterscheiden: Die Präferenzraten für Berufe in Wirtschaft und Verwaltung liegen bei Männern und Frauen eher eng beieinander und sinken im Zeitverlauf. Ganz anders, wie zu vermuten, sieht das Bild für die sozialen Dienstleistungsberufe aus. Die starke geschlechtsspezifische Segregation verweist hier auf „Frauenberufe" (60-70%), und erst in jüngster Zeit dringen Männer in diese Domäne ein. Differenziert man die Kategorie „soziale Dienstleistungsberufe" nach „Gesundheitsdienstberufen" und „Berufen der Sozialpflege" (Abbildung 7), so wiederholt sich naturgemäß das grundlegende Muster der Segregation. Darüber hinaus sind zwei Befunde von Interesse: Erstens erreicht auch die männliche Präferenz für Gesundheitsdienstberufe (ohne Ärzte!) zeitweilig hohe Werte. Zweitens hat um

1986 ein deutlicher Wechsel in der Präferenz stattgefunden, mit sinkenden Werten – für beide Geschlechter – bei den Gesundheitsdienstberufen und steigenden bei den Berufen der Sozialpflege.

*Abb. 5:* Fachpräferenzen nach Berufsbereichen: Fertigungs- und Technische Berufe sowie Dienstleistungsberufe (an beruflichen Schulen insgesamt), 1950-2001

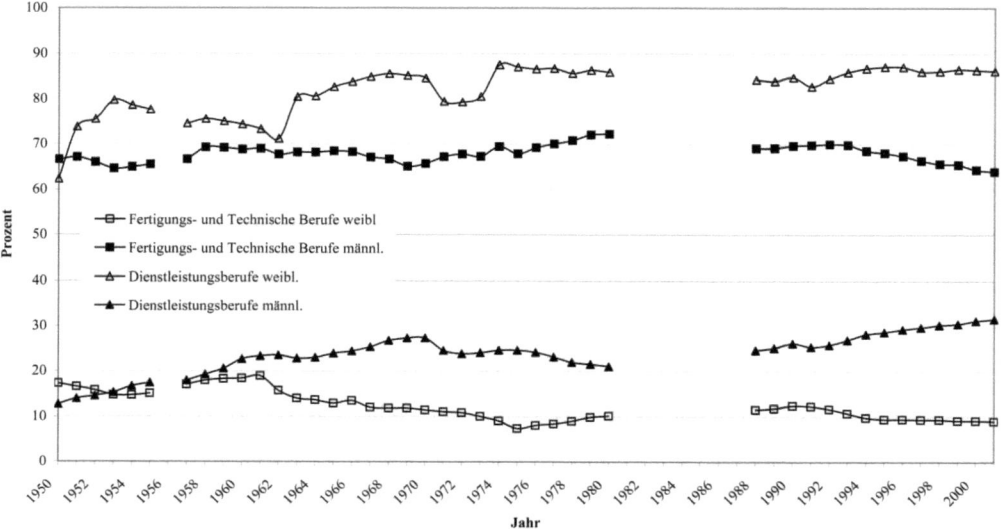

*Abb. 6:* Fachpräferenzen nach Berufsbereichen: Berufe in Wirtschaft und Verwaltung sowie soziale Dienstleistungsberufe (an beruflichen Vollzeit-Schulen), 1950-2001

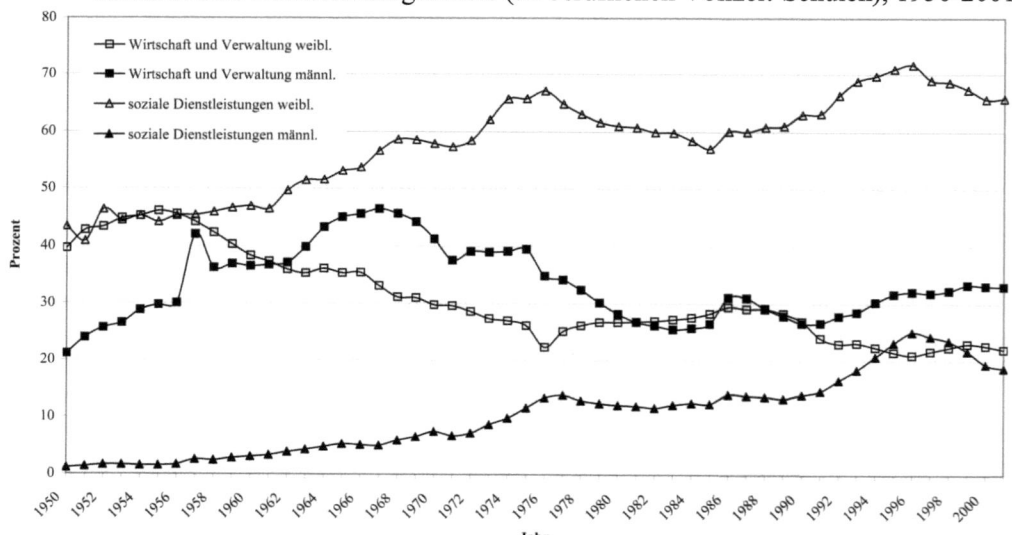

*Abb. 7:* Fachpräferenzen nach Berufsgruppen: Gesundheitsdienstberufe und Berufe der Sozialpflege (an Fachschulen und Schulen des Gesundheitswesens), 1950-2001

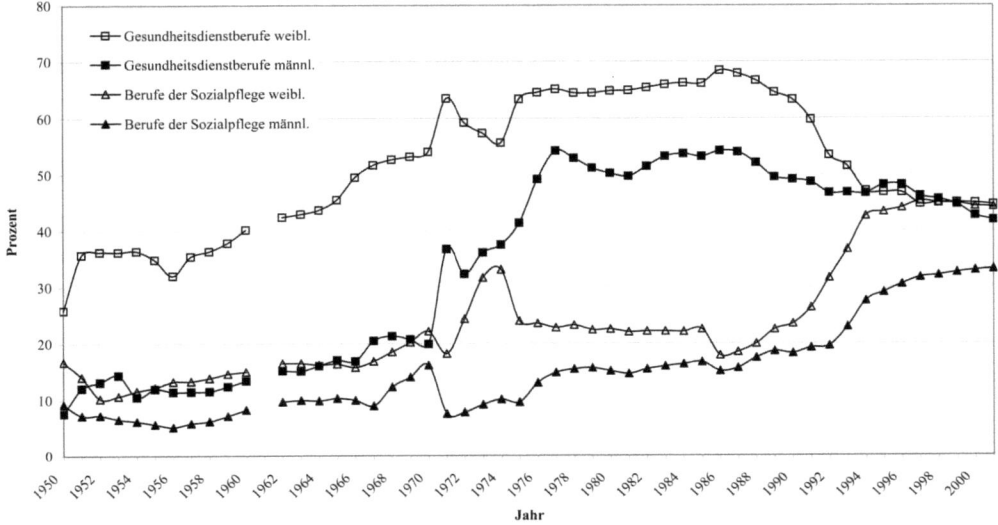

*Abb. 8:* Studienpräferenzen für Fächergruppen an Hochschulen ohne Fachhochschulen: Medizin sowie Sprach- und Kulturwissenschaften, 1950-2002

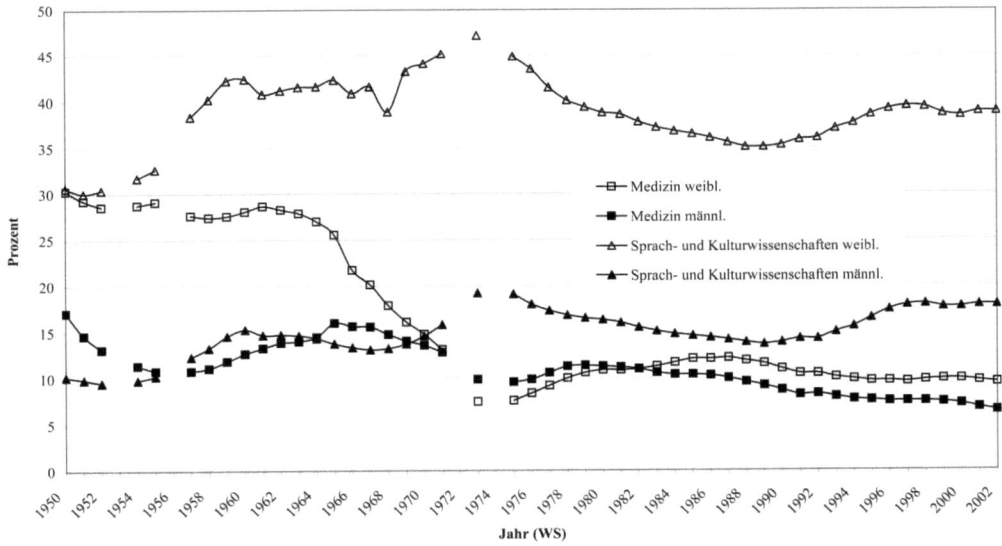

Der starken Stellung der sozialen Dienstleistungsberufe bei den weiblichen Präferenzen im Bereich der nicht-akademischen Berufsausbildung entsprechen im Bereich der *akademischen* Ausbildung nicht etwa die Medizin oder die Sozialwissenschaften, sondern die Sprach- und Kulturwissenschaften (Abbildung 8). Medizin war zwar noch um 1950 ein „Frauenberuf", wenn man darunter eine hohe Präferenz (auch bei kleiner Partizipation) versteht, aber sowohl für Frauen wie für Männer ist die Wahl dieses klassischen akademischen Berufs inzwischen drastisch gesunken bis auf 8 bzw. 5%. Eine vergleichbare Entwicklung hat im Übrigen die Studienpräferenz für die Rechtswissenschaften genommen (vgl. Abbildung 10), nur dass hier zu keinem Zeitpunkt von einem „Frauenberuf" gesprochen werden könnte. Nein, es sind die Sprach- und Kulturwissenschaften, für die wir die größte Distanz zwischen weiblicher und männlicher Präferenz finden, allerdings auch mit eher stark schwankenden Werten bei den Frauen, zwischen 30-40%, bei den Männern nur zwischen 10-15%.

Verglichen mit diesen Befunden, sieht das Muster für Mathematik und die Naturwissenschaften nur auf den ersten Blick ähnlich, allerdings invers aus (Abbildung 9). Zwar liegt jetzt, wie zu erwarten, die männliche Präferenzrate über der weiblichen, aber die Distanz ist kleiner als vielleicht gedacht. Dies gilt vor allem dann, wenn man die Fachhochschulen, wo die männlichen Informatikstudenten stark ins Gewicht fallen, nicht berücksichtigt; rechnet man so, dann liegen beide Präferenzraten in unseren Tagen auf gleicher Höhe, bei etwa 14%. Kein klarer „Männerberuf" also bei Mathematik und den Naturwissenschaften, ganz im Unterschied, wie schon erwähnt, zu den Ingenieurwissenschaften. Wieder ein anderes Bild der Entwicklung findet man für die Wirtschafts- und Sozialwissenschaften. Für die ersten 20 Jahre unseres Betrachtungszeitraums ließe sich von einem „Männerberuf" sprechen, wenn man die Präferenzraten vergleicht (Abbildung 10). Seit Beginn der 1970er Jahre liegen beide Präferenzraten eng beieinander und steigen stark an, von 15% auf 27%. Dahinter verbirgt sich freilich die – uns schon vertraute – starke Präferenz der Frauen für soziale Dienstleistungsberufe, jetzt (seit 1971) an den Fachhochschulen. Rechnet man diese heraus, liegt die männliche WiSo-Präferenz stets etwa 5-7 Prozentpunkte über der weiblichen.

*Abb. 9:* Studienpräferenzen für Fächergruppen an Hochschulen insgesamt: Mathematik und Naturwissenschaften sowie Ingenieurwissenschaften, 1950-2002

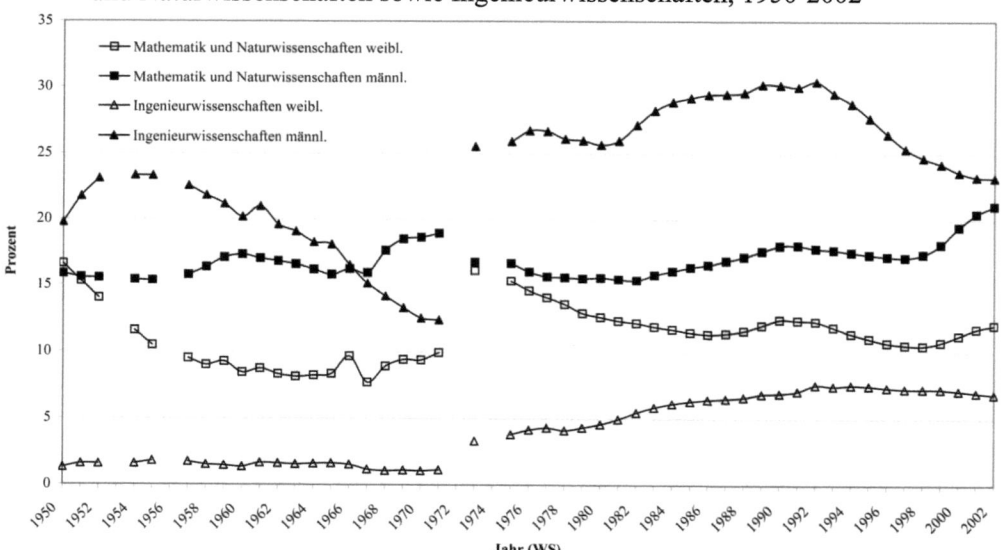

*Abb. 10:* Studienpräferenzen für Fächergruppen an Hochschulen insgesamt: Rechtswissenschaften sowie Wirtschafts- und Sozialwissenschaften, 1950-2002

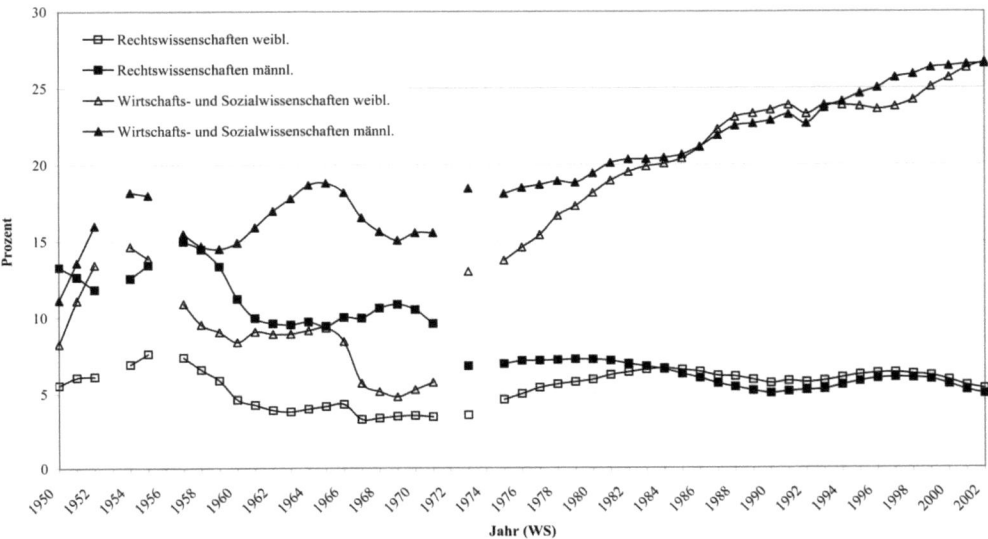

### 1.2.2 Studienfrequenzen für ausgewählte Berufe oder Fächer

Studienpräferenzen, wie sie bisher betrachtet wurden, sind Anteilsgrößen; ihre Veränderung in der Zeit sagt nichts darüber aus, ob sich gleichzeitig die Nachfrage selber geändert hat. Nur relative Verschiebungen zwischen alternativen Optionen werden sichtbar, und man sollte steigende oder sinkende Präferenzen unter Bedingungen allgemeiner Bildungsexpansion nicht vorschnell konjunkturell interpretieren. Um diesem Gesichtspunkt Rechnung zu tragen, sollen die bisherigen Ausführungen ergänzt werden durch eine Betrachtung der geschlechtsspezifischen Nachfrage für ausgewählte Berufs- und Fachrichtungen auf der Grundlage von Schüler- bzw. Studierendenzahlen.

Beginnen wir mit den identifizierten „Frauenberufen" aus dem Bereich der *nicht-akademischen* Berufsausbildung, also den Gesundheitsdienstberufen sowie den Berufen der Sozialpflege und Sozialpädagogik (Abbildungen 11 und 12). Zunächst wird, erstens, deutlich, wie hoch der Frauenanteil schon ist, wenn man nur drei große (hier ausgewählte) Berufe aufsummiert (Zwischensumme weiblich). Zweitens ist der Eindruck zu korrigieren, dass die sinkende Präferenz für Gesundheitsdienstberufe seit 1986 (vgl. Abbildung 7) eine sinkende Nachfrage danach indiziert. Das gilt nur für wenige Jahre, danach steigt die Nachfrage wieder, nur unterschiedlich schnell, mit dem rasanten Wachstum bei den Berufen der Sozialpflege und Sozialpädagogik. Drittens schlüsseln die vorgelegten Daten auf, welches die dominanten Berufe in diesen Berufsgruppen sind, also etwa die Krankenschwestern, die Sozialarbeiter/Sozialpädagogen, in jüngster Zeit die Altenpfleger – alles „Frauenberufe".

*Abb. 11:* Fachfrequenzen für ausgewählte Berufe an beruflichen Schulen: Berufe des Gesundheitsdienstes, 1950-2000

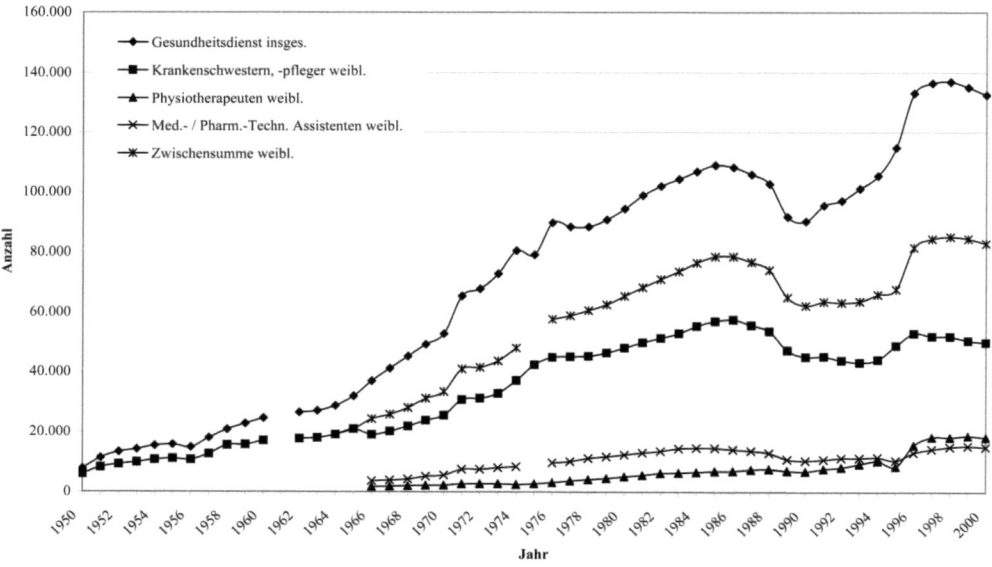

*Abb. 12:* Fachfrequenzen für ausgewählte Berufe an beruflichen Schulen: Berufe der Sozialpflege und Sozialpädagogik, 1950-2000

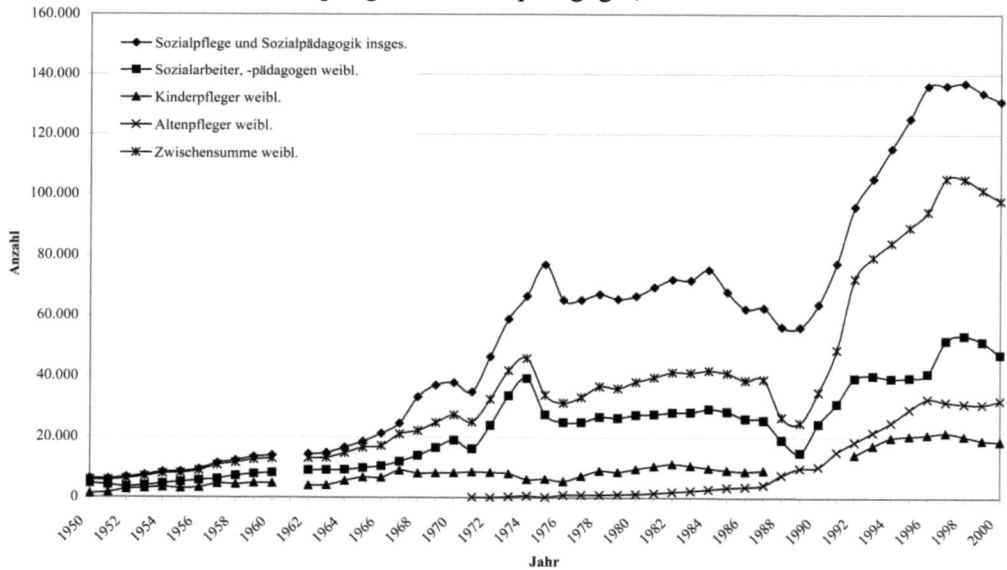

Die *akademische* Ausbildung für Berufe des Sozialwesens, überwiegend an Fachhochschulen möglich, ist zwar auch hier ein „Frauenberuf", aber in deutlich abgeschwächtem Ausmaß (Abbildung 13). Das belegen zum einen die Frequenzen, die mit etwa 45.000 im Jahr 2000 deutlich kleiner sind als die etwa 100.000 Schülerinnen an beruflichen Vollzeitschulen (Abbildung 12). Zum anderen ist die Distanz zwischen männlichen und weiblichen Studierenden an den Fachhochschulen erheblich kleiner. Interessant sind ferner die Verhältnisse für Betriebswirtschaftslehre, dem zweiten großen Fach aus der Fächergruppe der Wirtschafts- und Sozialwissenschaften. Zwar liegt hier die männliche Studienfrequenz über der weiblichen, aber auch die weibliche wächst rasant und übersteigt seit 1985 die Zahl der weiblichen Studierenden für Berufe des Sozialwesens.

*Abb. 13:* Studienfrequenzen für ausgewählte Fächer an Hochschulen insgesamt: Betriebswirtschaftslehre und Sozialwesen, 1950-2002

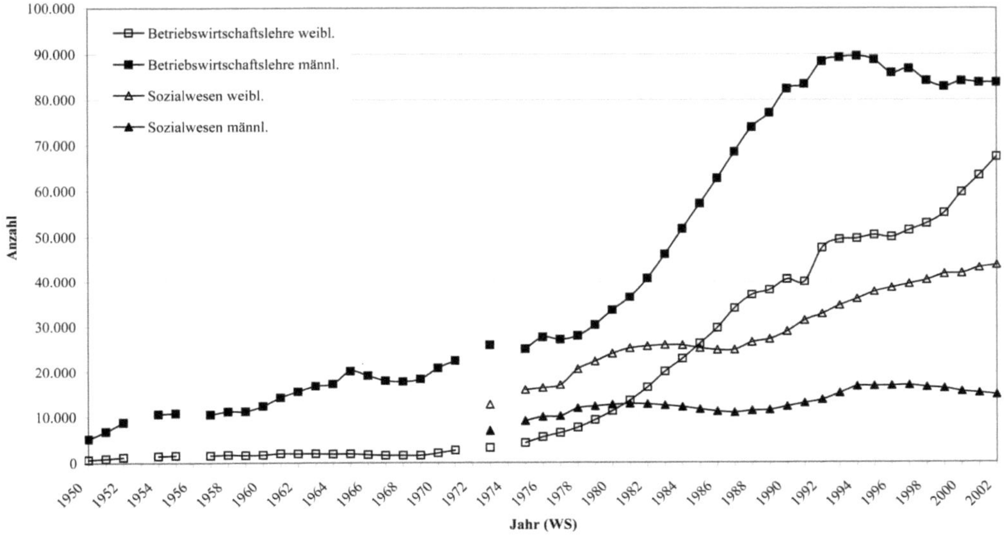

Vergleichbare Betrachtungen ließen sich für viele einzelne Fächer anstellen, ohne dass das hier im Einzelnen vorgeführt werden kann. Summarisch lässt sich festhalten: Bei den Sprach- und Kulturwissenschaften, einer Domäne der Frauen, erreichen Germanistik, Anglistik, Romanistik, Erziehungswissenschaften und Psychologie besonders hohe Frauenanteile, während die Männeranteile lediglich in Geschichte und Philosophie über 50% liegen. Umgekehrt gilt, dass Frauen in der Fächergruppe Mathematik und Naturwissenschaften lediglich für Biologie die Mehrheit halten, dies bereits seit 1975; für Mathematik und Chemie erreichen sie immerhin 40% und mehr. Eine eindeutige Frauendomäne, dies sei noch erwähnt, stellen die Künste und Kunstwissenschaften dar (Abbildung 14). Anteilig haben Frauen hier aber erst seit 1975 die Mehrheit, als die allgemeine Expansion durchschlägt und die Fachhochschulen mitzurechnen sind. Eine interessante Differenz ist zu beobachten zwischen Kunst und Musik; der Abstand zwischen weiblichen und männlichen Studierenden vergrößert sich im ersten Fall scherenförmig, im zweiten Fall liegen die Frequenzen eher eng beieinander, bis Frauen die Männer langsam überholen.

*Abb. 14:* Studienfrequenzen für ausgewählte Fächer an Hochschulen insgesamt: Kunst und Musik, 1950-2002

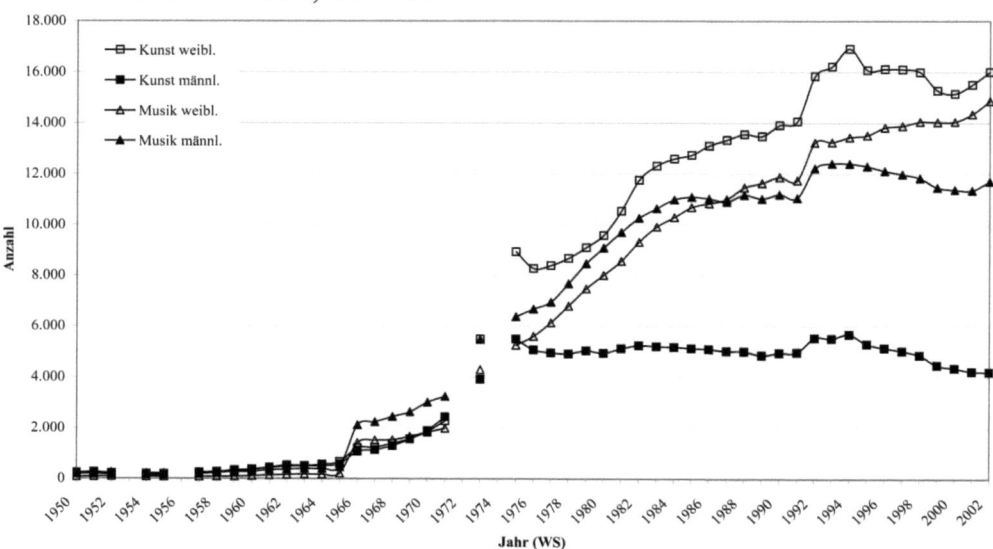

## 2 Arbeitsmarktchancen

Der zweite Teil des Aufsatzes richtet den Blick auf die Arbeitsmarktchancen. Betrachtungseinheit sind die Berufsanfängerkohorten für drei Stichjahre im Abstand von je 20 Jahren, und wir verfolgen zwei Leitfragen:

1. Die *Qualifikationsstruktur* der Berufsanfänger. Hier fassen wir Ergebnisse des ersten Teils zusammen, jetzt allerdings im Spiegel einer Alterskohorte. Unter Bedingungen der Bildungsexpansion verschiebt sich diese Qualifikationsstruktur sichtbar „nach oben" (Akademisierung), und es geht im Besonderen um die Differenz zwischen den Geschlechtern.
2. Die *Berufsstruktur* des Arbeitsmarktes für Berufsanfänger. Die hier in Rede stehenden Arbeitsmarktchancen der Berufsanfänger hängen nicht nur ab von subjektiven Merkmalen (Ausbildungsabschlüsse, Geschlechtszugehörigkeit), sondern auch von dem berufsstrukturellen Wandel der letzten 50 Jahre, der die Opportunitätsstrukturen im Beschäftigungssystem tiefgreifend verändert hat. Zentrale Stichworte sind hier Tertiarisierung (Zunahme der Dienstleistungsberufe) und Akademisierung (Zunahme der höher qualifizierten oder als solche etikettierten Berufe). Es wird zu fragen sein, inwieweit Frauen, deren Bildungsbeteiligung inzwischen nicht mehr geringer ist als diejenige der Männer, mit ihren geschlechtsspezifischen Bildungspräferenzen unter den gegebenen Rahmenbedingungen besondere Arbeitsmarktchancen haben realisieren können.

## 2.1 Die Qualifikationsstruktur der Berufsanfänger

Daten zum relativen Schul- und Hochschulbesuch, wie sie im ersten Teil schon vorgestellt worden sind, eignen sich auch dazu, die bildungsmäßige Zusammensetzung von Alterskohorten in ihrer Gesamtheit, also deren Verteilung über die einzelnen (alternativen) Ausbildungsgänge, zu schätzen. Wir haben diese Form von Konstruktion für drei Zeitpunkte – 1960, 1980, 2000 – durchgeführt, um die zeitlichen Veränderungen in der Qualifikationsstruktur eines Altersjahrgangs abzubilden (vgl. den Anhang mit Erläuterungen zum Verfahren). Der Aufbau der entsprechenden Tabelle folgt dabei einem formalen Schema, das BLOSSFELD (1984b) entwickelt hat, um die Veränderungen der Bildungsverteilung von Berufsanfängern mit den Veränderungen in ihrer Berufsverteilung anschaulich vergleichen zu können. Genau das soll im Folgenden für den Vergleich zwischen drei Zeitpunkten unternommen werden.

Zunächst also zur Qualifikationsstruktur von Alterskohorten, den späteren Berufsanfängern. Die zentralen Befunde (Tabelle 1) sind im Einzelnen nicht neu, werden hier jedoch unter der Kohortenperspektive zusammengefasst. Uns interessieren insbesondere die Partizipationsmuster im Geschlechtervergleich.

*Tab. 1a:* Altersjahrgänge nach beruflichen Ausbildungsgruppen, 1954-2000, in Prozent

| Berufliche Ausbildungs-gruppen | Alter der Geburts-jahrgänge 1938, 1958, 1978 | Verteilung nach Ausbildungsgruppen (%) | | | | | | Zusammensetzung der Ausbildungsgruppen (%) | | | | Veränderung des Frauenanteils |
|---|---|---|---|---|---|---|---|---|---|---|---|---|
| | | Männer | | | Frauen | | | 1954/1960 | | 1974/1980 | | |
| | | 1954/1960 | 1974/1980 | Veränd. | 1954/1960 | 1974/1980 | Veränd. | Männer | Frauen | Männer | Frauen | |
| Berufsschulen (incl. BGJ, BVJ) | 16 18 | 73,4 | 51,7 | -21,7 | 62,8 | 45,7 | -17,1 | 55 | 45 | 55 | 45 | 0 |
| Berufsfach-schulen | 16 18 | 1,7 | 5,9 | +4,2 | 4,8 | 11,9 | +7,1 | 29 | 71 | 35 | 65 | -6 |
| Fachschulen | 18 20 | 2,1 | 0,5 | -1,6 | 2,5 | 1,6 | -0,9 | 47 | 53 | 25 | 75 | +22 |
| Schulen des Gesund-heitswesens | 20 | – | 0,3 | +0,3 | – | 3,3 | +3,3 | – | – | 9 | 91 | |
| Berufliche Oberschulen | 18 | – | 3,6 | +3,6 | – | 2,1 | +2,1 | – | – | 63 | 37 | |
| Fachhoch-schulen | 22 | – | 4,3 | +4,3 | – | 2,2 | +2,2 | – | – | 66 | 34 | |
| Hochschulen | 22 | 5,7 | 11,9 | +6,2 | 2,4 | 9,1 | +6,7 | 72 | 28 | 58 | 42 | +14 |
| Insgesamt | | 82,9 | 78,2 | | 72,5 | 75,9 | | | | | | |
| N (1000) | | 474 | 457 | | 461 | 437 | | | | | | |

Dissimilaritätsindex 1954/1960: 13,9; 1974/1980: 12,4.
Quelle: Relativer Schul- und Hochschulbesuch, 1954-2000. In: LUNDGREEN (in Arbeit).

Tab. 1b: Altersjahrgänge nach beruflichen Ausbildungsgruppen, 1954-2000, in Prozent

| Berufliche Ausbildungsgruppen | Alter der Geburtsjahrgänge 1938, 1958, 1978 | Verteilung nach Ausbildungsgruppen (%) | | | | | | Zusammensetzung der Ausbildungsgruppen (%) | | | | Veränderung des Frauenanteils |
|---|---|---|---|---|---|---|---|---|---|---|---|---|
| | | Männer | | | Frauen | | | 1974/1980 | | 1994/2000 | | |
| | | 1974/1980 | 1994/2000 | Veränd. | 1974/1980 | 1994/2000 | Veränd. | Männer | Frauen | Männer | Frauen | |
| Berufsschulen (incl. BGJ, BVJ) | 16 | 51,7 | | | 45,7 | | | 55 | 45 | | | |
| | 18 | | 48,8 | -2,9 | | 33,5 | -12,2 | | | 61 | 39 | -6 |
| Berufsfachschulen | 16 | 5,9 | | | 11,9 | | | 35 | 65 | | | |
| | 18 | | 4,9 | -1,0 | | 9,2 | -2,7 | | | 36 | 64 | -1 |
| Fachschulen | 18 | 0,5 | | | 1,6 | | | 25 | 75 | | | |
| | 20 | | 0,4 | -0,1 | | 2,3 | +0,7 | | | 15 | 85 | +10 |
| Schulen des Gesundheitswesens | 20 | 0,3 | 0,5 | +0,2 | 3,3 | 3,6 | +0,3 | 9 | 91 | 13 | 87 | -4 |
| Berufliche Oberschulen | 18 | 3,6 | 6,9 | +3,3 | 2,1 | 6,7 | +4,6 | 63 | 37 | 52 | 48 | +11 |
| Fachhochschulen | 22 | 4,3 | 6,0 | +1,7 | 2,2 | 4,7 | +2,5 | 66 | 34 | 57 | 43 | +9 |
| Hochschulen | 22 | 11,9 | 13,1 | +1,2 | 9,1 | 14,3 | +5,2 | 58 | 42 | 49 | 51 | +9 |
| Insgesamt | | 78,2 | 80,6 | | 75,9 | 74,3 | | | | | | |
| N (1000) | | 457 | | | 437 | | | | | | | |

Dissimilaritätsindex 1974/1980: 12,4; 1994/2000: 16,8.
Quelle: Relativer Schul- und Hochschulbesuch, 1954-2000. In: LUNDGREEN (in Arbeit).

(1) Die säkulare Verschiebung weg von der klassischen Berufsausbildung – im Lehrverhältnis mit der begleitenden Teilzeit-Berufsschule – hin zu den beruflichen Vollzeitschulen sowie den Hochschulen zeigt sich bei beiden Geschlechtern, aber mit charakteristischem Abstand zwischen den jeweiligen Besuchsquoten, für Männer von 73% (1954/60) über 52% (1974/80) auf 49% (1994/2000), für Frauen von 63% über 46% auf 34%. Das Ausmaß an Veränderung ist bis 1980 zunächst bei den Männern größer, danach bei den Frauen.

(2) Berufliche Vollzeitschulen und Hochschulen zeigen, wie nicht anders möglich, gegenläufige Tendenzen und charakteristische Partizipationsmuster. Die Besuchsquoten steigen für beide Geschlechter (fast) durchgängig; lediglich die Berufsfachschulen verlieren im letzten Betrachtungszeitraum. Frauen zeigen höhere Besuchsquoten als Männer an Berufsfachschulen; das Gleiche gilt, wenn man, wie aus institutionengeschichtlichen Gründen naheliegend, die Summe aus Fachschulen, Schulen des Gesundheitswesens (seit 1966) und Fachhochschulen (seit 1971) bildet, jedenfalls für den Vergleich von 1960 mit 1980. Betrachtet man diese drei Ausbildungsinstitutionen für den Zeitraum von 1980 bis 2000 getrennt, dann zeigt sich die Dominanz von Frauen besonders anschaulich an den Anteilsquoten; sie liegen für Fachschulen und Schulen des Gesundheitswesens bei ca. 90%, ein deutlicher Ausdruck für fachliche Präferenzen („Frauenberufe"). Schließlich die Hochschulen: Hier finden wir die bekannte Expansion der Be-

suchsquoten bei beiden Geschlechtern, zunächst etwa im Gleichschritt, bis sich die Zuwachsgeschwindigkeiten verändern, so dass die Frauen die Männer überholen. Lediglich an Fachhochschulen haben Männer eine schrumpfende Mehrheit noch behaupten können.

(3) Will man die hier betrachtete Qualifikationsstruktur männlicher und weiblicher Altersjahrgänge zu drei verschiedenen Zeitpunkten mit Hilfe einer zusammenfassenden Messziffer vergleichen, so kann man das (im Anschluss an BLOSSFELD) mit dem Dissimilaritätsindex tun. Er gibt an, „wieviel Prozent der Frauen einen anderen Bildungsabschluss erwerben müssten, um für die Frauen dieselbe Bildungsstruktur wie für die Männer zu erhalten" (BLOSSFELD 1984b, S. 29). Dieser Index[2] sinkt von 13,9% (1960) auf 12,4% (1980), steigt sodann auf 16,8% (2000). Mit anderen Worten, die Verteilung der Geschlechter über die beruflichen Ausbildungsgänge hat sich zunächst etwas angeglichen, ist aber wieder heterogener geworden. Frauen tragen offensichtlich stärker als Männer zur Bildungsexpansion der jüngsten Jahrzehnte bei, wie das schon deutlich wird an der großen Geschlechterdifferenz im Bereich der Teilzeit-Berufsschule. Keine schlechten Voraussetzungen – so darf man vermuten – für die Arbeitsmarktchancen der jüngeren weiblichen Berufsanfänger.

## 2.2 Die Berufsstruktur des Arbeitsmarktes für Berufsanfänger

Wenn es nicht um Partizipation geht, um die Höhe des Schul- und Hochschulbesuchs, sondern um die fachlichen Präferenzen, dann bietet die Bildungsstatistik eine Klassifikation der Schüler an beruflichen Schulen an, die übereinstimmt mit der Klassifikation von Erwerbstätigen auf dem Arbeitsmarkt: Verteilung nach Berufsbereichen (mit ihren Berufsgruppen). Benutzt man diese gemeinsame Klassifikation, so lässt sich ein erster Eindruck von der Berufsstruktur des Arbeitsmarktes für Berufsanfänger gewinnen (Tabelle 2). Ungeachtet der auf dieser Betrachtungsebene noch sehr groben statistischen Kategorien zeigt sich der zentrale Befund, auf den man immer wieder stößt, wenn man die männlichen Berufsanfänger mit den weiblichen vergleicht: Die Berufsstruktur der beiden Geschlechter ist extrem unterschiedlich, die Arbeitsmärkte von gleichaltrigen Berufsanfängern sind hochgradig segregiert entlang der Geschlechtslinie. Fassbar ist dieser Gegensatz insbesondere im Vergleich der beiden größten Berufsbereiche, der Fertigungsberufe und der Dienstleistungsberufe, und dieser Gegensatz erhält sich über die Zeit, trotz der übergreifenden Tendenz zur Tertiarisierung, an der die Frauen viel stärker partizipieren als die Männer.

Die bisherige Betrachtung von geschlechtsspezifischen Arbeitsmarktchancen bleibt freilich angesichts der groben und qualifikatorisch heterogenen Gruppenbildung sehr unbefriedigend. Wünschen würde man sich eine Datenlage, bei der die bildungsmäßige Zusammensetzung der Berufsbereiche (und Berufsgruppen), differenziert nach Altersgruppen, vorläge. Das ist, soweit wir sehen, nicht der Fall. Wir greifen daher auf einen Vorschlag von BLOSSFELD zurück, der Eingang in unsere Tabelle 3 gefunden hat. Hier basiert die Gruppenbildung neben einer sektoralen Unterscheidung (Produktion, Dienstleistung, Verwaltung) zusätzlich auf einer hierarchischen Differenzierung zwischen einfachen, qualifizierten und hochqualifizierten Berufsgruppen. Empirisch lässt sich diese Gruppenbildung umsetzen über eine Reklassifizierung der Daten aus der Erwerbstätigenstatistik mit Hilfe der so genannten Berufskennziffern (vgl. auch den Anhang). Wir haben das in Anlehnung an BLOSSFELD (1984b) für drei Zeitpunkte getan, weil diese Art von Gruppenbildung – bei aller Unschärfe der Klassifizierung im Detail – geeignet ist, die Veränderungen der Arbeitsmarktchancen von unterschiedlich ausgebildeten Teilgruppen der männlichen und weiblichen Berufsanfänger zu beleuchten. Das Resultat ist eine komplexe Tabelle, die den berufsstrukturellen Wandel (Tertiarisierung und Akademisierung) ebenso zu erkennen gibt wie die Persistenz geschlechtsspezifischer Segregation.

*Tab. 2:* Erwerbstätige Berufsanfänger (im Alter von 25 bis 35 Jahren) nach Berufsbereichen, 1961-2000, in Prozent

| Berufsbereiche | erwerbstätige Berufsanfänger | | | | | |
|---|---|---|---|---|---|---|
| | 1961 | | 1978 | | 2000 | |
| | männlich | weiblich | männlich | weiblich | männlich | weiblich |
| 1. Berufe in der Land-, Tier-, Forstwirtschaft, im Gartenbau | 7,4 | 11,5 | 2,6 | 4,4 | 2,6 | 2,0 |
| 2. Bergleute, Mineralgewinner | 2,5 | — | 0,6 | — | 0,2 | — |
| 3. Fertigungsberufe | 57,5 | 30,0 | 42,9 | 15,5 | 39,5 | 9,6 |
| 4. Technische Berufe | 5,9 | 1,2 | 8,3 | 1,8 | 9,7 | 3,4 |
| 5. Dienstleistungsberufe | 25,1 | 53,5 | 44,9 | 77,2 | 46,5 | 83,5 |
| 6. sonstige | 1,7 | 3,8 | 0,8 | 1,2 | 1,6 | 1,5 |
| Insgesamt | 100,0 | 100,0 | 100,0 | 100,0 | 100,0 | 100,0 |
| N (1000) | 3.763 | 1.702 | 3.579 | 1.983 | 4.867 | 3.757 |

Quelle: 1961: VOLKS- UND BERUFSZÄHLUNG (1961), S. 54ff.; 1978, 2000: MIKROZENSUS (1978ff.), Reihe 4.1.2, S. 64ff. (1978); S. 424 (2000).

*Tab. 3a:* Erwerbstätige Berufsanfänger (im Alter von 25 bis 35 Jahren) nach Berufsgruppen und Qualifikationsniveaus, 1961-2000, in Prozent

| Berufsgruppen | Verteilung nach Berufsgruppen (%) | | | | | | Zusammensetzung der Berufsgruppen (%) | | | | Veränderung des Frauenanteils |
|---|---|---|---|---|---|---|---|---|---|---|---|
| | Männer | | | Frauen | | | 1961 | | 1978 | | |
| | 1961 | 1978 | Veränd. | 1961 | 1978 | Veränd. | Männer | Frauen | Männer | Frauen | |
| *Produktion* | 71,7 | 54,7 | -16,4 | 52,4 | 22,1 | -30,3 | 75 | 25 | 82 | 18 | -7 |
| Agrarberufe | 7,5 | 2,5 | -5,0 | 19,4 | 4,7 | -14,7 | 46 | 54 | 48 | 52 | -2 |
| einfache manuelle Berufe | 22,1 | 15,2 | -6,9 | 20,7 | 12,2 | -8,5 | 70 | 30 | 69 | 31 | +1 |
| qualifizierte manuelle Berufe | 35,2 | 28,6 | -6,6 | 11,3 | 3,4 | -7,9 | 87 | 13 | 94 | 6 | -7 |
| Techniker | | 5,1 | | | 1,8 | | | | | | |
| Ingenieure | 6,4 | 3,6 | +2,3 | 0,9 | — | -0,9 | 94 | 6 | 92 | 8 | +2 |
| *Dienstleistung* | 14,4 | 23,1 | +8,7 | 19,8 | 29,7 | +9,9 | 62 | 38 | 58 | 42 | +4 |
| einfache Dienste | 8,5 | 9,3 | +0,8 | 10,3 | 6,6 | -3,7 | 64 | 36 | 72 | 28 | -8 |
| qualifizierte Dienste | 2,7 | 5,5 | +2,8 | 2,1 | 3,8 | +1,7 | 74 | 26 | 72 | 28 | +2 |
| Semiprofessionen | 0,9 | 2,7 | +1,8 | 4,5 | 10,9 | +6,4 | 29 | 71 | 30 | 70 | -1 |
| Professionen | 2,4 | 5,8 | +3,4 | 2,8 | 8,5 | +5,7 | 65 | 35 | 55 | 45 | +10 |
| *Verwaltung* | 14,5 | 22,2 | +7,7 | 27,8 | 48,2 | +20,4 | 54 | 46 | 45 | 55 | +9 |
| einfache kaufmännische und Verwaltungsberufe | 4,1 | 3,2 | -0,9 | 14,3 | 14,4 | +0,1 | 39 | 61 | 29 | 71 | +10 |
| qualifizierte kaufmännische und Verwaltungsberufe | 8,3 | 15,1 | +6,8 | 12,6 | 31,6 | +19,0 | 60 | 40 | 46 | 54 | +14 |
| Manager | 2,1 | 3,9 | +1,8 | 0,9 | 2,2 | +1,3 | 83 | 17 | 76 | 24 | +7 |
| Insgesamt | 100,0 | 100,0 | | 100,0 | 100,0 | | | | | | |
| N (1000) bzw. % | 3.763 | 3.579 | | 1.702 | 1.983 | | 69 | 31 | 64 | 36 | +5 |

Dissimilaritätsindex 1961: 32,2; 1978: 40,8.
Quelle: Eigene Berechnung nach der VOLKS- UND BERUFSZÄHLUNG (1961) sowie dem MIKROZENSUS (1978 und 2000) (vgl. Tab. 2) in Anlehnung an BLOSSFELD (1984b), S. 27f.

Tab. 3b: Erwerbstätige Berufsanfänger (im Alter von 25 bis 35 Jahren) nach Berufsgruppen und Qualifikationsniveaus, 1961-2000, in Prozent

| Berufsgruppen | Verteilung nach Berufsgruppen (%) | | | | | | Zusammensetzung der Berufsgruppen (%) | | | | Veränderung des Frauenanteils |
|---|---|---|---|---|---|---|---|---|---|---|---|
| | Männer | | | Frauen | | | 1978 | | 2000 | | |
| | 1978 | 2000 | Veränd. | 1978 | 2000 | Veränd. | Männer | Frauen | Männer | Frauen | |
| *Produktion* | 54,7 | 53,3 | -1,4 | 22,1 | 13,9 | -8,2 | 82 | 18 | 83 | 18 | -1 |
| Agrarberufe | 2,5 | 2,6 | +0,1 | 4,7 | 1,9 | -2,8 | 48 | 52 | 63 | 37 | -15 |
| einfache manuelle Berufe | 15,2 | 12,1 | -3,1 | 12,2 | 4,2 | -8,0 | 69 | 31 | 79 | 21 | -10 |
| qualifizierte manuelle Berufe | 28,6 | 28,8 | +0,2 | 3,4 | 4,4 | +1,0 | 94 | 6 | 90 | 10 | +4 |
| Techniker | 5,1 | 5,2 | +0,1 | 1,8 | 2,2 | +0,4 | 84 | 16 | 75 | 25 | +9 |
| Ingenieure | 3,6 | 4,6 | +1,0 | — | 1,3 | +1,3 | 100 | 0 | 83 | 17 | +17 |
| *Dienstleistung* | 23,1 | 23,4 | +0,3 | 29,7 | 38,1 | +8,4 | 58 | 42 | 44 | 56 | +14 |
| einfache Dienste | 9,3 | 10,6 | +1,3 | 6,6 | 7,9 | +1,3 | 72 | 28 | 64 | 36 | +8 |
| qualifizierte Dienste | 5,5 | 4,3 | -1,2 | 3,8 | 4,1 | +0,3 | 72 | 28 | 58 | 42 | +14 |
| Semiprofessionen | 2,7 | 4,3 | +1,6 | 10,9 | 19,5 | +8,6 | 30 | 70 | 22 | 78 | +8 |
| Professionen | 5,8 | 4,2 | -1,6 | 8,5 | 6,6 | -1,9 | 55 | 45 | 45 | 55 | +10 |
| *Verwaltung* | 22,2 | 23,3 | +1,1 | 48,2 | 48,0 | -0,2 | 45 | 55 | 39 | 61 | +6 |
| einfache kaufmännische und Verwaltungsberufe | 3,2 | 5,9 | +2,7 | 14,4 | 23,5 | +9,1 | 29 | 71 | 24 | 76 | +5 |
| qualifizierte kaufmännische und Verwaltungsberufe | 15,1 | 13,0 | -2,1 | 31,6 | 20,4 | -11,2 | 46 | 54 | 45 | 55 | +1 |
| Manager | 3,9 | 4,5 | +0,6 | 2,2 | 4,2 | +2,0 | 76 | 24 | 58 | 42 | +18 |
| Insgesamt | 100,0 | 100,0 | | 100,0 | 100,0 | | | | | | |
| N (1000) bzw. % | 3.579 | 4.867 | | 1.983 | 3.757 | | 64 | 36 | 56 | 44 | +8 |

Dissimilaritätsindex 1978: 40,8; 2000: 42,6.

Quelle: Eigene Berechnung nach der Volks- und Berufszählung (1961) sowie dem Mikrozensus (1978 und 2000) (vgl. Tab. 2) in Anlehnung an Blossfeld (1984b), S. 27f.

(1) In horizontaler Lesart ist der berufsstrukturelle Wandel überdeutlich sichtbar: Für beide Geschlechter nimmt die Erwerbstätigkeit im Bereich der Produktion ab zugunsten von Verwaltung und Dienstleistung. Männer starten 1961 von einem sehr hohen Niveau (71%), ihre Quote erreicht 1978 mit 55% einen Wert, der bis 2000 nahezu unverändert bleibt. Ganz anders die Frauen, deren Ausgangsquote 1961 bei 53% liegt, 1978 schon auf 22% sinkt, dann noch einmal auf 14% im Jahr 2000. Als Korrelat können Männer zwar bis 1978 ihre Anteile bei Verwaltung und Dienstleistungen steigern, danach aber bis 2000 nicht mehr, während Frauen bei den Dienstleistungsberufen auch zwischen 1978 und 2000 noch einmal kräftige Gewinne verbuchen.

(2) In vertikaler Lesart lassen sich die Verschiebungen innerhalb der drei Bereiche weg von den einfachen, hin zu den höher qualifizierten Berufen und Diensten verfolgen. Auch hier partizipieren beide Geschlechter an dieser Tendenz zur Akademisierung (upgrading of jobs), die Veränderungsraten bei den Frauen sind indessen meist größer. Zwischen 1961 und 1978 zeigt sich das vor allem in den mittleren Rängen von Verwaltung und Dienstleistung sowie bei den Professionen. Bis 2000 gleichen sich traditionelle Abstände zwischen Männern und Frauen bei den Managern nahezu aus, während Frauen ihre Stellung bei den Semiprofessionen noch einmal erheblich verstärken.

(3) Gemessen am Dissimilaritätsindex, wird das Ausmaß an Differenz zwischen männlicher und weiblicher Berufstruktur nicht etwa kleiner, sondern größer, besonders zwischen 1961 und 1978. Diese Heterogenisierung verweist auf „Männerberufe" und „Frauenberufe", in denen sich die Präferenzen der Geschlechter niederschlagen, an-

schaulich ablesbar an den Männer- und Frauenanteilen der einzelnen Berufsgruppen (Tabelle 3): Sie bewegen sich im Jahre 2000 schließlich zwischen 90% vs. 10% bei den qualifizierten manuellen Berufen einerseits, zwischen 22% vs. 78% bei den Semiprofessionen andererseits.

Zusammenfassend lässt sich sagen, dass die relative Zunahme von Berufspositionen in den höheren Rängen von Verwaltung und Dienstleistung zu günstigen Arbeitsmarktchancen gerade für weibliche Berufsanfänger geführt hat, nachdem diese in ihrer Bildungsverteilung mit den Männern gleichgezogen, sie teilweise überholt haben. Diese Feststellung ließe sich noch differenzieren, wenn man den Arbeitsmarkt nach Privatwirtschaft und staatlichem Sektor unterteilt, um zu prüfen, inwieweit der Ausbau des Wohlfahrtsstaates hinter den Chancengewinnen der weiblichen Berufsanfänger steht. BLOSSFELD (1984a) hat diesen Vergleich seinerzeit zwischen 1970 und 1978 durchgeführt und kommt zu einem positiven Ergebnis. Unser Versuch, diesen Vergleich für die drei hier betrachteten Zeitpunkte zu wiederholen, ist an der Datenlage, wie sie uns zur Verfügung steht, gescheitert. Gleichwohl darf eine begründete Vermutung in die gleiche Richtung geäußert werden, denn es sieht so aus, dass der staatliche Sektor als Arbeitsmarkt für Berufsanfänger zwischen 1978 und 1994 noch gewachsen ist. Außerdem scheinen die Beschäftigungsquoten der Frauen in diesem Sektor höher, vor allem aber stärker gewachsen zu sein als diejenigen der Männer (vgl. Tabelle 4 und den Anhang). Im Umkehrschluss ist davon auszugehen, dass der privatwirtschaftliche Sektor nach wie vor von segregierten, „männlichen" oder „weiblichen" Berufsfeldern strukturiert wird. Es sind die Handwerker und gewerblichen Facharbeiter, die Techniker und Ingenieure, die den Männern immer noch eine Sonderstellung auf dem Arbeitsmarkt sichern.

*Tab. 4:* Erwerbstätige Berufsanfänger (im Alter von 25 bis 35 Jahren) nach Wirtschaftssektoren, 1978-2000, in Prozent

| Wirtschaftssektoren | 1978 | | 1994 | | 1995 | | 2000 | |
|---|---|---|---|---|---|---|---|---|
| | männlich | weiblich | männlich | weiblich | männlich | weiblich | männlich | weiblich |
| Privatwirtschaft | 68 | 56 | 67 | 44 | 76 | 56 | 75 | 56 |
| Staatlicher Sektor (bis 1994) | 32 | 44 | 33 | 56 | | | | |
| – Gebietskörperschaften und Sozialversicherung | 10 | 8 | 9 | 10 | | | | |
| – Organisationen ohne Erwerbszweck, private Haushalte | 1 | 3 | 1 | 3 | | | | |
| – Verkehr und Nachrichtenübermittlung | 8 | 3 | 7 | 5 | | | | |
| – Dienstleistungen von Unternehmen und Freien Berufen | 12 | 30 | 16 | 38 | | | | |
| Staatlicher Sektor (ab 1995) | | | | | 24 | 44 | 25 | 44 |
| – Öffentliche Verwaltung u.ä. | | | | | 8 | 9 | 7 | 8 |
| – Verkehr und Nachrichtenübermittlung | | | | | 7 | 4 | 7 | 4 |
| – Öffentliche und private Dienstleistungen | | | | | 9 | 30 | 10 | 31 |
| N (1000) | 3.543 | 2.070 | 5.706 | 4.261 | 5.727 | 4.245 | 4.897 | 3.876 |
| Staatlicher Sektor insgesamt (%) | 37 | | 42 | | 33 | | 33 | |

Quelle: MIKROZENSUS (1978ff.), Reihe 4.1.1, S. 47 (1978), S. 63 (1994), S. 65 (1995), S. 65 (2000).

## Anhang
## Qualifikation und Arbeitsmarkt von Berufsanfängern. Statistische Operationalisierung

### 1 Die Qualifikationsstruktur der Berufsanfänger

Die Berufsanfänger eines jeden Jahres sind unterschiedlich alt und (fast alle) Absolventen unterschiedlicher beruflicher Ausbildungsgänge. Anders formuliert: Jeder Geburtsjahrgang setzt sich zusammen aus Teilgruppen, die ihre berufliche Ausbildung an den verschiedenen Institutionen zu unterschiedlichen Zeitpunkten ihrer Biographie durchlaufen und abgeschlossen haben. Eine befriedigende Konstruktion der Berufsanfängerkohorte müsste diesen Umständen Rechnung tragen, wie das etwa BLOSSFELD (1984b) folgendermaßen getan hat für die Operationalisierung der Variable Qualifikation (jeweils 10 Jahrgänge):

*Alter der abhängig erwerbstätigen Berufsanfänger nach ihrer Qualifikation*

(1) Hauptschulabschluss ohne Berufsausbildung: 16-25 Jahre
(2) Hauptschulabschluss und Berufsausbildung: 19-28 Jahre
(3) mittlere Reife ohne Berufsausbildung: 16-25 Jahre
(4) mittlere Reife und Berufsausbildung: 19-28 Jahre
(5) Abitur ohne Berufsausbildung: 20-29 Jahre
(6) Fachhochschulabschluss: 24-33 Jahre
(7) Hochschulabschluss: 26-35 Jahre

Für diese Art von Konstruktion einer Berufsanfängerkohorte liegen die dafür benötigten Daten in der allgemein zugänglichen Statistik nicht vor. BLOSSFELD konnte (und musste) sich stützen auf Originaldaten aus der Volks- und Berufszählung (1970) sowie aus dem Mikrozensus (1978). Konsultiert man den Mikrozensus in seiner veröffentlichten Form, so findet man die Erwerbstätigen nach Altersgruppen von jeweils fünf Jahrgängen aufgeteilt, und für jede dieser Altersgruppen wird deren Verteilung über die allgemeinen und beruflichen Bildungsabschlüsse nachgewiesen (vgl. Tabelle 5):

*Erwerbstätige nach ihrer Qualifikation, differenziert nach Altersgruppen*

(1) 15 bis unter 20 Jahre
(2) 20 bis unter 25 Jahre
(3) 25 bis unter 20 Jahre
(4) 30 bis unter 35 Jahre usw.

Als „Berufsanfänger" definieren wir die Altersgruppe 25-35, und zwar aus zwei Gründen. Erstens sollen die Absolventen akademischer Ausbildungsgänge hinreichend vertreten sein. Zweitens soll eine Korrespondenz hergestellt werden können mit der Altersgliederung, die seitens der Statistik vorgenommen wird, wenn es um die Verteilung der Erwerbstätigen nach Alter und Berufsgruppen geht:

*Erwerbstätige nach Berufsgruppen, differenziert nach Altersgruppen*

(1) unter 25
(2) 25 bis unter 35
(3) 35 bis unter 45 usw.

Angesichts dieser Datenlage und statistischen Klassenbildung gibt es keine vernünftige Alternative zu der Entscheidung, die Berufsanfänger mit der Altersgruppe 25-35 statistisch zu erfassen. Hinzuzufügen bleibt, dass die jährlichen Mikrozensus-Daten, wenn sie Altersgruppen spezifizieren, nur zwischen Erwerbstätigen und Nichterwerbstätigen unterscheiden, nicht zwischen abhängig Erwerbstätigen und Selbstständigen. Was diese Quellenlage möglich macht, illustriert Tabelle 5: Die Verteilung der erwerbstätigen Berufsanfänger (im Alter von 25 bis 35 Jahren) nach Bildungsabschlüssen, einmal an allgemein bildenden Schulen, dann an beruflichen Schulen sowie Hochschulen.

Tab. 5: Erwerbstätige Berufsanfänger (im Alter von 25 bis 35 Jahren) nach Bildungsabschlüssen, 1978 und 2000, in Prozent

| Ausbildung | erwerbstätige Berufsanfänger | | | |
|---|---|---|---|---|
| | 1978 | | 2000 | |
| | männlich | weiblich | männlich | weiblich |
| *allgemeine Bildung* | | | | |
| Hauptschulabschluss | 68,8 | 52,8 | 31,5 | 21,1 |
| Abschluss polytechn. Oberschule (DDR) | — | — | 11,5 | 12,4 |
| Realschulabschluss | 16,9 | 20,1 | 22,0 | 30,8 |
| Fachhoch-/Hochschulreife | 13,4 | 10,0 | 29,1 | 30,8 |
| ohne Angaben | 0,9 | 17,1 | 5,3 | 4,9 |
| *berufliche Ausbildung* | | | | |
| berufliches Praktikum | | | 1,3 | 1,0 |
| Lehrausbildung | 60,7 | 47,4 | 54,9 | 58,5 |
| Meister-/Technikerausbildung, Fachschulabschluss (incl. Fachschule DDR) | 8,6 | 3,2 | 10,2 | 9,9 |
| Fachhochschulabschluss | 4,0 | 1,7 | 6,7 | 5,0 |
| Hochschulabschluss | 8,1 | 7,6 | 8,4 | 8,4 |
| Insgesamt | 100,0 | 100,0 | 100,0 | 100,0 |
| N (1000) | 3.543 | 2.471 | 4.895 | 3.876 |

Anmerkungen: Praktikum: incl. Anlernausbildung.
Lehre: incl. Berufsvorbereitungsjahr, Berufsfachschule, 1-jährige Schulen des Gesundheitswesens.
Fachschule: incl. 2- und 3-jährige Schulen des Gesundheitswesens, Fachakademien, Berufsakademien, Verwaltungsfachhochschulen.
Fachhochschulen: incl. Ingenieurschulen, ohne Verwaltungsfachhochschulen.

Quelle: MIKROZENSUS (1978ff.), Reihe 4.1.2, S. 28 (1978), S. 28 (2000).

Volks- und Berufszählungen ebenso wie der Mikrozensus gewinnen ihre Daten retrospektiv, durch Befragung, hier nach biographisch zurückliegenden Bildungsmerkmalen der befragten Erwerbstätigen. Einen alternativen Weg, der gleichsam prospektiv angelegt ist und den man für frühere Zeitpunkte, zumal wenn keine Befragung (mehr) möglich ist, gehen kann, bietet die Bildungsstatistik an. Das hier angesiedelte Konzept des relativen Schul- und Hochschulbesuchs ist geeignet, die Beteiligung an gegebenen Bildungsmöglichkeiten zu indizieren. Will man aus solchen Daten die Qualifikationsstruktur eines Jahrgangs insgesamt konstruieren, so muss man, um Doppelzählungen zu vermeiden, zwischen allgemeiner Bildung und der beruflichen Ausbildung trennen. Wir beschränken uns hier auf die berufliche Ausbildung, deren Skala von der Berufsschule (im Rahmen der Lehre) bis zur Hochschule reicht, fragen also nach den Besuchsquoten an denjenigen Institutionen, die dem Eintritt in die Berufswelt biographisch unmittelbar vorausgehen; dabei vernachlässigen wir diejenigen Schüler und Schülerinnen, die von einer allgemein bildenden Schule direkt ins Erwerbsleben eintreten.

Wie sieht die Beteiligung eines Altersjahrgangs an den alternativen beruflichen Ausbildungsgängen aus? Es ist nicht möglich, einfach einen bestimmten Altersjahrgang, etwa die 18- oder 20-Jährigen, hinsichtlich seiner beruflichen Ausbildung über alle institutionellen Alternativen zu verfolgen, weil das typische Alter des Schul- und Hochschulbesuchs – wegen der unterschiedlichen Eintrittsbedingungen – stark differiert. Ferner ist zu berücksichtigen, dass sich die Altersverteilung von Schülern und Studierenden im Betrachtungszeitraum (1950-2000) nach oben, zu den älteren Jahrgängen verschiebt. Unter diesen Umständen integrieren wir die Besuchsquoten *unterschiedlicher* Altersjahrgänge zu der Qualifikationsstruktur eines *bestimmten* Geburtsjahrgangs.

Das Verfahren sei am Beispiel des Geburtsjahrgangs 1938 verdeutlicht. Zunächst werden die Besuchsquoten verschiedener Altersjahrgänge, die eine bestimmte Ausbildungsinstitution besuchen, miteinander verglichen, um denjenigen Altersjahrgang zu identifizieren, für den die Werte die höchsten sind. Das soll unser „typischer" Altersjahrgang sein. Für die Berufsschulen der 1950er Jahre etwa weisen die 16-Jährigen die höchsten Quoten auf. Bei den 17-Jährigen sind offensichtlich schon einige ausgeschieden, bei den 18-Jährigen wieder einige. Das ändert sich, so dass in den 1990er Jahren die 18-Jährigen die höchsten Quoten zeigen. Im zweiten Schritt wird die Geburtskohorte aus Angehörigen *verschiedener* Altersjahrgänge mit deren spezifischer Qualifikation zusammengesetzt:

*Geburtsjahrgang 1938 nach Altersjahrjahrgängen und Ausbildungsgängen*

16-Jährige: relativer Schulbesuch 1954 an Berufsschulen und Berufsfachschulen
18-Jährige: relativer Schulbesuch 1956 an Fachschulen
22-Jährige: relativer Hochschulbesuch 1960

Aus der biographischen Perspektive eines Geburtsjahrgang (hier 1938) liest sich die Logik unserer Konstruktion folgendermaßen: Nach Beendigung der Schulpflicht finden wir Volksschul-/Hauptschulabsolventen insbesondere an den (in der Regel dreijährigen) Berufsschulen; deren Schüler sind meist 16-jährig, aber auch 15-, 17-, 18-jährig usw. Wir wählen die 16-Jährigen für die Berechnung des relativen Schulbesuchs aus. (Eine Addition der Besuchsquoten einzelner Jahrgänge verbietet sich, weil die Bezugsgröße der Konstruktion ein *einzelner* Geburtsjahrgang ist. Die 15-jährigen Berufsschüler des Jahres 1953 sind im Übrigen in der Summe der 16-jährigen Berufsschüler des Jahres 1954 enthalten.)

Analoge Überlegungen gelten für die Absolventen von Realschulen und Gymnasien. Ein Großteil der Jugendlichen mit Realschulabschluss besucht anschließend die Berufsschule; diese Teilgruppe berücksichtigen wir bereits unter den 16-jährigen Berufsschülern. Andere Teilgruppen erfassen wir als 16-jährige Schüler an Berufsfachschulen (1954) oder als 18-jährige an Fachschulen (1956). Abiturienten findet man als Minderheit auch unter den Berufsschülern, Berufsfachschülern und Fachschülern; die große Mehrheit besucht natürlich die Hochschulen. Hier wählen wir die 22-Jährigen als am stärksten besetzten einzelnen Altersjahrgang aus, um den relativen Hochschulbesuch (1980) unseres Geburtsjahrgangs (1938) zu erfassen, also ein Alter, das nach der Ableistung von Militär- oder Zivildienst liegt.

Die altersspezifischen Besuchsquoten *eines* Geburtsjahrgangs an den *verschiedenen* beruflichen Ausbildungsinstitutionen stehen annäherungsweise für die Qualifikationsstruktur dieses Jahrgangs, für die Verteilung der Jahrgangsangehörigen nach ihrer beruflichen Ausbildung. In der Summe erfasst die hier vorgenommene Konstruktion 75-80% aller Jahrgangsangehörigen. Ob man schlussfolgern muss, dass 20-25% irgendwie fehlen oder als „ohne Berufsausbildung" anzusehen sind, kann und braucht nicht entschieden zu werden. (Man vergleiche aber Tabelle 5 mit einer ähnlichen Datenlage für diejenigen Berufsanfänger, deren berufliche Ausbildung nicht bekannt ist.) Unser Interesse richtet sich in erster Linie auf die zeitlichen Veränderungen im Vergleich von Geburtsjahrgängen, ferner auf die geschlechtsspezifischen Differenzen. Dafür reicht die Datengrundlage aus; sie vermittelt einen Eindruck davon, wie sich Bildungsexpansion, Akademisierung und der Abbau von Chancenungleichheit zwischen den Geschlechtern ausgewirkt haben auf die Qualifikationsstruktur von Geburtsjahrgängen, den späteren Berufsanfängern. Die Ergebnisse dieser Art von Berechnungen sind in Tabelle 1 zusammengefasst.

## 2 Die Berufsstruktur des Arbeitsmarktes für Berufsanfänger

Für die Strukturierung des Arbeitsmarktes verwendet die Statistik, so auch der Mikrozensus, zwei unterschiedliche Klassifikationen: (1) Verteilung der Erwerbstätigen nach Wirtschaftsbereichen (untergliedert nach Wirtschaftsunterbereichen und Wirtschaftszweigen); (2) Verteilung der Erwerbstätigen nach Berufsbereichen (untergliedert nach Berufsgruppen und Berufsordnungen). Da die berufliche Ausbildung berufsbezogen erfolgt und da die Schüler an beruflichen Schulen, wenn es um die Fachrichtung geht, von der Bildungsstatistik nach Berufsgruppen differenziert nachgewiesen werden, liegt es nahe, diese Klassifikation auch zur Strukturierung des Arbeitsmarktes für Berufsanfänger zu verwenden.

Auf der obersten Ebene unterscheidet diese Klassifikation *fünf Berufsbereiche*:

1. Berufe in der Land-, Tier-, Forstwirtschaft und im Gartenbau
2. Bergleute, Mineralgewinner
3. Fertigungsberufe
4. Technische Berufe
5. Dienstleistungsberufe

Unser Datenhandbuch präsentiert einen ganzen Tabellensatz zur Verteilung der Schüler an den beruflichen Schularten nach den genannten fünf Berufsbereichen. In gleicher Weise kann man die erwerbstätigen Berufsanfänger klassifizieren und bekommt damit einen ersten Eindruck von der Struktur ihres Arbeitsmarktes (vgl. Tabelle 2).

Die statistischen Kategorien dieser obersten Klassifikationsebene sind freilich noch sehr grob, sie orientieren sich eher an den großen Wirtschaftssektoren als an der Berufsstruktur mit ihrer hierarchischen Dimension. Man muss schon auf die Ebene der Berufsgruppen und Berufsordnungen gehen, um diese Dimension in den Blick zu bekommen. Unser Datenhandbuch tut dies, indem es für einzelne Schularten und große Berufsbereiche die Verteilung der Schüler zusätzlich nach Berufsgruppen (und teilweise nach Berufen) dokumentiert. Die so genannten Berufskennziffern machen diese Feingliederung möglich, und das gilt für Schüler ebenso wie für Erwerbstätige. Begibt man sich auf die Ebene der Berufsgruppen (und -ordnungen), dann kann man eine selbstständige Reklassifizierung der Daten zum Zwecke der Gruppenbildung vornehmen. Angesichts der bekannten engen sozialstrukturellen Koppelung von Ausbildungsabschlüssen und Berufspositionen muss eine Klassifikation der Berufsgruppen angestrebt werden, die der hierarchischen Dimension einen zentralen Stellenwert einräumt, nach dem Motto: Je höher die (unterstellten) Qualifikationsanforderungen eines Berufes sind, aber auch Prestige und Einkommenschancen, desto höher ist typischerweise das Niveau der Bildungsabschlüsse, mit denen die Berufsanfänger ausgestattet sind.

Eine derartige Klassifikation der Berufe, die den hierarchischen Gesichtspunkt stark zur Geltung bringt, hat BLOSSFELD (1984b, S. 27f.) konstruiert und seiner Analyse für die Stichjahre 1970 sowie 1978 zugrunde gelegt. Wir folgen diesem Vorschlag und reklassifizieren danach die Daten aus den vorliegenden Statistiken über die Berufskennziffern. Gewisse Unschärfen der Datenlage nehmen wir dabei in Kauf, weil sich das primäre Erkenntnisinteresse auf die zeitlichen Veränderungen richtet, hier jetzt zwischen den Stichjahren 1961, 1978 und 2000. Diese Veränderungen (strukturellen Verschiebungen) werden auf folgender Skala abgebildet (vgl. Tabelle 3):

*Klassifikation der Berufe*

*Produktion*
1. Agrarberufe
2. einfache manuelle Berufe
3. qualifizierte manuelle Berufe
4. Techniker
5. Ingenieure

*Dienstleistung*
6. einfache Dienste
7. qualifizierte Dienste
8. Semiprofessionen
9. Professionen

*Verwaltung*
10. einfache kaufmännische und Verwaltungsberufe
11. qualifizierte kaufmännische und Verwaltungsberufe
12. Manager

Eine weitere Verfeinerung der Analyse lässt sich erreichen, wenn man die erwerbstätigen Berufsanfänger nicht nur entlang der genannten Berufsklassifikation erfasst, sondern zusätzlich die Trennung zwischen privatwirtschaftlichem und staatlichem Sektor einführt. Erstaunlicherweise ist es alles andere als einfach, diese Trennung in den vorliegenden Daten vorzunehmen. BLOSSFELD (1984a) gelingt dies nur, weil er auf Originaldaten der Volks- und Berufszählung (1970) sowie des Mikrozensus (1978) zurückgreifen konnte. In der Klassifikation nach Wirtschaftszweigen, die der Mikrozensus benutzt, kann man zwar den staatlichen Sektor kategorial einigermaßen befriedigend abgrenzen; aber die empirische Verteilung der Erwerbstätigen wird nicht nach Wirtschaftszweigen dokumentiert, sondern nur auf der höher aggregierten Ebene der Wirtschaftsunterbereiche. Und auf dieser Ebene ist es kaum möglich, eine Isolierung der Erwerbstätigen im staatlichen Sektor vorzunehmen, von deren Verteilung nach Berufsgruppen ganz zu schweigen. Obendrein ist von 1994 auf 1995 ein Wechsel im kategorialen Zuschnitt der Wirtschaftsunterbereiche vorgenommen worden. Unter diesen Umständen hat Tabelle 4, die hier vorgelegt wird, nur einen eher summarischen Charakter. Sie kann illustrieren, inwieweit der staatliche Sektor (in unterschiedlicher Definitionsbreite) seit 1978 noch gewachsen ist und wie sich die geschlechtsspezifischen Arbeitsmarktchancen unterscheiden.

Neben der Verteilung von erwerbstätigen Berufsanfängern nach Berufsgruppen, wie in Tabelle 3 zusammengestellt, möchte man eigentlich auch noch die Verteilung der gleichen Berufsanfänger nach Ausbildungsgruppen kennen. Genauer: die Doppelkennzeichnung der erwerbstätigen Berufsanfänger nach ihrer Ausbildungsgruppe einerseits, ihrer Berufsgruppe andererseits. Ein derartiger mehrdimensionaler Datensatz (Geschlecht x Alter x Ausbildung x Beruf) liegt im veröffentlichten Mikrozensus nicht vor; man muss hier, wie BLOSSFELD, auf Originaldaten zurückgreifen. Der jährliche Mikrozensus bietet lediglich eine Tabelle an für *alle* Erwerbstätigen, gegliedert nach Berufsgruppen und Bildungsabschlüssen. Auf die Auswertung dieser Tabelle haben wir verzichtet, weil unsere Betrachtungseinheit hier die Berufsanfängerkohorte ist.

## Anmerkungen

1 Berufliche Oberschulen beinhalten Fachoberschulen, Fachgymnasien, Kollegschulen, Technische Oberschulen und Berufsoberschulen.
2 Der Dissimilaritätsindex bildet die Summe aller (positiven oder negativen) Differenzen zwischen den analogen Prozentwerten der männlichen und weiblichen Verteilung über die gemeinsame Skala.

## Literatur

BLOSSFELD, H.-P. (1984a): Bildungsreform und Beschäftigung der jungen Generation im öffentlichen und privaten Sektor. In: Soziale Welt, Bd. 25, S. 159-189.
BLOSSFELD, P. (1984b): Bildungsexpansion und Tertiarisierungsprozess: Eine Analyse der Entwicklung geschlechtsspezifischer Arbeitsmarktchancen unter Verwendung eines log-linearen Pfadmodells. In: Zeitschrift für Soziologie, Bd. 13, S. 20-44.
LUNDGREEN, P. unter Mitarbeit von SCHEUNEMANN, J./SCHWIBBE, G. (in Arbeit): Berufliche Schulen und Hochschulen in der Bundesrepublik Deutschland, 1949-2001. Datenhandbuch zur deutschen Bildungsgeschichte, Bd. VIII. – Göttingen.
MIKROZENSUS (1978ff.). In: Statistisches Bundesamt (Hrsg.), Fachserie 1, Reihe 4.1.1: Stand und Entwicklung der Erwerbstätigkeit; Reihe 4.1.2: Beruf, Ausbildung und Arbeitsbedingungen der Erwerbstätigen. – Wiesbaden.
VOLKS- UND BERUFSZÄHLUNG (1961). In: Statistisches Bundesamt (Hrsg.), Fachserie A, Heft 13. – Wiesbaden.

*Anschrift der Verfasser:* Prof. Dr. Peter Lundgreen und Dipl.-Päd. Jana Scheunemann, Pädagogisches Seminar, Georg-August-Universität Göttingen, Baurat-Gerber-Str. 4-6, 37073 Göttingen. E-Mail: plundgr@gwdg.de

# Pädagogik
## Aktuelle Neuerscheinungen

Peter Büchner / Anna Brake (Hrsg.)
**Bildungsort Familie**
Transmission von Bildung und Kultur im Alltag von Mehrgenerationenfamilien

Ist die Familie ein Raum unbegrenzter oder begrenzter Bildungsmöglichkeiten? Der Bericht über Strategien der Weitergabe und Aneignung von Bildung und Kultur im familialen Mehrgenerationenzusammenhang gibt differenzierte Antwort und erzählt anschaulich fallbezogene Familiengeschichten. In den Blick kommen milieuspezifische Nutzungsmuster der bildungsrelevanten Ressourcen und Handlungspotentiale im Möglichkeitsraum Familie.

2006. 289 S. Br. EUR 26,90
ISBN 978-3-531-14663-8

Georg Auernheimer (Hrsg.)
**Schieflagen im Bildungssystem**
Die Benachteiligung der Migrantenkinder

Kinder mit schlechten Startbedingungen, insbesondere Migrantenkinder, werden nicht ausreichend gefördert, wie der Leistungsstand von 15-Jährigen zeigt. Die „Schieflagen im Bildungssystem", Interpretationen der PISA-Studien und bildungspolitische Schlussfolgerungen, werden in dieser überarbeiteten und aktualisierten Textsammlung diskutiert. Vor allem die Bildungssituation von Migrantenkindern wird ergänzend beleuchtet und verschiedene Erklärungsansätze geboten, um bildungspolitische und pädagogische Handlungsalternativen aufzuzeigen.

2., überarb. und erw. Aufl.
2006. 230 S. Interkulturelle Studien. Br. EUR 24,90
ISBN 978-3-531-15011-6

Alexander Wörner
**Lehren an der Hochschule**
Eine praxisbezogene Anleitung

Die Zielsetzung des Buches ist so einfach wie überzeugend: nämlich HochschullehrerInnen in ihrer alltäglichen Arbeit der Vorbereitung und Durchführung von Lehrveranstaltungen zu entlasten. Es versteht sich als praxisbezogende Begleitung, die der Entwicklung der wichtigsten Erfolgsvariable guter Lehre dient: der Beziehung zwischen DozentIn und Studierenden.

2006. 132 S. Br. EUR 22,90
ISBN 978-3-531-15123-6

*Erhältlich im Buchhandel oder beim Verlag.
Änderungen vorbehalten.
Stand: September 2006.*

**www.vs-verlag.de**

**VS VERLAG FÜR SOZIALWISSENSCHAFTEN**

Abraham-Lincoln-Str. 46
65189 Wiesbaden
Tel. 06 11. 78 78 - 245
Fax 06 11. 78 78 - 400

# Pädagogik
## Aktuelle Neuerscheinungen

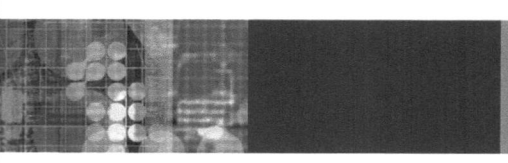

Yvonne Ehrenspeck /
Dieter Lenzen (Hrsg.)
**Beobachtungen des Erziehungssystems**
Systemtheoretische Perspektiven

Der Band verhandelt unter systemtheoretischer Perspektive die Frage, inwieweit das Erziehungssystem eine sich wandelnde Sonderstellung im Club der funktional differenzierten Systeme einnimmt. Was sind Besonderheiten der Struktur, des Mediums und der Codierung des Erziehungssystems im Vergleich mit anderen Funktionssystemen der Gesellschaft? Die Beiträge zeichnen den Wandel des Erziehungssystems in der Moderne nach, stellen Bezüge zu Phänomenen wie Regionalisierung und Medialisierung her und diskutieren Gemeinsamkeiten und Differenzen einzelner Funktionssysteme.

2006. 250 S. Br. EUR 29,90
ISBN 978-3-531-14992-9

Barbara Friebertshäuser /
Markus Rieger-Ladich /
Lothar Wigger (Hrsg.)
**Reflexive Erziehungswissenschaft**
Forschungsperspektiven im Anschluss an Pierre Bourdieu

Die deutschsprachige Erziehungswissenschaft verdankt den Arbeiten des französischen Soziologen Pierre Bourdieu zahlreiche Impulse und wichtige Anregungen. Diesen Resonanzen spürt der vorliegende Sammelband nach, indem er nicht nur eine erste Bilanzierung der erziehungswissenschaftlichen Bourdieu-Rezeption vornimmt, sondern auch Perspektiven einer künftigen reflexiven Erziehungswissenschaft vorstellt.

2006. 331 S. Br. EUR 29,90
ISBN 978-3-531-14813-7

Detlef Gaus /
Reinhard Uhle (Hrsg.)
**Wie verstehen Pädagogen?**
Begriff und Methode des Verstehens in der Erziehungswissenschaft

Seit je her ist ‚Verstehen' ein zentrales Thema pädagogischer Reflexion. Neuerdings wird von PädagogInnen wie auch SchülerInnen und StudentInnen etwa in den aktuellen Debatten um Bildungsstandards oder in Diskursen der Didaktik ‚Verstehen' auch als zentrale Kompetenz eingefordert. Dieses Themenfeld wird hier aus didaktischer, forschungsmethodischer und bildungstheoretischer Perspektive diskutiert.

2006. 267 S. Br. EUR 26,90
ISBN 978-3-531-14885-4

*Erhältlich im Buchhandel oder beim Verlag.
Änderungen vorbehalten.
Stand: September 2006.*

**www.vs-verlag.de**

Abraham-Lincoln-Str. 46
65189 Wiesbaden
Tel. 06 11.78 78 - 245
Fax 06 11.78 78 - 400

If you have any concerns about our products,
you can contact us on
**ProductSafety@springernature.com**

In case Publisher is established outside the EU,
the EU authorized representative is:
**Springer Nature Customer Service Center GmbH
Europaplatz 3, 69115 Heidelberg, Germany**

Printed by Libri Plureos GmbH
in Hamburg, Germany